趙爾巽等撰

清史稿

第一五册

卷一四二至卷一四八（志）

中華書局

清史稿卷一百四十二

志一百十七

刑法一

中國自書契以來，以禮教治天下。勞之來之而政出焉，匡之直之而刑生焉。政也，刑也，凡皆以維持禮教於勿替。故尚書曰：「明于五刑，以弼五教。」又曰：「士制百姓于刑之中，以教祇德。」古先哲王，其制刑之精義如此。周衰禮廢，典籍散失。魏李悝著法經六篇，流衍至於漢初，蕭何加爲九章，歷代頗有增損分合。至唐永徽律出，始集其成。雖沿宋迄元、明而面目一變，然科條所布，於扶翼世敎之意，未嘗不兢兢焉。君子上下數千年間，觀其教化之昏明，與夫刑罰之中不中，而盛衰治亂之故，槩可覩矣。

有清起自遼左，不三四十年混一區宇。聖祖沖年踐阼，與天下休養，六十餘稔，寬恤之詔，歲不絕書。高宗運際昌明，一代法制，多所裁定。仁宗以降，事多因循，未遑改作。綜其終始，列朝刑政，雖不盡清明，然如明代之廠衞、廷杖，專意戮辱士大夫，無有也。治獄者雖不盡仁恕，然如漢、唐之張湯、趙禹、周興、來俊臣輩，深文慘刻，無有也。德宗末葉，庚子拳匪之變，創巨痛深，朝野上下，爭言變法，於是新律萌芽。迨宣統遜位，而中國數千年相傳之刑典俱廢。是故論有清一代之刑法，亦古今絕續之交也。爰備志之，俾後有考焉。

清太祖嗣服之初，始定國政，禁悖亂，戢盜賊，法制以立。太宗繼武，於天聰七年，遣國舅阿什達爾漢等往外藩蒙古諸國宣布欽定法令，時所謂「盛京定例」是也。嗣復陸續著有治罪條文，然皆因時立制，不盡垂諸久遠。

世祖順治元年，攝政睿親王入關定亂，六月，卽令問刑衙門准依明律治罪。八月，刑科給事中孫襄陳刑法四事，一曰定刑書：「刑之有律，猶物之有規矩準繩也。今法司所遵及故明律令，科條繁簡，情法輕重，當稽往憲，合時宜，斟酌損益，刊定成書，布告中外，俾知畫一遵守，庶奸慝不形，風俗移易。」疏上，攝政王諭令法司會同廷臣詳繹明律，參酌時宜，集議允當，以便裁定成書，頒行天下。十月，世祖入京，卽皇帝位。刑部左侍郎党崇雅奏，在外官吏，乘茲新制未定，不無憑臆舞文之弊。並乞暫用明律，候國制畫一，永垂令甲。得旨：

「在外仍照明律行，如有恣意輕重等弊，指參重處。」二年，命修律官參稽滿、漢條例，分輕重等差，從刑科都給事中李士焜請也。

三年五月，大清律成，世祖御製序文曰：「朕惟太祖、太宗創業東方，民淳法簡，大辟之外，惟有鞭笞。朕仰荷天休，撫臨中夏，人民既衆，情僞多端。每遇奏讞，輕重出入，頗煩擬議。律例未定，有司無所稟承。爰敕法司官廣集廷議，詳譯明律，參以國制，增損劑量，期於平允。書成奏進，朕再三覆閱，仍命內院諸臣校訂妥確，乃允刊布，名曰大清律集解附例。爾內外有司官吏，敬此成憲，勿得任意低昂，務使百官萬民，畏名義而重犯法，冀幾刑措之風，以昭我祖宗好生之德。子孫臣民，其世世守之。」十三年，復頒滿文大清律。

康熙九年，聖祖命大學士管理刑部尚書事對喀納等將律文復行校正。十八年，特諭刑部定律之外，所有條例，應去應存，著九卿、詹事、科道會同詳加酌定，確議具奏。嗣經九卿等遵旨會同更改條例，別自爲書，名爲現行則例。二十八年，臺臣盛符升以律例須歸一貫，乞重加考定，以垂法守。特交九卿議，准將現行則例附入大清律條。隨命大學士圖納、張玉書等爲總裁。諸臣以律文昉自唐律，辭簡義賅，易致舛訛，於每篇正文後增用總注，疏解律義。次第酌定名例四十六條，三十四年，先行繕呈。三十六年，發回刑部，命將奏聞後更改之處補入。至四十六年六月，輯進四十二本，留覽未發。

雍正元年，巡視東城御史湯之旭奏：「律例最關緊要，今六部見行則例，或有從重改輕，從輕擬重，有先行而今停，事同而法異者，未經畫一。乞簡諳練律例大臣，專掌律例館總裁，將康熙六十一年以前之例並大清會典，逐條互訂，庶免參差。」世宗允之，命大學士朱軾等爲總裁，諭令於應增應減之處，再行詳加分晰，作速修完。三年書成，五年頒布。蓋明律以名例居首，其次則分隸於六部，合計三十門，都凡四百六十條。順治初，釐定律書，將公式門之信牌移入職制，漏洩軍情移入軍政，於公式門删漏用鈔印，於倉庫門删鈔法，於詐僞門删僞造寶鈔。後又於名例增入邊遠充軍一條。雍正三年之律，其删除者：名例律之吏卒犯死罪、殺害軍人、在京犯罪軍民共三條，職制門選用軍職、官吏給由二條，婚姻門之蒙古、色目人婚姻一條，宮衞門之懸帶關防牌面一條。其併入者：名例之邊遠充軍併於充軍地方，公式門之毁棄制書印信併二條爲一，課程門之鹽法併十二條爲一，宮衞門之衝突儀仗併三條爲一，郵驛門之遞送公文併三條爲一。其改易者：名例之軍官軍人免發遣更爲犯罪免發遣，軍官有犯更爲軍籍有犯；儀制門之收藏禁書及私習天文生節爲收藏禁書。其增入者：名例之天文生有犯充軍地方一條。總計名例律四十六條。吏律：曰職制十四條，曰公式十四條。戶律：曰戶役十五條，曰田宅十一條，曰婚姻十七條，曰倉庫二十三條，曰課程八條，曰市廛五條。禮律：曰祭祀六條，曰儀制二十條。兵律：曰宮衞十六條，曰軍政二十一條，曰關津七條，曰廐牧十一條，曰郵驛十六條。刑律：曰賊盜二十八條，曰人命二十條，曰鬬毆二十二條，曰罵詈八條，曰訴訟十二條，曰受贓十一條，曰詐僞十一條，曰犯姦十條，曰雜犯十一條，曰捕亡八條，曰斷獄二十九條。工律：曰營造九條，曰河防四條。蓋仍明律三十門，而總爲四百三十六條。律首六贓圖、五刑圖、獄具圖、喪服圖，大都沿明之舊。納贖諸例圖、徒限內老疾收贖圖、誣輕爲重收贖圖，銀數皆從現制。其律文及律注，頗有增損改易。律後總注，則康熙年間所創造。律末並附比引律三十條。此其大較也。自時厥後，雖屢經纂修，然僅續增附律之條例，而律文未之或改。惟乾隆五年，館修奏准芟除總注，並補入過失殺傷收贖一圖而已。

例文自康熙初年僅存三百二十一條，末年增一百一十五條。雍正三年，分別訂定，曰原例，累朝舊例凡三百二十一條；曰增例，康熙間現行例凡二百九十條；曰欽定例，上諭及臣工條奏凡二百有四條，總計八百十有五條。其立法之善者，如犯罪存留養親，推及孀婦獨子；若毆兄致死，并得准其承祀，恤孤嫠且教孝也。犯死罪非常赦所不原，察有祖父子孫陣亡，准其優免一次，勸忠也。枉法贓有祿人八十兩，無祿人及不枉法贓有祿人一百二十兩，俱實絞，嚴貪墨之誅也。衙蠹索詐，驗贓加等治罪，懲胥役所以保良懦也。强盜分別法無可貸、情有可原，殲渠魁、赦脅從之義也。復讐以國法得伸與否爲斷，杜兇殘之路也。凡此諸端，或隱合古義，或矯正前失，皆良法也。而要皆定制於康、雍時。

又國初以來，凡纂修律例，類必欽命二三大臣爲總裁，特開專館。維時各部院則例陸續成書，苟與刑律相涉，館員俱一一釐正，故鮮乖牾。自乾隆元年，刑部奏准三年修例一次。十一年，內閣等衙門議改五年一修。由是刑部專司其事，不復簡派總裁，律例館亦遂附屬於刑曹，與他部往往不相關會。高宗臨御六十年，性矜明察，每閱讞牘，必求其情罪曲當，以萬變不齊之情，欲御以萬變不齊之例。故乾隆一朝纂修八九次，删原例、增例諸名目，而改變舊例及因案增設者爲獨多。

嘉慶以降，按期開館，沿道光、咸豐以迄同治，而條例乃增至一千八百九十有二。蓋清代定例，一如宋時之編敕，有例不用律，律既多成虛文，而例遂愈滋繁碎。其間前後牴觸，或律外加重，或因例破律，或一事設一例，或一省一地方專一例，甚且因此例而生彼例，不惟與他部則例參差，卽一例分載各門者，亦不無歧異。輾轉糾紛，易滋高下。雍正十三年，世宗遺詔有曰：「國家刑罰禁令之設，所以詰奸除暴，懲貪黜邪，以端風俗，以肅官方者也。然寬嚴之用，又必因乎其時。從前朕見人情澆薄，官吏營私，相習成風，罔知省改，不得不懲治整理，以戒將來。今人心共知警惕矣，凡各衙門條例，有前嚴而改寬者，此乃從前部臣定議未協，朕與廷臣悉心酌核而後更定，自可垂諸永久。若前寬而改嚴者，此乃整飭人心風俗之計，原欲暫行於一時，俟諸弊革除，仍可酌復舊章，此朕本意也。向後遇事斟酌，如有應從舊例者，仍照舊例行。」惜後世議法諸臣，未盡明世輕世重之故，每屆修例，第將歷奉諭旨及議准臣工條奏節次編入，從未統合全書，逐條釐正。穆宗號稱中興，母后柄政，削平髮、捻、回疆之亂，百端待理，尙於同治九年纂修一次。德宗幼沖繼統，未遑興作。兼之時勢多故，章程叢積，刑部既憚其繁猥，不敢議修，羣臣亦未有言及者，因循久之。

逮光緒二十六年，聯軍入京，兩宮西狩。憂時之士，咸謂非取法歐、美，不足以圖强。於是條陳時事者，頗稍稍議及刑律。二十八年，直隸總督袁世凱、兩江總督劉坤一、湖廣總督張之洞，會保刑部左侍郎沈家本、出使美國大臣伍廷芳修訂法律，兼取中西。旨如所請，並諭將一切現行律例，按照通商交涉情形，參酌各國法律，妥爲擬議，務期中外通行，有裨治理。自此而議律者，乃羣措意於領事裁判權。

是年刑部亦奏請開館修例。三十一年，先將例內今昔情形不同，及例文無關引用，或兩例重複，或舊例停止者，奏准刪除三百四十四條。三十三年，更命侍郎俞廉三與沈家本俱充修訂法律大臣。沈家本等乃徵集館員，分科纂輯，並延聘東西各國之博士律師，藉備顧問。其前數年編纂未竣之舊律，亦特設編案處，歸併分修。十二月，遵旨議定滿、漢通行刑律，又刪併舊例四十九條。宣統元年，全書纂成繕進，諭交憲政編查館核議。二年，覆奏訂定，名爲現行刑律。

時官制改變，立憲詔下，東西洋學說朋興。律雖仍舊分三十門，而芟削六部之目。其因時事推移及新章遞嬗而刪者，如名例之犯罪免發遣、軍籍有犯、流囚家屬、流犯在道會赦、天文生有犯、工樂戶及婦人犯罪、充軍地方，職制之大臣專擅選官、文官不許封公侯、官員赴任過限、無故不朝參公座、姦黨，公式之照刷文卷、磨勘卷宗、封掌印信，戶役之丁夫差遣不平、隱蔽差役、逃避差役，田宅之任所置買田宅，婚姻之同姓爲婚、良賤爲婚姻，課程之監臨勢要中鹽、阻壞鹽法、私礬、舶商匿貨，禮制之朝見留難，宮衞之內府工作人匠替役，軍政之邊境申索軍需、公侯私役官軍、夜禁，關津之私越冒度關津、詐冒給路引、遞送逃軍妻女出城、私出外境及違禁下海、私役弓兵，廄牧之公使人等索借馬匹，郵驛之占宿驛舍上房，賊盜之起除刺字，鬬毆之良賤相毆，訴訟之軍民約會、詞訟誣告、充軍及遷徙，受贓之私受公侯財物，犯姦之良賤相姦，雜犯之搬做雜劇，捕亡之徒流人逃，斷獄之徒囚不應役，營造之有司官吏不住公廨是也。其緣政體及刑制遷變而改者，如名例之化外人有犯改爲蒙古及入國籍人有犯，徒流遷徙地方改爲五徒三流二遣地方，婚姻之娶樂人爲妻妾改娶娼妓爲妻，人命之殺子孫及奴婢圖賴人節去「及奴婢」字，鬬毆之奴婢毆家長改爲雇工人毆家長，罵詈之奴婢罵家長改爲雇工人罵家長，犯姦之奴婢姦家長妻改爲雇工人姦家長妻是也。綜計全律仍存三百八十有九條，而比引律則刪存及半，依類散入各門，不列比附之目。舊例除刪併外，合續纂之新例，統一千六十六條。其督捕則例一書，順治朝命臣工纂進，原爲旗下逃奴而設。康熙十五年重加酌定，乾隆以後續有增入，計條文一百一十，亦經分別去留，附入刑律，而全書悉廢。律首仍載服制全圖，以重禮敎。是年冬頒行焉。若蒙古治罪各條，載諸理藩院則例，及西寧番子治罪條例，別行諸岷、洮等處者，以其習俗旣殊，刑制亦異，未敢輕議更張。

新律則光緒三十二年法律館撰上刑民訴訟律，酌取英、美陪審制度。各督撫多議其窒礙，遂寢。三十三年，復先後奏上新刑律草案，總則十七章：曰法例，曰不論罪，曰未遂罪，曰累犯罪，曰俱發罪，曰共犯罪，曰刑名，曰宥恕減輕，曰自首減免，曰酌量減輕，曰加減例，曰緩刑，曰暫釋，曰恩赦，曰時效，曰時期計算，曰文例。分則三十六章：曰關於帝室之罪，曰關於內亂之罪，曰關於國交之罪，曰關於外患之罪，曰關於漏洩機務之罪，曰關於瀆職之罪，曰關於妨害公務之罪，曰關於選舉之罪，曰關於騷擾之罪，曰關於逮捕監禁者脫逃之罪，曰關於藏匿罪人及湮滅證據之罪，曰關於僞證及誣告之罪，曰關於放火決水及水利之罪，曰關於危險物之罪，曰關於往來通信之罪，曰關於秩序之罪，曰關於僞造貨幣之罪，曰關於僞造文書及印文之罪，曰關於僞造度量衡之罪，曰關於祀典及墳墓之罪，曰關於鴉片煙之罪，曰關於賭博彩票之罪，曰關於姦非及重婚之罪，曰關於飲料水之罪，曰關於衞生之罪，曰關於殺傷之罪，曰關於墮胎之罪，曰關於遺棄之罪，曰關於逮捕監禁之罪，曰關於略誘及和誘之罪，曰關於安全信用名譽及秘密之罪，曰關於竊盜及强盜之罪，曰關於詐欺取財之罪，曰關於侵占之罪，曰關於贓物之罪，曰關於毁棄損壞之罪。兩編合共三百八十七條，經憲政編查館奏交部院及疆臣覈議，簽駁者夥。

宣統元年，沈家本等彙集各說，復奏進修正草案。時江蘇提學使勞乃宣上書憲政編查館論之曰：「法律大臣會同法部奏進修改刑律，義關倫常諸條，未依舊律修入。但於附則稱中國宗教遵孔，以綱常禮教爲重。如律中十惡親屬容隱，干名犯義，存留養親，及親屬相姦、相盜、相毆，發塚犯姦各條，未便蔑棄。中國人有犯以上各罪，應仍依舊律，別輯單行法，以昭懲創。竊維修訂新律，本爲籌備立憲，統一法權。凡中國人及在中國居住之外國人，皆應服從同一法律。是此法律，本當以治中國人爲主。今乃依舊律別輯中國人單行法，是視此新刑律專爲外國人設矣。本末倒置，莫此爲甚。草案案語謂修訂刑律，所以收回領事裁判權。刑律內有一二條爲外國人所不遵奉，卽無收回裁判權之實。故所修刑律，專以摹仿外國爲事。此說實不盡然。泰西各國，凡外國人居其國中，無不服從其國法律，不得執本國無此律以相爭，亦不得恃本國有此律以相抗。今中國修訂刑律，乃謂爲收回領事裁判權，必盡舍固有之禮教風俗，一一摹仿外國。則同乎此國者，彼國有違言，同乎彼國者，此國又相反，是必窮之道也。總之一國之律，必與各國之律相同，然後乃能令國內居住之外國人遵奉，萬萬無此理，亦萬萬無此事。以此爲收回領事裁判權之策，是終古無收回之望也。且夫國之有刑，所以弼教。一國之民有不遵禮教者，以刑齊之。所謂禮防未然，刑禁已然，相輔而行，不可缺一者也。故各省簽駁草案，每以維持風化立論，而案語乃指爲渾道德法律爲一。其論無夫姦曰：『國家立法，期於令行禁止。有法而不能行，轉使民玩法而肆無忌憚。和姦之事，幾於禁之無可禁，誅之不勝誅，卽刑章具在，亦祇具文。必教育普及，家庭嚴正，輿論之力盛，廉恥之心生，然後淫靡之風可少衰。』又曰：『防遏此等醜行，不在法律而在教化。卽列爲專條，亦無實際。』其立論在離法律與道德教化而二之，視法律爲全無關於道德教化，故一意摹仿外國，而於舊律義關倫常諸條棄之如遺，焉用此法爲乎？」謂宜將舊律有關禮教倫紀各節，逐一修入正文，並擬補干名犯義、犯罪存留養親、親屬相姦相毆、無夫姦、子孫違犯教令各條。法律館爭之。明年資政院開，憲政編查館奏交院議，將總則通過。時勞乃宣充議員，與同院內閣學士陳寶琛等，於無夫姦及違犯教令二條尤力持不少怠，而分則遂未議決。餘如民律、商律、刑事訴訟律、民事訴訟律、國籍法俱編纂告竣，未經核議。惟法院編制法、違警律、禁煙條例均經宣統二年頒布，與現行刑律僅行之一年，而遜位之詔下矣。

清史稿卷一百四十三

志一百十八

刑法二

明律淵源唐代，以笞、杖、徒、流、死爲五刑。自笞一十至五十，爲笞刑五。自杖六十至一百，爲杖刑五。徒自杖六十徒一年起，每等加杖十，刑期半年，至杖一百徒三年，爲徒五等。流以二千里、二千五百里、三千里爲三等，而皆加杖一百。死刑二：曰斬，曰絞。此正刑也。其律例內之雜犯、斬絞、遷徙、充軍、枷號、刺字、論贖、凌遲、梟首、戮屍等刑，或取諸前代，或明所自創，要皆非刑之正。

清太祖、太宗之治遼東，刑制尙簡，重則斬，輕則鞭扑而已。迨世祖入關，沿襲明制，初頒刑律，笞、杖以五折十，注入本刑各條。康熙朝現行則例改爲四折除零。雍正三年之律，乃依例各於本律注明板數。徒、流加杖，亦至配所照數折責。蓋恐扑責過多，致傷生命，法外之仁也。文武官犯笞、杖，則分別公私，代以罰俸、降級、降調，至革職而止。徒者，奴也，蓋奴辱之。明發鹽場鐵冶煎鹽炒鐵，清則發本省驛遞。其無驛縣，分撥各衙門充水火夫各項雜役，限滿釋放。

流犯，初制由各縣解交巡撫衙門，按照里數，酌發各處荒蕪及瀕海州縣。嗣以各省分撥失均，不免趨避揀擇。乾隆八年，刑部始纂輯三流道里表，將某省某府屬流犯，應流二千里者發何省何府屬安置，應流二千五百里者發何省何府屬安置，應流三千里者發何省何府屬安置，按計程途，限定地址，逐省逐府，分別開載。嗣於四十九年及嘉慶六年兩次修訂。然第於州縣之增併，道里之參差，略有修改，而大體不易。律稱：「犯流妻妾從之，父祖子孫欲隨者聽。」乾隆二十四年，將僉妻之例停止。其軍、流、遣犯情願隨帶家屬者，不得官爲資送，律成虛設矣。

斬、絞，同是死刑。然自漢以來，有秋後決囚之制。唐律除犯惡逆以上及奴婢、部曲殺主者，從立春至秋分不得奏決死刑。明弘治十年奏定眞犯死罪決不待時者，淩遲十二條，斬三十七條，絞十二條；眞犯死罪秋後處決者，斬一百條，絞八十六條。順治初定律，乃於各條內分晰注明，凡律不注監候者，皆立決也；凡例不言立決者，皆監候也。自此京、外死罪多決於秋，朝審遂爲一代之大典。雜犯斬、絞准徒五年與雜犯三流總徒四年，大都創自有明。清律於官吏受贓，枉法不枉法，滿貫俱改爲實絞，餘多仍之。名實混淆，殊形轇轕。

遷徙原於唐之殺人移鄉，而定罪則異。律文沿用數條，然皆改爲比流減半、徒二年，并不徙諸千里之外。惟條例於土蠻、猺、僮、苗人讐殺劫擄及改土爲流之土司有犯，將家口實行遷徙。然各有定地，亦不限千里也。

明之充軍，義主實邊，不盡與流刑相比附。淸初裁撤邊衞，而仍沿充軍之名。後遂以附近、近邊、邊遠、極邊、煙瘴爲五軍，且於滿流以上，爲節級加等之用。附近二千里，近邊二千五百里，邊遠三千里，極邊、煙瘴俱四千里。在京兵部定地，在外巡撫定地。雍正三年之律，第於十五布政司應發省分約略編定。乾隆三十七年，兵部根據邦政紀略，輯爲五軍道里表，凡發配者，視表所列。然名爲充軍，至配并不入營差操，第於每月朔望檢點，實與流犯無異。而滿流加附近、近邊道里，反由遠而近，司讞者每苦其紛歧，而又有發遣名目。初第發尙陽堡、寧古塔，或烏喇地方安插，後幷發齊齊哈爾、黑龍江、三姓、喀爾喀、科布多，或各省駐防爲奴。乾隆年間，新疆開闢，例又有發往伊犁、烏魯木齊、巴里坤各回城分別爲奴種地者。咸、同之際，新疆道梗，又復改發內地充軍。其制屢經變易，然軍遣止及其身。苟情節稍輕，尙得更赦放還。以視明之永遠軍戍，數世後猶句及本籍子孫者，大有間也。若文武職官犯徒以上，輕則軍臺効力，重則新疆當差。成案相沿，遂爲定例。此又軍遣中之歧出者焉。

枷杻，本以羈獄囚。明代問刑條例，於本罪外或加以枷號，示戮辱也。清律犯罪免發遣條：「凡旗人犯罪，笞、杖各照數鞭責，軍、流、徒免發遣，分別枷號。徒一年者，枷號二十日，每等遞加五日。流二千里者，枷號五十日，每等亦遞加五日。充軍附近者，枷號七十日，近邊、沿海、邊外者八十日，極邊、煙瘴者九十日。」原立法之意，亦以旗人生則入檔，壯則充兵，鞏衞本根，未便離遠，有犯徒、流等罪，直以枷號代刑，强榦之義則然。然犯係寡廉鮮恥，則銷除旗檔，一律實發，不姑息也。若竊盜再犯加枷，初犯再犯計次加枷，犯姦加枷，賭博加枷，逃軍逃流加枷，暨一切敗檢踰閑、不顧行止者酌量加枷，則初無旗、民之別。康熙八年，部議囚禁人犯止用細鍊，不用長枷，而枷號遂專爲行刑之用。其數初不過一月、二月、三月，後竟有論年或永遠枷號者。始制重者七十觔，輕者六十觔。乾隆五年，改定應枷人犯俱重二十五觔，然例尙有用百觔重枷者。嘉慶以降，重枷斷用三十五觔，而於四川、陝西、湖北、河南、山東、安徽、廣東等省匪徒，又有繫帶鐵桿石礅之例，亦一時創刑也。

刺字，古肉刑之一，律第嚴於賊盜。乃其後條例滋多，刺緣坐，刺兇犯，刺逃軍、逃流，刺外遣、改遣、改發。有刺事由者，有刺地方者，並有分刺滿、漢文字者。初刺右臂，次刺左臂，次刺右面、左面。大抵律多刺臂，例多刺面。若竊盜責充警跡，二三年無過，或緝獲强盜二名以上、竊盜三名以上，例又准其起除刺字，復爲良民。蓋惡惡雖嚴，而亦未嘗不予以自新之路焉。

贖刑有三：一曰納贖，無力照律決配，有力照例納贖。二曰收贖，老幼廢疾、天文生及婦人折杖，照律收贖。三曰贖罪，官員正妻及例難的決，並婦人有力者，照例贖罪。收贖名曰律贖，原本唐律收贖。贖罪名爲例贖，則明代所創行。順治修律，五刑不列贖銀數目。雍正三年，始將明律贖圖內應贖銀數斟酌修改，定爲納贖諸例圖。然自康熙現行例定有承問官濫准納贖交部議處之條，而前明納贖及贖罪諸舊例又節經删改，故律贖俱照舊援用，而例贖則多成具文。

其捐贖一項，順治十八年，有官員犯流徒籍沒認工贖罪例；康熙二十九年，有死罪現監人犯輸米邊口贖罪例；三十年，有軍流人犯捐贖例；三十四年，有通倉運米捐贖例；三十九年，有永定河工捐贖例；六十年，有河工捐贖例。然皆事竣停止，其歷朝沿用者，惟雍正十二年戶部會同刑部奏准預籌運糧事例，不論旗、民，罪應斬、絞，非常赦所不原者，三品以上官照西安駝捐例捐運糧銀一萬二千兩，四品官照營田例捐運糧銀五千兩，五、六品官照營田例捐銀四千兩，七品以下、進士、舉人二千五百兩，貢、監生二千兩，平人一千二百兩，軍、流各減十分之四，徒以下各減十分之六，俱准免罪。西安駝捐，行自雍正元年，營田例則五年所定也。乾隆十七年，西安布政使張若震奏請另定捐贖笞、杖銀數。經部議，預籌運糧事例，杖、笞與徒罪不分輕重，一例捐贖，究未允協。除犯枷號、杖責者照徒罪捐贖外，酌擬分杖爲一等，笞爲一等。其數，杖視徒遞減，笞視杖遞減。二十三年，諭將斬、絞緩決各犯納贖之例永行停止。遇有恩赦減等時，其憚於遠行者，再准收贖。而贖鍰則仍視原擬罪名，不得照減等之罪。著爲令。嗣後官員贖罪者，俱照運糧事例核奪。刑部別設贖罪處，專司其事。此又律贖、例贖而外，別自爲制者矣。

淩遲，用之十惡中不道以上諸重罪，號爲極刑。梟首，則强盜居多。戮屍，所以待惡逆及强盜應梟諸犯之監故者。凡此諸刑，類皆承用明律，略有通變，行之二百餘年。至過誤殺之賠人，竊盜之割脚筋，重辟減等之貫耳鼻，强盜、貪官及窩逃之籍家產，或沿自盛京定例，或順治朝偶行之峻令，不久革除，非所論也。

自光緒變法，二十八年，山西巡撫趙爾巽奏請各省通設罪犯習藝所。經刑部議准，徒犯毋庸發配，按照年限，於本地收所習藝。軍、流爲常赦所不原者，照定例發配，到配一律收所習藝。流二千里限工作六年，二千五百里八年，三千里者十年。遣軍照滿流年限計算，限滿釋放，聽其自謀生計，並准在配所入籍爲民。若爲常赦所得原者，無論軍、流，俱無庸發配，卽在本省收所習藝。工作年限，亦照前科算。自此五徒並不發配，卽軍、流之發配者，數亦銳減矣。二十九年，刑部奏准刪除充軍名目，將附近、近邊、邊遠併入三流，極邊及煙瘴改爲安置，仍與當差並行。自此五軍第留其二，而刑名亦改變矣。三十年，劉坤一、張之洞會奏變法第二摺內，有恤刑獄九條。其省刑責條內，經法律館議准，笞、杖等罪，仿照外國罰金之法，改爲罰銀。凡律例內笞刑五，以五錢爲一等，至笞五十罰銀二兩五錢，杖六十者改爲罰五兩。每一等加二兩五錢，以次遞加，至杖一百改爲罰十五兩而止。如無力完納，折爲作工。應罰一兩，折作工四日，以次遞加，至十五兩折作工六十日而止。然竊盜未便罰金，議將犯竊應擬笞罪者，改科工作一月；杖六十者，改科工作兩月；杖七十至一百，每等遞加兩月。又附片請將軍、流、徒加杖概予寬免，無庸決責。自此而笞、杖二刑廢棄矣。

三十一年，修訂法律大臣沈家本等奏請刪除重法數端，略稱：「見行律例款目極繁，而最重之法，亟應先議刪除者，約有三事：一曰淩遲、梟首、戮屍。淩遲之刑，唐以前無此名目。遼史刑法志始列入正刑之內。宋自熙寧以後，漸亦沿用。元、明至今，相仍未改。梟首在秦、漢時惟用諸夷族之誅，六朝梁、陳、齊、周諸律，始於斬之外別立梟名。自隋迄元，復棄而不用。今之斬梟，仍明制也。戮屍一事，惟秦時成蟜軍反，其軍吏皆斬戮屍，見於始皇本紀。此外歷代刑制，俱無此法。明自萬曆十六年，定有戮屍條例，專指謀殺祖父母、父母而言。國朝因之，後更推及於强盜。凡此酷重之刑，固所以懲戒凶惡。第刑至於斬，身首分離，已爲至慘。若命在頃忽，葅醢必令備嘗，氣久消亡，刀鋸猶難倖免，揆諸仁人之心，當必慘然不樂。謂將以懲本犯，而被刑者魂魄何知；謂將以警戒衆人，而習見習聞，轉感召其殘忍之性，實非聖世所宜遵。請將淩遲、梟首、戮屍三項，一概删除，死罪至斬決而止。凡律例內淩遲、斬梟各條，俱改斬決。斬決而下，依次遞減。一曰緣坐。緣坐之制，起於秦之參夷及收司連坐法。漢高后除三族令，文帝除收孥相坐律，當時以爲盛德。惜夷族之誅，猶間用之。晉以下仍有家屬從坐之法，唐律惟反叛、惡逆、不道，律有緣坐，他無有也。今律則姦黨、交結近侍諸項俱緣坐矣，反獄、邪教諸項亦緣坐矣。一案株連，動輒數十人。夫以一人之故而波及全家，以無罪之人而科以重罪，漢文帝以爲不正之法反害於民，北魏崔挺嘗曰『一人有罪，延及闔門，則司馬牛受桓魋之罰，柳下惠膺盜跖之誅，不亦哀哉』，其言皆篤論也。今世各國，皆主持刑罰止及一身之義，與『罪人不孥』之古訓實相符合。請將律內緣坐各條，除知情者仍坐罪外，其不知情者悉予寬免。餘條有科及家屬者准此。一曰刺字。刺字乃古墨刑，漢之黥也。文帝廢肉刑而黥亦廢，魏、晉、六朝雖有逃奴劫盜之刺，旋行旋廢。隋、唐皆無此法。至石晉天福間，始創刺配之制，相沿至今。其初不過竊盜逃人，其後日加煩密。在立法之意，原欲使莠民知恥，庶幾悔過而遷善。詎知習於爲非者，適予以標識，助其兇橫。而偶罹法網者，則黥刺一膺，終身僇辱。夫肉刑久廢，而此法獨存，漢文所謂刻肌膚痛而不德者，未能收弼教之益，而徒留此不德之名，豈仁政所宜出此。擬請將刺字款目，概行删除。凡竊盜皆令收所習藝，按罪名輕重，定以年限，俾一技能嫻，得以餬口，自少再犯、三犯之人。一切遞解人犯，嚴令地方官僉差押解，果能實力奉行，逃亡者自少也。」奏上，諭令淩遲、梟首、戮屍三項永遠删除。所有現行律例內淩遲、斬梟各條，俱改爲斬決；其斬決各條，俱改爲絞決；絞決各條，俱改爲絞監候，入於秋審情實；斬監候各條，俱改爲絞監候，與絞候人犯仍入於秋審，分別實緩。至緣坐各條，除知情者仍治罪外，餘悉寬免。其刺字等項，亦概行革除。旨下，中外稱頌焉。

三十二年，法律館奏准將戲殺、誤殺、擅殺虛擬死罪各案，分別減爲徒、流。自此而死刑亦多輕減矣。又是年法律館以婦女收贖，銀數太微，不足以資警戒，議准婦女犯笞、杖，照新章罰金。徒、流、軍、遣，除不孝及姦、盜、詐僞舊例應實發者，改留本地習藝所工作，以十年爲限，餘俱准其贖罪。徒一年折銀二十兩，每五兩爲一等，五徒准此遞加。由徒入流，每一等加十兩，三流准此遞加。遣、軍照滿流科斷。如無力完繳，將應罰之數，照新章按銀數折算時日，改習工藝。其犯該枷號，不論日數多寡，俱酌加五兩，以示區別。自此而收贖銀數亦稍變矣。

故宣統二年頒布之現行刑律，第將近數年奏定之章程采獲修入，於是刑制遂大有變更。其五刑之目，首罰刑十，以代舊律之笞、杖。一等罰，罰銀五錢，至十等罰，爲銀十五兩，據法律館議覆恤刑獄之奏也。次徒刑五，年限仍舊律。次流刑三，道里仍舊律，然均不加杖，以法律館業經附片奏删也。次遣刑二：曰極邊足四千里及烟瘴地方安置，曰新疆當差。以閏刑加入正刑，承用者廣，不得不別自爲制也。次死刑二：曰絞，曰斬。時雖有死刑唯一之議，以舊制顯分等差，且淩遲、梟首等項甫經議減，不敢徑行廢斬也。徒、流雖仍舊律，然爲制不同。按照習藝章程，五徒依限收入本地習藝所習藝；流、遣毋論發配與否，俱應工作。故於徒五等注明按限工作，流二千里注工作六年，二千五百里注工作八年，三千里注工作十年，遣刑俱注工作十二年。收贖則根據婦女贖罪新章酌減銀數，改爲通例。罰刑照應罰之數折半收贖，徒一年贖銀十兩，每等加銀二兩五錢，至徒三年收贖銀二十兩。流刑每等加銀五兩，至三千里贖銀三十五兩。遣刑與滿流同科。絞、斬則收贖銀四十兩。亦分注於各刑條下。然非例應收贖者，不得濫及也。捐贖，據光緒二十九年刑部奏准照運糧事例，減半銀數，另輯爲例。其笞、杖雖不入正刑，仍留竹板，以備刑訊之用。外此各刑具，盡行廢除，枷號亦一概芟削，刑制較爲徑省矣。

惟就地正法一項，始自咸豐三年。時各省軍興，地方大吏，遇土匪竊發，往往先行正法，然後奏聞。嗣軍務敉平，疆吏樂其便己，相沿不改。光緒七八年間，御史胡隆洵、陳啓泰等屢以爲言。刑部聲請飭下各省，體察情形，仍照舊例解勘，分別題奏。嗣各督撫俱覆稱地方不靖，礙難規復舊制。刑部不得已，乃酌量加以限制，如實係土匪、馬賊、游勇、會匪，方准先行正法，尋常强盜，不得濫引。自此章程行，沿及國變，而就地正法之制，訖未之能革。

清史稿卷一百四十四

志一百十九

刑法三

太祖始創八旗，每旗設總管大臣一，佐管大臣二。又置理政聽訟大臣五人，號爲議政五大臣。扎爾固齊十人，號爲理事十大臣。凡聽斷之事，先經扎爾固齊十人審問，然後言於五臣，五臣再加審問，然後言於諸貝勒。衆議既定，猶恐冤抑，親加鞫問。天命元年，諭貝勒大臣曰：「國人有事，當訴於公所，毋得訴於諸臣之家。茲播告國中，自貝勒大臣以下有罪，當靜聽公斷，執拗不服者，加等治罪。凡事俱五日一聽斷於公所，其私訴於家，不執送而私斷者，治罪不貸。」十一年，太宗以議政五大臣、理事十大臣不皆分授，或即以總管、佐管兼之，於是集諸貝勒定議裁撤。每旗由佐管大臣審斷詞訟，不令出兵駐防。其每旗別設調遣大臣二員，遇有駐防調遣所屬詞訟，仍令審理。天聰七年，設刑部承政、參政、啓心郎等官，聽訟始有專責。

世祖入主中夏，仍明舊制，凡訴訟在外由州縣層遞至於督撫，在內歸總於三法司。然明制三法司，刑部受天下刑名，都察院糾察，大理寺駁正。清則外省刑案，統由刑部核覆。不會法者，院寺無由過問，應會法者，亦由刑部主稿。在京訟獄，無論奏咨，俱由刑部審理，而部權特重。刑部初設十四司。雍正元年，添置現審左右二司，審理八旗命盜及各衙門欽發事件。後復改併，定爲十八清吏司：曰直隸，曰奉天，曰江蘇，曰安徽，曰江西，曰福建，曰浙江，曰湖廣，曰山東，曰山西，曰陜西，曰四川，曰廣東，曰廣西，曰雲南，曰貴州。凡各省刑名咨揭到部，各司具稿呈堂，以定准駁。吉林、黑龍江附諸奉天，甘肅、新疆附諸陜西，京曹各署關涉文件，亦分隸於十七司。現審則輪流籤分。順治十年，設督捕衙門，置侍郎滿、漢各一員，其屬有前司、後司。初隸兵部，專理緝捕逃旗事宜。康熙三十八年裁撤，將前後司改隸刑部。嗣復併爲督捕一司，不掌外省刑名，亦不分現審。刑部收受訟案，已結未結，每月彙奏。設督催所，而督以例限。審結尋常徒、流、軍、遣等罪，按季彙題。案係奏交，情雖輕，專案奏結。死罪既取供，大理寺委寺丞或評事，都察院委御史，赴本司會審，謂之會小法。獄成呈堂，都察院左都御史或左副都御史，大理寺卿或少卿，挈同屬員赴刑部會審，謂之會大法。如有翻異，發司覆審，否則會稿分別題奏。罪干立決，旨下，本司派員監刑。

監候則入朝審。各省戶、婚、田土及笞、杖輕罪，由州縣完結，例稱自理。詞訟每月設立循環簿，申送督、撫、司、道查考。巡道巡歷所至，提簿查核，如有未完，勒限催審。徒以上解府、道、臬司審轉，徒罪由督撫彙案咨結。有關人命及流以上，專咨由部彙題。死罪係謀反、大逆、惡逆、不道、劫獄、反獄、戕官，並洋盜、會匪、强盜、拒殺官差，罪干淩遲、斬、梟者，專摺具奏，交部速議。殺一家二命之案，交部速題。其餘斬、絞，俱專本具題，分送揭帖於法司科道，內閣票擬，交三法司核議。如情罪不符及引律錯誤者，或駁令覆審，或徑行改正，合則如擬核定。議上立決，命下，釘封飛遞各州縣正印官或佐貳，會同武職行刑。監候則入秋審。

朝審原於明天順三年，令每歲霜降後，但有該決重囚，三法司會同公、侯、伯從實審錄。秋審亦原於明之奏決單，冬至前會審決之。順治元年，刑部左侍郎党崇雅奏言：「舊制凡刑獄重犯，自大逆、大盜決不待時外，餘俱監候處決。在京有熱審、朝審之例，每至霜降後方請旨處決。在外直省，亦有三司秋審之例，未嘗一麗死刑輒棄於市。望照例區別，以昭欽恤。」此有清言秋、朝審之始。嗣後逐漸舉行，而法益加密。初制分情實、緩決、矜、疑，然疑獄不經見。雍正以後，加入留養承祀，區爲五類。截止日期，雲南、貴州、四川、廣東、廣西以年前封印日，福建以正月三十日，奉天、吉林、黑龍江、陝西、甘肅、湖北、湖南、浙江、江西、安徽、江蘇以二月初十日，河南、山東、山西以三月初十日，直隸以三月三十日。然遇情重之案，雖後期有聲明趕入秋審者。刑部各司，自歲首將各省截止期前題准之案，分類編册，發交司員看詳。初看藍筆句改，覆看用紫，輪遞至秋審處坐辦、律例館提調，墨書粘籤，一一詳加斟酌，而後呈堂核閱。朝審本刑部問擬之案，刑部自定實緩。秋審則直省各督撫於應勘時，將人犯提解省城，率同在省司道公同會勘，定擬具題。刑部俟定限五月中旬以前，各省後尾到齊，查閱外勘與部擬不符者，別列一册。始則司議，提調、坐辦主之。繼則堂議，六堂主之，司議各員與焉。議定，刑部將原案及法司督撫各勘語刊刷招册，送九卿、詹事、科道各一分，八月內定期在金水橋西會同詳核。先日朝審，三法司、九卿、詹事、科道入座，刑部將監內應死人犯提至當堂，命吏朗誦罪狀及定擬實、緩節略，事畢回禁。次日秋審，憑招册審核，如俱無異議，會同將原擬陸續具題；有異，前期簽商。若各執不相下，持異之人奏上，類由刑部回奏聽裁。苟攻及原審，則徑行扣除再訊。二百餘年來，刑部歷辦秋、朝審，句稽講貫，備極周密，長官每以此校司員之優劣。究之人命至重，死者不可復生，其所矜慎，尤在實、緩。乾隆以前，各司隨意定擬，每不畫一。三十二年，始酌定比對條款四十則，刊分各司，並頒諸各省，以爲勘擬之準繩。四十九年，復行增輯。嗣刑部侍郎阮葵生別輯秋讞志略，而後規矩略備，中外言秋勘者依之，並比附歷年成案，故秋、朝審會議，其持異特奏者，每不勝焉。

秋審本上，入緩決者，得旨後，刑部將戲殺、誤殺、擅殺之犯，奏減杖一百，流三千里，竊贓滿貫，三犯竊贓至五十兩以上之犯，奏減雲、貴、兩廣極邊、煙瘴充軍，其餘仍舊監固，俟秋審三次後查辦。間有初次入緩，後復改實者，權操自上，非常例也。入可矜者，或減流，或減徒。留養承祀者，將該犯枷號兩月，責四十板釋放。案係鬬殺，追銀二十兩給死者家屬養贍。情實則大別有三，服制、官犯、常犯是也。本下，內閣隨命欽天監分期擇日。句到，刑部按期進呈黃册。至日，素服御殿，大學士三法司侍，上秉硃筆，或命大學士按單予句。服制册大都殺傷期功尊長之案，既以情輕而改監候，類不句決；情實二次，大學士會同刑部奏請改緩。官犯則情重者，刑部從嚴聲敍，未容倖免；輕則一律免句，十次改緩。常犯之入情實，固罪無可逭者；其或一線可原，刑部粘籤聲敍，類多邀恩不句，十次亦改緩。向例句決重囚，刑科三覆奏，自乾隆十四年簡去二覆，第於句到前五日，覆奏一次。句到時，將原本進呈覆閱，一俟批發，在京例由刑科給事中、刑部侍郎各一人赴西市監視。官犯無論句否，俱綁赴行刑場候決。在外則刑部各司將句單連同榜示釘封送兵部發驛，文到之日行刑。如恭逢慶典或國家有故，則下旨停句。

順治十三年，諭刑部：「朝審秋決，係刑獄重典。朕必詳閱招案始末，情形允協，令死者無冤。今決期伊邇，朝審甫竣，招册繁多，尚未及詳細簡閱，驟行正法，朕心不忍。今年姑著暫停秋決，昭朕矜恤至意。」自是列朝於秋讞俱勤慎校閱。康熙二十二年，聖祖御懋勤殿，召大學士、學士等入，酌定在京秋審情實重犯。聖祖取罪案逐一親閱，再三詳審，其斷無可恕者，始定情實。因諭曰：「人命事關重大，故召爾等共相商酌。情有可原，卽開生路。」雍正十一年，世宗御洞明堂，閱秋審情實招册，諭刑部曰：「諸臣所進招册，俱經細加斟酌，擬定情實。但此內有一綫可生之機，爾等亦當陳奏。在前日定擬情實，自是執法，在此刻句到商酌，又當原情，斷不可因前奏難更，遂爾隱默也。」高宗尤垂意刑名，秋審册上，每干飭責。乾隆三十一年，湖南官犯饒佺，以其迴護已過予句。迨閱浙省招册，知府高象震亦以承審迴護，原題僅擬軍臺効力。急諭湖南巡撫將饒佺暫停處決，令刑部查明兩案情節不同，始行明諭處分。其愼重讞典如此。仁宗亦嫺習法律。嘉慶七年，御史廣興會議秋審，奏請將鬭殺擬緩之廣東姚得輝改入情實，援引乾隆十八年「一命必有一抵」之旨。仁宗謂：「『一命一抵』，原指械鬭等案而言，至尋常鬭毆，各斃各命，自當酌情理之平，分別實緩。若拘泥『一命必有一抵』之語，則是秋讞囚徒，凡殺傷斃命之案，將盡行問擬情實，可不必有緩決一項。有是理乎？」命仍照原擬入緩。其剖析法意，致爲明允。自後宣宗、文宗遵循前軌，罕可紀述。穆宗、德宗兩經垂簾，每逢句到，命大學士一人捧單入內閣恭代，後遂沿爲故事。

而前行之秋審條款，因光緒季年死刑遞有減降，法律館重加釐定，奏頒內外焉。

熱審之制，順治初賡續舉行。康熙十年，定每年小滿後十日起，至立秋前一日止，非實犯死罪及軍、流，俱量予減等。四十三年，諭刑部停止。雍正初復行。乾隆以後，第准免笞、杖，則遞行八折決放，枷號漸釋，餘不之及。且惟京師行之，外省笞、杖自理，無從考核，具文而已。列朝無寒審，而有軍、流、遣犯隆冬停遣之例。未起解者，十月至正月終及六月俱停遣。若已至中途，至十一月初一日准停。倘抵配不遠，並發往東南省分，人犯有情願前進者，一體起解。

又有停審之例，每年正月、六月、十月及元旦令節七日，上元令節三日，端午、中秋、重陽各一日，萬壽聖節七日，各壇廟祭享、齋戒以及忌辰素服等日，並封印日期，四月初八日，每月初一、初二日，皆不理刑名。然中外問刑衙門，於正月、六月、十月及封印日期、每月初一二等日不盡如例行也。其農忙停審，則自四月初一日至七月三十日，一應戶、婚、田土細故，不准受理，刑事不在此限。又有停刑之例，每年正月、六月及冬至以前十日，夏至以前五日，一應立決人犯及秋、朝審處決重囚，皆停止行刑。

凡審級，直省以州縣正印官爲初審。不服，控府、控道、控司、控院，越訴者笞。其有冤抑赴都察院、通政司或步軍統領衙門呈訴者，名曰京控。登聞鼓，順治初立諸都察院。十三年，改設右長安門外。每日科道官一員輪值。後移入通政司，別置鼓廳。其投廳擊鼓，或遇乘輿出郊，迎駕申訴者，名曰叩閽。從前有擅入午門、長安門、堂子跪告，及打長安門內、正陽門外石獅鳴寃者，嚴禁始絕。卽迎車駕而衝突儀仗，亦罪至充軍。京控及叩閽之案，或發回該省督撫，或奏交刑部提訊。如情罪重大，以及事涉各省大吏，抑經言官、督撫彈劾，往往欽命大臣蒞審。發回及駁審之案，責成督撫率同司道親鞫，不准復發原問官，名爲欽部事件。文武官犯罪，題參革職。道府、副將以上，遴委道員審理。同知、遊擊以下，遴委知府審理。巡按御史，順治初猶常設。四年，從大理寺卿王永吉奏，差官往直省卹刑，然皆不久停罷。外省刑名，遂總匯於按察使司，而督撫受成焉。京師笞、杖及無關罪名詞訟，內城由步軍統領，外城由五城巡城御史完結，徒以上送部，重則奏交。如非常大獄，或命王、大臣、大學士、九卿會訊。自順治迄乾隆間，有御廷親鞫者。律稱八議者犯罪，實封奏聞請旨，不許擅自句問。在京大小官員亦如之。

若宗室有犯，宗人府會刑部審理。覺羅，刑部會宗人府審理。所犯笞、杖、枷號，照例折罰責打；犯徒，宗人府拘禁；軍、流、鎖禁，俱照旗人折枷日期，滿日開釋。屢犯軍、流，發盛京、吉林、黑龍江等處圈禁；死刑，宗人府進黃册。閹寺犯輕罪，內務府愼刑司訊決，徒以上亦送部。八旗地畝之訟，屬諸戶部現審處，刑事統歸刑部。清初有都統會審之制，有高牆拘禁之條，至乾隆時俱廢。旗營駐防省分，額設理事同知。旗人獄訟，同知會同州縣審理。熱河都統衙門特設理刑司，刑部派員聽訟，三年一任。同治三年，以吉林獄訟繁多，詔依熱河設立刑司例，令刑部揀派滿、漢郎中、員外、主事各一員，分別掌印主稿，統歸將軍管轄。嗣吉林建省裁撤，而熱河如故。

蒙古刑獄，內外扎薩克王公、台吉、塔布囊及協理台吉等承審。康熙三十七年，曾遣內地官員敎導蒙古王等聽斷盜案，後不常設。沿邊與民人交涉案件，會同地方官審理，死罪由盟長核報理藩院，會同三法司奏當。在京犯斬、絞，刑部審訖，會理藩院法司亦如之。盛京刑部掌讞盛京旗人及邊外蒙古之獄。秋審，會同四部侍郎、奉天府尹酌定實、緩彙題，蓋皆特別之制。

凡檢驗，以宋宋慈所撰之洗冤錄爲準，刑部題定驗屍圖格，頒行各省。人命呈報到官，地方正印官隨帶刑書、仵作，立卽親往相驗。仵作據傷喝報部位之分寸，行兇之器物，傷痕之長短淺深，一一塡入屍圖。若屍親控告傷痕互異，許再行覆檢，不得違例三檢。如自縊、溺水、事主被殺等案，屍屬呈請免驗者，聽。京師內城正身旗人及香山等處各營房命案，由刑部當月司員往驗。街道及外城人命，無論旗、民，歸五城兵馬司指揮相驗。檢驗不以實者有刑。

凡訊囚用杖，每日不得過三十。熱審得用掌嘴、跪鍊等刑，强盜人命酌用夾棍，婦人拶指，通不得過二次。其餘一切非刑有禁。斷罪必取輸服供詞，律雖有「衆證明白，卽同獄成」之文，然非共犯有逃亡，幷罪在軍、流以下，不輕用也。

凡審限，直省尋常命案限六閱月，盜劫及情重命案、欽部事件並搶奪掘墳一切雜案俱定限四閱月。其限六月者，州縣三月解府州，府州一月解司，司一月解督撫，督撫一月咨題。其限四月者，州縣兩月解府州，府州二十日解司，司二十日解督撫，督撫二十日咨題。如案內正犯及要證未獲，或在監患病，准其展限或扣限。若隔屬提人及行查者，以人文到日起限。限滿不結，督撫咨部，卽於限滿之日起算，再限二、三、四月，各級分限如前。如仍遲逾，照例參處。按察司自理事件，限一月完結。州縣自理事件，限二十日審結。上司批發事件，限一月審報。刑部現審，笞杖限十日，遣、軍、流、徒二十日，命盜等案應會三法司者三十日。每月奏報，聲明曾否逾限。如有患病及查傳等情，亦得依例扣展。速議速題，均限五日覆。死罪會核，自科鈔到部之日，立決限七十日，監候限八十日。會同題覆，院寺各分限八日。由咨改題之案，展限十日。係清文加譯漢十日或二十日，逾限附參。盜賊逾月不獲，捕役汛兵予笞，官罰俸。吏兵兩部處分則例，尙有疏防及初、二、三、四參之分。命案兇犯在逃，承緝、接緝亦按限開參。然例雖嚴，而巧於規避者，蓋自若也。

凡解犯有三：一、定案時之解審。徒犯解至府州轉報，軍、流、遣及死罪，自府州遞省，逐級訊問無異，督撫然後咨題。一、秋審時之解勘。死罪非立決，發回本州縣監禁，逮秋審，徑行解司審勘。官犯自定案卽拘禁司監待決。常犯緩決者，二次秋審，卽不復解。其直省各邊地離督撫駐處窵遠，有由該管巡道審勘加結轉報者，非通例也。一、發遣時之解配。徒囚問發隔縣，軍、流起解省分，預行咨明應發省分督撫，查照道里表，酌量州縣大小遠近、在配軍流多寡，先期定地，飭知入境首站州縣，隨到隨發。遣犯解至例定地方安插。犯籍州縣僉差，名曰長解。沿途州縣，派撥兵役護送，名為短解。罪囚視罪名輕重，定用鐵鎖杻鐐道數。若中途不覺失囚，訊明有無賄縱，分別治罪。隔屬關提及發交各地方官管束者，視此為差。京師現審，徒犯發順天府充徒。流囚由刑部定地，劄行順天府起送。五軍咨由兵部定地提發，外遣亦咨兵部差役起解。綜計訴訟所歷，自始審迄終結，其程序各有定規，毋或踰越。

迨光緒變法，三十二年，改刑部為法部，統一司法行政。改大理寺為大理院，配置總檢察廳，專司審判。於是法部不掌現審，各省刑名，畫歸大理院覆判，並不會都察院，而三法司之制廢。題本改為摺奏，內閣無所事事。秋、朝審專屬法部，其例緩者隨案聲明，不更加勘，而九卿、科道會審之制廢。京師暨各省設高等審檢廳，都城省會及商埠各設地方及初級審檢廳，改按察使為提法司。三十三年，法部奏定各級廳試辦章程。宣統二年，法律館奏頒法院編制法，由初級起訴之案不服，可控由地方而至高等，由地方起訴之案不服，可控由高等而至大理院，名爲四級三審。從前審級、審限、解審、解勘之制，州縣行之而不行於法院。審判分民事、刑事。民律艱於成書，所據者第舊律戶役、田宅、錢債、婚姻各條，而法未備。司法事務有年度，判斷有評議，刑事有檢察官莅審，人命由檢察官相驗，法院行之而不能行於州縣。刑訴制度，蓋雜糅矣。

然爾時所以急於改革者，亦曰取法東西列強，藉以收回領事裁判權也。考領事裁判，行諸上海會審公堂，其源肇自咸豐朝，與英、法等國締結通商條約，約載中外商民交涉詞訟，各赴被告所屬之國官員處控告，各按本國律例審斷。嗣遇他國締約，俱援利益均霑之說，羣相仿效。同治八年，定有洋涇浜設官章程，遴委同知一員，會同各國領事審理華洋訴訟。其外人應否科刑，讞員例不過問。華人第限於錢債、鬬毆、竊盜等罪，在枷杖以下，准其決責。後各領擴張權限，公堂有逕定監禁數年者。外人不受中國之刑章，而華人反就外國之裁判。清季士大夫習知國際法者，每咎彼時議約諸臣不明外情，致使法權坐失。光緒庚子以後，各國重立和約，我國齗齗爭令撤銷，而各使藉口中國法制未善，靳不之許。迨爭之既亟，始聲明異日如審判改良，允將領事裁判權廢棄。載在約章，存爲左劵。故二十八年設立法律館，有「按照交涉情形，參酌各國法律，務期中外通行」之旨。蓋亦欲修明法律，俾外國就範也。夫外交視國勢之强弱，權利既失，豈口舌所能爭。故終日言變法，逮至國本已傷，而收效卒鮮，豈法制之咎與？然其中有變之稍善而未竟其功者，曰監獄。有政體所關而未之變者，曰赦典。

監獄與刑制相消息，從前監羈罪犯，並無已決未決之分。其囚禁在獄，大都未決犯爲多。既定罪，則笞、杖折責釋放，徒、流、軍、遣卽日發配，久禁者斬、絞監候而已。州縣監獄，以吏目、典史爲管獄官，知州、知縣爲有獄官，司監則設按司獄。各監有內監以禁死囚，有外監以禁徒、流以下，婦人別置一室，曰女監。徒以上鎖收，杖以下散禁。囚犯日給倉米一升，寒給絮衣一件。鎖杻常洗滌，蓆薦常鋪置，夏備涼漿，冬設煖牀，疾病給醫藥。然外省監獄多湫隘，故例有輕罪人犯及干連證佐，准取保候審之文。無如州縣懼其延誤，每有班館差帶諸名目，胥役藉端虐詐，弊竇叢滋。雖屢經內外臣工參奏，不能革也。刑部有南北兩監，額設司獄八員、提牢二員，掌管獄卒，稽查罪囚，輪流分值。每月派御史查監，有瘐斃者亦報御史相驗。年終並由部彙奏一次，防閑致爲周備。自光緒三十二年審判畫歸大理院，院設看守所，以羈犯罪之待訊者，各級審檢廳亦然，於是法部犴狴空虛。別設已決監於外城，以容徒、流之工作，並令各省設置新監，其制大都採自日本。監房有定式，工廠有定程。法律館特派員赴東調查，又開監獄學堂，以備京、外新監之用。然斯時新法初行，措置未備，外省又限於財力，未能徧設也。

赦典有恩赦、恩旨之別。歷朝登極、升祔、册立皇后、皇上五旬以上萬壽、皇太后六旬以上萬壽及武功克捷之類，例有恩赦。其詔書內開：一、官吏軍民人等有犯，除謀反、大逆、子孫謀殺祖父母父母、內亂、妻妾殺夫、奴婢殺家長、殺一家非死罪三人、採生折割人、謀殺故殺眞正人命、蠱毒魘魅毒藥殺人、强盜、妖言、十惡等眞正死罪不赦外，軍務獲罪、隱匿逃人及侵貪入己亦不赦外，其餘已發覺未發覺、已結未結者，咸赦除之。若尋常萬壽及喜慶等事，則傳旨行赦。恩赦死罪以下俱免，恩旨則死罪已下遞減。詔書旣頒，刑部檢查成案，分別准免不准免，開單奏定，名爲恩赦條款。恩旨則分別准減不准減，名爲減等條款。部設減等處，專司核駮。其巡幸所經，赦及一方，及水旱兵災、淸理庶獄者，則視詔旨從事焉。明制，徒、流已至配，不復援赦。淸自康熙九年准在配徒犯會赦放免。乾隆二年恩詔，軍、流在配三年，安靜悔過，情願回籍，查明准釋。迨嘉慶二十五年，始將到配未及三年人犯一體查辦，尤爲曠典。昔人有言：「赦者小人之幸，君子之不幸。」意第謂赦恩之不可濫耳。若夫非常慶典，特頒汗號，使之蕩滌瑕穢，洒然自新，未始非仁政之一端。有淸一代，赦典屢頒，然條款頗嚴，毋虞濫及。且行慶施惠，王者馭世之大權，非苟然也。故光緒三十四年宣統登極，猶循例大赦云。

清史稿卷一百四十五

志一百二十

藝文一

清起東陲，太宗設文館，命達海等繙譯經史。復改國史、祕書、弘文三院，編纂國史，收藏書籍，文教始興。世祖入定中原，命馮銓等議修明史，復詔求遺書。聖祖繼統，詔舉博學鴻儒，修經史，纂圖書，稽古右文，潤色鴻業，海內彬彬向風焉。高宗繼試鴻詞，博采遺籍，特命輯修四庫全書，以皇子永瑢、大學士于敏中等爲總裁，紀昀、陸錫熊等爲總纂，與其事者三百餘人，皆極一時之選，歷二十年始告成。全書三萬六千册，繕寫七部，分藏大內文淵閣，圓明園文源閣，盛京文溯閣，熱河文津閣，揚州文匯閣，鎮江文宗閣，杭州文瀾閣。命紀昀等撰全書總目，著錄三千四百五十八種，存目六千七百八十八種，都一萬二百四十六種。復命于敏中、王際華擷其精華，別爲四庫薈要，凡一萬二千册，分繕二部，藏之大內摛藻堂及御園味腴書屋。又別輯永樂大典三百八十五種，交武英殿以聚珍版印行。時大典儲翰林院者尚存二萬四百七十三卷，合九千八百八十一册。其宋、元精槧，多儲內府，天祿琳瑯，備詳宮史。經籍既盛，學術斯昌，文治之隆，漢、唐以來所未逮也。各省先後進書，約及萬種，阮元既補四庫未收書四百五十四種，復刊經解一千四百十二卷，王先謙又刊續經解一千三百十五卷，而各省督撫，廣修方志，郡邑典章，粲然大備。其後曾國藩倡設金陵、蘇州、揚州、杭州、武昌官書局，張之洞設廣雅書局，延聘儒雅，校刊羣籍，私家亦輯刻日多，叢書之富，曩代莫京。及至晚近，歐風東漸，競譯西書，道藝並重。而敦煌寫經，殷墟龜甲，奇書祕寶，考古所資，其有裨於學術者尤多，實集古今未有之盛焉。藝文舊例，胥列古籍，茲仿明史爲志，凡所著錄，斷自清代。唯清人輯古佚書甚夥，不可略之，則附載各類之後。〔一〕

經部十類：一曰易類，二曰書類，三曰詩類，四曰禮類，五曰樂類，六曰春秋類，七曰孝經類，八曰四書類，九曰經總義類，十曰小學類。

易類

易經通注九卷。順治十三年，傅以漸等奉敕撰。日講易經解義十八卷。康熙二十二年，牛鈕等奉敕撰。周易折中二十二卷。康熙五十四年，李光地等奉敕撰。周易述義十卷。乾隆二十年，傅恆等奉敕撰。

易圖解一卷，周易補注十一卷。簡親王德沛撰。易翼二卷。孫承澤撰。讀易大旨五卷。孫奇逢撰。周易稗疏四卷，考異一卷，周易內傳六卷，發例一卷，周易大象解一卷，周易外傳七卷。王夫之撰。易學象數論六卷。黃宗羲撰。周易象辭二十一卷，尋門餘論二卷，圖書辨惑一卷。黃宗炎撰。讀易筆記一卷。張履祥撰。周易說略四卷。張爾岐撰。易酌十四卷。刁包撰。易聞十二卷。歸起先撰。田間易學十二卷。錢澄之撰。大易則通十五卷，閏一卷，易史一卷。胡世安撰。周易疏略四卷。張沐撰。易學闡十卷。黃與堅撰。讀易緒言二卷。謝文洊撰。易經衷論二卷。張英撰。讀易日鈔六卷。張烈撰。周易通論四卷，周易觀象大指二卷，周易觀象十二卷。李光地撰。周易淺述八卷。陳夢雷撰。周易定本一卷。邵嗣堯撰。易經識解五卷。徐秉義撰。易經筮貞四卷。趙世對撰。周易明善錄二卷。徐繼發撰。易原就正十二卷。包儀撰。周易通十卷，周易辨正二十四卷。浦龍淵撰。合訂刪補大易集義粹言八十卷。納喇性德撰。周易筮述八卷。王弘撰撰。周易應氏集解十三卷。應撝謙撰。仲氏易三十卷，推易始末四卷，春秋占筮書三卷，易小帖五卷，太極圖說遺議一卷，河圖洛書原舛編一卷。毛奇齡撰。喬氏易俟十八卷。喬萊撰。大易通解十卷。魏荔彤撰。周易本義蘊四卷，周易蘊義圖考二卷。姜兆錫撰。周易傳注七卷，周易筮考一卷。李塨撰。學易初津二卷，易翼宗六卷，易翼說八卷。晏斯盛撰。周易剳記二卷。楊名時撰。易經詳說不分卷。冉覲祖撰。易經辨疑七卷。張問達撰。周易傳義合訂十二卷。朱軾撰。易宮三十六卷，讀易管窺五卷。吳隆元撰。讀易觀象惺惺錄十六卷，讀易觀象圖說二卷，太極圖說二卷，周易原始一卷，天水答問一卷，羲皇易象二卷，羲皇易象新補二卷。李南暉撰。孔門易緒十六卷。張德純撰。易圖明辨十卷。胡渭撰。身易實義五卷。沈廷勱撰。先天易貫五卷。劉元龍撰。易互六卷。楊陸榮撰。周易玩辭集解十卷，易說一卷。查愼行撰。易說六卷。惠士奇撰。周易函書約存十八卷，約注十八卷，別集十六卷。胡煦撰。易箋八卷。陳法撰。周易觀象補義略不分卷。諸錦撰。索易臆說二卷。吳啓昆撰。周易孔義集說二十卷。沈起元撰。陸堂易學十卷。陸奎勳撰。易經揆一十一卷，易學啓蒙補二卷。梁錫璵撰。易經詮義十五卷，易經如話十五卷。汪紱撰。周易本義爻徵二卷。吳日愼撰。周易圖說正編六卷。萬年茂撰。易翼述信十二卷。王又樸撰。周易原始六卷。范咸撰。周易淺釋四卷。潘思榘撰。易學大象要參四卷。〔三〕林贊龍撰。周易解翼十卷。上官章撰。東易問八卷。魏樞撰。周易洗心九卷。任啓運撰。空山易解四卷。牛運震撰。周易剩義二卷。童能靈撰。周易彙解衷翼十五卷。許體元撰。易象援古不分卷。申爾宣撰。豐川易說十卷。王心敬撰。周易粹義五卷。薛雪撰。周易圖說六卷。蔡新撰。讀易別錄三卷。全祖望撰。周易經言拾遺十四卷。徐文靖撰。易象大意存解一卷。任陳晉撰。周易集解纂疏三十六卷。李道平撰。周易圖書質疑二十四卷。趙繼序撰。易象通義六卷。秦篤輝撰。易深八卷。許伯政撰。易說存悔二卷。汪憲撰。卦氣解一卷，八卦觀象解二卷，象傳論一卷，象象論一卷，繫辭傳論二卷。莊存與撰。易例舉要五卷，十家易象集說九十卷。吳鼎撰。周易大衍辨一卷。吳鼐撰。周易井觀十二卷，周大樞撰。周易注疏校正一卷。盧文弨撰。易守三十二卷。葉佩蓀撰。周易二閭記三卷，周易小義二卷。茹敦和撰。周易輯要五卷。朱瓚撰。易卦私箋二卷。蔣衡撰。易經明洛義六卷。孫愼行撰。易卦圖說一卷。崔述撰。周易章句證異十一卷。翟均廉撰。周易考占一卷。金榜撰。易經貫一二十二卷。金誠撰。周易辨畫四十卷。連斗山撰。大易擇言三十六卷，程氏易通十四卷，易說辨正四卷。程廷祚撰。周易懸象八卷。黃元御撰。周易本義注六卷。胡方撰。周易略解八卷。馮經撰。周易述二十三卷，易漢學八卷，易例二卷，易微言二卷，易大誼一卷，周易本義辨證五卷，增補周易鄭注一卷，周易鄭注爻辰圖一卷，易說六卷。惠棟撰。觀象居易傳箋十二卷。汪師韓撰。周易述翼五卷。黃應麒撰。周易述補五卷。李林松撰。孫氏周易集解十卷。孫星衍撰。卦本圖考一卷。胡秉虔撰。周易虞氏義九卷，虞氏消息二卷，虞氏易禮二卷，虞氏易事二卷，虞氏易言二卷，虞氏易候一卷，虞氏易變表二卷，周易鄭氏義二卷，周易荀氏九家義一卷，易義別錄十四卷，易圖條辨一卷，易緯略義三卷。張惠言撰。易大義補一卷。桂文燦撰。學易討原一卷。姚文田撰。易說十二卷，易說便錄二卷。郝懿行撰。易經叓要十二卷。李式穀撰。易章句十二卷，易通釋二十卷，易圖略八卷，周易補疏二卷，易餘籥錄二十卷，易話二卷，易廣記二卷。焦循撰。易經異文釋六卷，李氏集解賸義三卷，校異二卷。李富孫撰。易問四卷，觀易外編六卷。紀大奎撰。周易指三十八卷，易例一卷，易圖五卷，易斷辭一卷。端木國瑚撰。卦氣解一卷，周易考異二卷。宋翔鳳撰。古易音訓二卷。宋咸熙撰。周易倚數錄二卷，圖一卷。楊履泰撰。周易虞氏略例一卷。李銳撰。周易學三卷。沈夢蘭撰。周易述補四卷。江藩撰。六十四卦經解八卷，易鄭氏爻辰廣義二卷，易經傳互卦巵言一卷，易章句異同一卷，易消息升降圖二卷，學易札記四卷。朱駿聲撰。易經述傳二卷，周易訟卦淺說一卷，周易解詁一卷，易經象類一卷。丁晏撰。周易姚氏學十六卷，周易通論月令二卷，易學闡元一卷。姚配中撰。虞氏易消息圖說一卷。胡祥麟撰。易確十二卷。許桂林撰。易漢學考二卷，易漢學師承表一卷，易彖傳大義述一卷，易爻例一卷。吳翊寅撰。周易附說一卷。羅澤南撰。周易舊疏考證一卷。劉毓崧撰。讀易叢記二卷。葉名灃撰。周易舊注十二卷。徐鼒撰。鄭氏爻辰補六卷。戴棠撰。周易爻辰申鄭義一卷。何秋濤撰。諸家易學別錄一卷，虞氏易學彙編一卷，周易卦象集證一卷，周易互體詳述一卷，周易卦變舉要一卷。方申撰。周易故訓訂一卷。黃以周撰。易例輯略五卷。龐大堃撰。易貫五卷，玩易篇一卷，艮宧易說一卷，邵易補原一卷，卦氣直日解一卷，易窮通變化論一卷，八卦方位說一卷，卦象補考一卷，周易互體徵一卷。俞樾撰。陳氏易說四卷，讀易漢學私記一卷。陳壽熊撰。易釋四卷。黃式三撰。讀易筆記二卷。方宗誠撰。周易釋爻例一卷。成蓉鏡撰。易解說二卷。吳汝綸撰。易經通論一卷。皮錫瑞撰。

唐史徵周易口訣義六卷。宋司馬光溫公易說六卷。宋邵伯溫易學辨惑一卷。宋李光讀易詳說十卷。宋鄭剛中周易窺餘十五卷。宋都絜易變體義十二卷。宋程大昌易原八卷。宋趙善譽易說四卷。宋徐總幹易傳燈四卷。宋馮椅厚齋易學五十二卷。宋蔡淵易象意言一卷。宋李杞周易詳解十六卷。宋俞琰讀易舉要四卷。宋丁易東周易象義十六卷。元吳澄易纂言外翼八卷。元解蒙易精蘊大義十二卷。元曾貫易學變通六卷。以上均乾隆三十八年王際華等奉敕輯。周卜氏易傳一卷。漢孟喜周易章句一卷。漢京房周易章句一卷。漢馬融周易傳一卷。漢荀爽周易注一卷。漢鄭玄周易注三卷，補遺一卷。漢劉表周易章句一卷。漢宋衷周易注一卷。魏董遇周易章句一卷。魏王肅周易注一卷。蜀范長生周易注一卷。吳陸績周易述一卷。吳姚信周易注一卷。吳虞翻周易注十卷。晉王廙周易注一卷。晉張璠周易集解一卷。晉向秀周易義一卷。晉干寶周易注一卷。晉翟玄周易義一卷。齊劉瓛周易義疏一卷。以上均孫堂輯。連山一卷。歸藏一卷。漢蔡景君易說一卷。漢丁寬易傳二卷。漢韓嬰易傳二卷。漢劉安周易淮南九師道訓一卷。漢施讎周易章句一卷。

漢梁丘賀周易章句一卷。漢費直易注一卷。易林一卷。周易分野一卷。古五子易傳一卷。不著時代薛虞周易記一卷。魏王肅周易音一卷。魏何晏周易解一卷。晉鄒湛周易統略一卷。晉楊乂周易卦序論一卷。晉張軌周易義一卷。晉黃穎周易注一卷。晉徐邈周易音一卷。晉李軌周易音一卷。晉孫盛易象妙於見形論一卷。晉桓玄周易繫辭注一卷。宋荀柔之周易繫辭注一卷。齊明僧紹周易繫辭注一卷。齊沈驎士周易要略一卷。梁武帝周易大義一卷。梁伏曼容周易集解一卷。梁褚仲都周易講疏一卷。陳周弘正周易義疏一卷。陳張譏周易講疏一卷。後魏盧景裕周易注一卷。後魏劉昞周易注一卷。隋何妥周易講疏一卷。隋侯果周易注三卷。不著時代姚規周易注一卷。崔覲周易注一卷。王凱沖周易注一卷。王嗣宗周易義一卷。傅氏周易注一卷。莊氏易義一卷。唐崔憬周易探元三卷。唐李淳風周易元義一卷。唐陰弘道周易新論傳疏一卷。唐徐勛周易新義一卷。唐僧一行易纂一卷。以上均馬國翰輯。齊劉瓛乾坤義一卷。黃奭輯。漢京房易飛候一卷。晉郭璞易洞林一卷。以上均王謨輯。

書類

日講書經解義十三卷。康熙十九年，庫勒納等奉敕編。書經傳說彙纂二十四卷。康熙六十年，王項齡等奉敕撰。書經圖說五十卷。光緒二十九年奉敕撰。尚書近指六卷。孫奇逢撰。書經稗疏四卷，尚書引義六卷。王夫之撰。書經筆授三卷。黃宗羲撰。尚書體要六卷。錢肅潤撰。尚書埤傳十七卷，禹貢長箋十二卷。朱鶴齡撰。尚書集解二十卷，九州山川考三卷，洪範經傳集義一卷。孫承澤撰。書經衷論四卷。張英撰。尚書解義一卷，尚書句讀一卷，洪範說一卷。李光地撰。古文尚書考一卷。陸隴其撰。古文尚書疏證八卷。閻若璩撰。古文尚書冤詞八卷，尚書廣聽錄五卷，舜典補亡一卷。毛奇齡撰。古文尚書辨一卷。朱彝尊撰。禹貢錐指二十卷，圖一卷，洪範正論五卷。胡渭撰。書經蔡傳參議六卷。姜兆錫撰。禹貢解八卷。晏斯盛撰。尚書地理今釋一卷。蔣廷錫撰。尚書質疑八卷。王心敬撰。禹貢譜二卷。王澍撰。尚書質疑二卷。顧棟高撰。今文尚書說三卷。陸奎勳撰。書經詮義十二卷。汪紱撰。尚書約註四卷。任啓運撰。禹貢會箋十二卷。徐文靖撰。尚書注疏考證一卷。齊召南撰。尚書既見三卷，尚書說一卷。莊存與撰。晚書訂疑三卷。程廷祚撰。尚書注疏校正三卷。盧文弨撰。尚書質疑二卷，尚書異讀考六卷。趙佑撰。尚書後案三十卷，附後辨一卷。王鳴盛撰。尚書小疏一卷。沈彤撰。尚書釋天六卷。盛百二撰。禹貢三江考三卷。程瑤田撰。古文尚書考二卷。惠棟撰。古文尚書辨僞二卷。崔述撰。尚書義考二卷。戴震撰。古文尚書撰異三十二卷。段玉裁撰。古文尚書正辭三十三卷。吳光耀撰。尚書讀記一卷。閻循觀撰。尚書今古文疏證七卷。莊述祖撰。禹貢川澤考二卷。桂文燦撰。大雲山房十二章圖說一卷。惲敬撰。尚書今古文注疏三十卷，古文尚書馬鄭注十卷，尚書逸文二卷。孫星衍撰。禹貢地理古注考一卷。孫馮翼撰。尚書訓詁一卷。王引之撰。尚書敍錄一卷。胡秉虔撰。尚書集注音疏十二卷，尚書經師系表一卷。江聲撰。尚書周誥考辨二卷。章謙存撰。禹貢鄭注釋二卷，尚書補疏二卷。焦循撰。書說二卷。郝懿行撰。尚書略說二卷，尚書譜二卷。宋翔鳳撰。逸湯誓考六卷。徐時棟撰。尚書隸古定釋文八卷，附經文二卷。李遇孫撰。書經異文釋八卷。李富孫撰。尚書今古文集解三十一卷，書序述聞一卷。劉逢祿撰。古文尚書私議二卷。張崇蘭撰。召誥日名考一卷。李銳撰。尚書古注便讀四卷。朱駿聲撰。禹貢集釋三卷，禹貢錐指正誤一卷，禹貢蔡傳正誤一卷，尚書餘論一卷。丁晏撰。太誓答問一卷。龔自珍撰。禹貢正字一卷。王筠撰。尚書伸孔篇一卷。焦廷琥撰。尚書通義二卷，尚書傳授異同考一卷。邵懿辰撰。尚書沿革表一卷。戴熙撰。禹貢舊疏考證一卷。劉毓崧撰。尚書今文二十八篇解。楊鍾泰撰。禹貢鄭注略例一卷。何秋濤撰。尚書後案駁正二卷。王劼撰。考正胡氏禹貢圖一卷。陳澧撰。今文尚書經說考三十二卷，尚書歐陽夏侯遺說考一卷。陳喬樅撰。虞書命羲和章解一卷。曾釗撰。書傳補商十七卷。戴鈞衡撰。書古微十二卷。魏源撰。達齋書說一卷，生霸死霸考一卷，九族考一卷。俞樾撰。禹貢說一卷。倪文蔚撰。書傳補義一卷。方宗誠撰。尚書厤譜二卷，禹貢班義述三卷。成蓉鏡撰。尚書故三卷。吳汝綸撰。尚書古文辨惑十八卷，釋難二卷，析疑一卷，商是一卷。洪良品撰。書經通論一卷，今文尚書考證三十卷。皮錫瑞撰。尚書孔傳參正三十六卷。王先謙撰。尚書大傳考異補遺一卷。盧文弨撰。別本尚書大傳三卷，補遺一卷。孫之騄撰。尚書大傳注四卷。孔廣林撰。尚書大傳注五卷，五行傳注三卷。陳壽祺撰。

宋胡瑗洪範口義二卷。宋毛晃禹貢指南四卷。宋程大昌禹貢論五卷，後論一卷，山川地理圖一卷。宋史浩尚書講義二十卷。宋夏僎尚書詳解二十六卷。宋傅寅禹貢說斷四卷。宋楊簡五誥解四卷。宋袁燮絜齋家塾書鈔十二卷。宋黃倫尚書精義五十卷。宋錢時融堂書解二十卷。宋趙善湘洪範統一一卷。以上均乾隆三十八年王際華等奉敕輯。今文尚書一卷。古文尚書三卷。漢歐陽生尚書章句一卷。漢夏侯建尚書章句一卷。漢馬融尚書傳四卷。魏王肅尚書注二卷。晉徐邈古文尚書音一卷。晉范甯尚書舜典注一卷。隋劉焯尚書義疏一卷。隋劉炫尚書述義一卷。隋顧彪尚書疏一卷。以上均馬國翰輯。漢伏勝尚書大傳四卷。漢張霸百兩篇一卷。漢劉向五行傳二卷。以上均王謨輯。漢鄭玄尚書注九卷，尚書五行傳注一卷，尚書略說注一卷。以上均袁鈞輯。

詩類

詩經傳說彙纂二十卷，序二卷。康熙六十年，王鴻緒等奉敕撰。詩義折中二十卷。乾隆二十年，傳恆等奉敕撰。詩經稗疏四卷，詩經考異一卷，詩廣傳五卷。王夫之撰。田間詩學十二卷。錢澄之撰。詩說簡正錄十卷。提橋撰。詩經通義十二卷。朱鶴齡撰。毛詩稽古篇三十卷。陳啓源撰。詩問一卷。汪琬撰。毛詩日箋六卷。秦松齡撰。詩所八卷。李光地撰。毛朱詩說一卷。閻若璩撰。毛詩寫官記四卷，詩札二卷，國風省篇一卷，詩傳詩說駁義五卷，續詩傳鳥名三卷，白鷺洲主客說詩一卷。毛奇齡撰。詩藴四卷。姜兆錫撰。詩識名解十五卷。姚炳撰。毛詩國風繹一卷，讀詩隨記一卷。陳遷鶴撰。詩傳名物集覽十二卷。陳大章撰。詩說三卷，附錄一卷。惠周惕撰。詩經劄記一卷。楊名時撰。陸堂詩學十二卷。陸奎勳撰。讀詩質疑三十一卷，附錄十五卷。嚴虞惇撰。朱子詩義補正八卷。方苞撰。詩經測義四卷。李鍾僑撰。毛詩類說二十一卷，續編三卷。顧棟高撰。詩疑辨證六卷。黃中松撰。毛詩說二卷。諸錦撰。詩經詮義十五卷。汪紱撰。毛詩名物圖說九卷。徐鼎撰。詩經正解三十卷。姜文燦撰。毛詩說四卷。莊存與撰。詩細十二卷，毛詩草木鳥獸蟲魚疏校正二卷。趙佑撰。虞東學詩十二卷。顧鎮撰。三家詩拾遺十卷，詩瀋二十卷。范家相撰。詩序補義二十四卷。姜炳章撰。讀風偶識四卷。崔述撰。毛詩廣義不分卷。紀昭撰。毛鄭詩考正四卷，詩經補注二卷。戴震撰。詩經小學四卷，毛詩故訓傳三卷。段玉裁撰。童山詩說四卷。李調元撰。邶風說一卷。龔景瀚撰。詩志八卷。牛運震撰。詩考異字箋餘十四卷。周邵蓮撰。韓詩內傳徵四卷，敍錄二卷。宋綿初撰。韓詩外傳校注十卷。周廷寀撰。毛詩考證四卷，周頌口義三卷。莊述祖撰。毛詩證讀不分卷，讀詩或問一卷。戚學標撰。三家詩補遺三卷。阮元撰。毛詩天文考一卷。洪亮吉撰。韓詩遺說二卷，訂譌一卷。臧庸撰。詩古訓十卷。錢大昭撰。詩譜補亡後訂一卷。吳騫撰。毛詩傳箋異義解十六卷。沈鎬撰。毛詩通說三十卷，補遺一卷。任兆麟撰。毛詩補疏五卷，毛詩地理釋四卷，陸璣毛詩疏考證一卷。焦循撰。三家詩遺說考一卷。陳壽祺撰。詩經補遺一卷。郝懿行撰。詩說二卷，待問二卷。郝懿行妻王照圓撰。詩氏族考六卷。李超孫撰。詩經異文釋十六卷。李富孫撰。詩序辨正八卷。汪大任撰。毛詩紬義二十四卷。李黼平撰。毛詩後箋三十卷。胡承珙撰。山中詩學記五卷。徐時棟撰。三家詩異文疏證六卷，補遺三卷，續補遺二卷。馮登府撰。重訂三家詩拾遺十卷。葉鈞撰。多識錄九卷。石韞玉撰。毛鄭詩釋四卷，鄭氏詩譜考正一卷，詩考補注二卷，補遺一卷，毛詩陸疏校正二卷，詩集傳附釋一卷。丁晏撰。讀詩札記八卷，詩章句考一卷，詩樂存亡譜一卷，朱子詩集傳校勘記一卷。夏炘撰。毛詩通考二十卷，毛詩識小三十卷 鄭氏詩譜考正一卷。林伯桐撰。毛詩禮徵十卷。包世榮撰。齊詩翼氏學二卷。迮鶴壽撰。讀詩小牘二卷。焦廷琥撰。詩古微二十卷。魏源撰。毛詩傳箋通釋三十二卷。馬瑞辰撰。三家詩遺說考四十九卷，毛詩鄭箋改字說四卷，四家詩異文考五卷，齊詩翼氏學疏證二卷，詩緯集證四卷。陳喬樅撰。詩經集傳拾遺二卷。吳德旋撰。詩名物證古一卷，達齋詩說一卷，讀韓詩外傳一卷。俞樾撰。詩毛氏傳疏三十卷，鄭氏箋考徵一卷，釋毛詩音四卷，毛詩說一卷，毛詩傳義類一卷。陳奐撰。詩小學三十卷。吳樹聲撰。毛詩多識二卷。多隆阿撰。詩學詳說三十卷，正詁五卷。顧廣譽撰。詩地理徵七卷。朱右曾撰。詩本誼一卷。龔橙撰。詩經異文四卷，韓詩輯一卷。蔣曰豫撰。毛詩序傳三十卷，毛詩讀三十卷。王劼撰。毛詩異文箋十卷。陳玉樹撰。毛詩譜一卷。胡元儀撰。詩經通論一卷。皮錫瑞撰。詩三家義集疏二十九卷。王先謙撰。

宋楊簡慈湖詩傳二十卷。宋戴溪續呂氏家塾讀詩記三卷。宋袁燮絜齋毛詩經筵講義四卷。宋林岊毛詩講義十二卷。元劉玉汝詩纘緒十八卷。以上均乾隆三十八年王際華等奉敕輯。

漢申培魯詩故三卷。漢后蒼齊詩傳三卷。漢韓嬰詩故二卷，詩內傳一卷，詩說一卷。漢薛漢韓詩章句二卷。漢侯苞韓詩翼要一卷。漢馬融毛詩注一卷。魏劉楨毛詩義問一卷。魏王肅毛詩注一卷，毛詩義駁一卷，毛詩奏事一卷，毛詩問難一卷。魏王基毛詩駁一卷。吳韋昭、朱育毛詩答難問一卷。吳徐整毛詩譜暢一卷。晉孫毓毛詩異同評三卷。晉陳統難孫氏毛詩評一卷。晉郭璞毛詩拾遺一卷。晉徐邈毛詩音一卷。齊劉瓛毛詩序義一卷。宋周續之毛詩周氏注一卷。梁簡文帝毛詩十五國風義一卷。梁何胤毛詩隱義一卷。梁崔靈恩集注毛詩一卷。不著時代舒瑗毛詩義疏一卷。不著時代、撰人毛詩草蟲經一卷，毛詩提綱一卷。後周沈重毛詩義疏二卷。後魏劉芳毛詩箋音義證一卷。隋劉炫毛詩述義一卷。

唐施士丐詩說一卷。以上均馬國翰輯。漢轅固齊詩傳一卷。魏王基毛詩申鄭義一卷。均黃奭輯。漢鄭玄毛詩譜一卷。王謨輯。

禮類

周官義疏四十八卷。乾隆十三年，鄂爾泰等奉敕撰。周官筆記一卷。李光地撰。周禮述注二十四卷。李光坡撰。高註周禮二十卷。高愈撰。周官辨非一卷。萬斯大撰。周禮問二卷。毛奇齡撰。周禮訓纂二十一卷。李鍾倫撰。周禮節訓六卷。黃叔琳撰。周官集注十二卷，周官析疑三十六卷，考工記析義四卷，周官辨一卷。方苞撰。周官翼疏三十卷。沈淑撰。周禮輯義十二卷。姜兆錫撰。禮說十四卷。惠士奇撰。周官記六卷，周官說二卷，周官說補三卷。莊存與撰。周禮疑義舉要七卷。江永撰。周禮精義十二卷。連斗山撰。周官祿田考三卷。沈彤撰。周官祿田考補正三卷。倪景曾撰。考工記圖注二卷。戴震撰。周禮軍賦說四卷。王鳴盛撰。周禮漢讀考六卷。段玉裁撰。田賦考一卷。任大椿撰。考工記論文一卷。牛運震撰。周禮故書考一卷。程際盛撰。周禮故書疏證六卷。宋世犖撰。車制圖考一卷。阮元撰。車制考一卷。錢坫撰。周官肊測六卷，敍錄一卷。孔廣林撰。周禮學二卷。王聘珍撰。周官故書考四卷。徐養原撰。周禮畿內授田考實一卷。胡匡衷撰。周官禮鄭氏注箋十卷。莊綬甲撰。周禮學一卷。沈夢蘭撰。周禮釋注二卷。丁晏撰。考工輪輿私箋二卷。鄭珍撰。圖一卷。珍子知同撰。周官注疏小箋五卷。曾釗撰。考工記考辨八卷。王宗涑撰。周禮補注六卷。呂飛鵬撰。周官參證二卷。王寶仁撰。周禮正義八十六卷。孫詒讓撰。

宋王安石周官新義十六卷，附考工記解二卷。宋易祓周官總義三十卷。元毛應龍周官集傳十六卷。以上均乾隆三十八年王際華等奉敕輯。漢鄭興周禮解詁一卷。漢鄭衆周禮解詁六卷。漢杜子春周禮注二卷。漢賈逵周禮解詁一卷。漢馬融周官傳一卷。漢鄭玄周禮音一卷。晉干寶周禮注一卷。晉徐邈周禮音一卷。晉李軌周禮音一卷。晉陳邵周官禮異同評一卷。不著時代劉昌宗周禮音二卷。聶氏周禮音一卷。後周沈重周官禮義疏一卷。陳戚袞周禮音一卷。以上均馬國翰輯。

以上禮類周禮之屬

儀禮義疏四十八卷。乾隆十三年，鄂爾泰等奉敕撰。儀禮鄭注句讀十七卷，附監本正誤一卷。張爾岐撰。讀禮通考一百二十卷。徐乾學撰。儀禮述注十七卷。李光坡撰。儀禮商二卷，附錄一卷。萬斯大撰。喪禮吾說篇十卷，三年服制考一卷。毛奇齡撰。喪服翼注一卷。閻若璩撰。儀禮章句十七卷。吳廷華撰。儀禮節要二十卷。朱軾撰。儀禮析疑十七卷，喪禮或問一卷。方苞撰。儀禮經傳內編二十三卷，外編五卷。姜兆錫撰。饗禮補亡一卷。諸錦撰。朝廟宮室考十三卷，肆獻祼饋食禮三卷。任啓運撰。禮經本義十七卷。蔡德晉撰。儀禮釋宮增注一卷，儀禮釋例一卷。江永撰。儀禮小疏一卷。沈彤撰。儀禮管見十七卷。褚寅亮撰。喪服文足徵記十卷。程瑤田撰。儀禮注疏詳校十七卷。盧文弨撰。儀禮漢讀考一卷。段玉裁撰。儀禮集編四十卷。盛世佐撰。儀禮今古文疏證二卷。宋世犖撰。禮經釋例十三卷，目錄一卷。淩廷堪撰。儀禮圖六卷，讀儀禮記二卷。張惠言撰。冕服考四卷。焦廷琥撰。儀禮今古文異同疏證五卷。徐養原撰。儀禮校正十七卷。黃丕烈撰。禮經宮室答問二卷。洪頤煊撰。儀禮經注一隅一卷。朱駿聲撰。儀禮釋官九卷，鄭氏儀禮目錄校正一卷。胡匡衷撰。儀禮學一卷。王聘珍撰。儀禮今古文疏義十七卷。胡承珙撰。喪禮經傳約一卷。吳卓信撰。儀禮正義四十卷。胡培翬撰。儀禮宮室提綱一卷。胡培系撰。儀禮經注疏正譌十七卷。金日追撰。儀禮禮服通釋六卷。淩曙撰。儀禮釋注二卷。丁晏撰。儀禮私箋八卷。鄭珍撰。讀儀禮錄一卷。曾國藩撰。喪服會通說四卷。吳嘉賓撰。士昏禮對席圖一卷，喪服私論一卷。俞樾撰。昏禮重別論對駁義二卷。劉壽曾撰。

宋李如圭儀禮集釋三十卷，儀禮釋宮一卷。以上均乾隆三十八年王際華等奉敕輯。蔡氏月令二卷。蔡雲輯。漢戴德喪服變除一卷。漢何休冠禮約制一卷。漢鄭衆昏禮一卷。漢馬融喪服經傳注一卷。漢鄭玄喪服變除一卷。漢劉表新定禮一卷。魏王肅喪經傳注一卷，喪服要記一卷。吳射慈喪服變除圖一卷。晉杜預喪服要集一卷。晉袁準喪服經傳注一卷。晉孔倫集注喪服經傳一卷。晉劉智喪服釋疑一卷。晉蔡謨喪服譜一卷。晉賀循喪服譜一卷，葬禮一卷，喪服要記一卷。晉葛洪喪服變除一卷。晉孔衍凶禮一卷。不著時代陳銓喪服經傳注一卷。謝徽喪服要記注一卷。宋裴松之集注喪服經傳一卷。宋雷次宗略注喪服經傳一卷。宋崔凱喪服難問一卷。宋周續之喪服注一卷。齊王儉喪服古今集記一卷。齊王逡之喪服世行要記一卷。以上均馬國翰輯。

以上禮類儀禮之屬

日講禮記解義六十四卷。乾隆元年敕編。禮記義疏八十二卷。乾隆十三年敕撰。禮記章句四十九卷。王夫之撰。深衣考一卷。黃宗羲撰。禮記纂編六卷。李光地撰。禮記述注二十八卷。李光坡撰。禮記偶箋三卷。萬斯大撰。廟制圖考四卷。萬斯同撰。陳氏禮記集說補正三十八卷。納喇性德撰。曾子問講錄四卷，檀弓訂誤一卷。毛奇齡撰。禮記章義十卷。姜兆錫撰。禮記疑義十八卷。吳廷華撰。禮記析疑四十六卷。喪禮或問一卷。方苞撰。戴記緒言四卷。陸奎勳撰。禮記章句十卷，或問四卷。汪紱撰。禮記章句十卷。任啓運撰。檀弓疑問一卷。邵泰衢撰。禮記訓義擇言八卷，深衣考誤一卷。江永撰。學禮闕疑八卷。劉青蓮撰。續衞氏禮記集說一百卷。杭世駿撰。禮記注疏考證一卷。齊召南撰。禮記注疏校正一卷。盧文弨撰。祭法記疑二卷。王元啓撰。明堂大道錄八卷，禘說二卷。惠棟撰。深衣釋例三卷，弁服釋例八卷。任大椿撰。撫州本禮記鄭注考異二卷。張敦仁撰。釋服二卷。宋綿初撰。明堂考三卷。孫星衍撰。明堂億一卷。孔廣林撰。禮記鄭讀考四卷，禮記天算釋一卷。孔廣牧撰。盧氏禮記解詁一卷，蔡氏月令章句一卷。臧庸撰。禮記集解六十一卷。孫希旦撰。七十二候考一卷。曹仁虎撰。禮記補疏三卷。焦循撰。禮記說八卷。楊秉杷撰。禮記異文釋八卷。李富孫撰。禮記箋四十九卷。郝懿行撰。禮記宮室答問二卷。洪頤煊撰。燕寢考三卷。胡培翬撰。禮記經注正譌六十三卷。金日追撰。禮記訓纂四十九卷。朱彬撰。禮記釋注四卷，投壺考原一卷。丁晏撰。檀弓辨誣三卷。夏炘撰。禮記鄭讀考六卷。陳喬樅撰。禮記質疑四十九卷。郭嵩燾撰。禮記異文箋一卷，禮記鄭讀考一卷，七十二候考一卷。俞樾撰。禮記集解補義一卷。方宗誠撰。禮記淺說二卷。皮錫瑞撰。

宋張虙月令解十二卷。宋袁甫蒙齋中庸講義四卷。以上均乾隆三十八年王際華等奉敕輯。漢馬融禮記注一卷。漢盧植禮記注一卷。漢荀爽禮傳一卷。漢蔡邕月令章句一卷，月令問答一卷。魏王肅禮記注一卷。魏孫炎禮記注一卷。不著時代謝氏禮記音義隱一卷。晉范宣禮記音一卷。晉徐邈禮記音一卷。不著時代劉昌宗禮記音一卷。宋庾蔚之禮記略解一卷。梁何胤禮記隱義一卷。梁賀瑒禮記新義疏一卷。梁皇侃禮記義疏四卷。後魏劉芳禮記義證一卷。後周沈重禮記義疏一卷。後周熊安生禮記義疏四卷。唐成伯璵禮記外傳一卷。以上均馬國翰輯。唐明皇月令注釋一卷。黃奭輯。吳射慈禮記音義隱一卷。漢蔡邕明堂月令論一卷。漢崔寔四民月令一卷。以上均王謨輯。

以上禮類禮記之屬

夏小正解一卷。徐世溥撰。曾子問天員篇一卷。梅文鼎撰。夏小正註一卷。黃叔琳撰。夏小正詁一卷。諸錦撰。夏小正輯注四卷。范家相撰。夏小正考注一卷。畢沅撰。曾子注釋四卷。阮元撰。大戴禮記補注十三卷，敍錄一卷。孔廣森撰。夏小正經傳考釋十卷。莊述祖撰。夏小正傳校正三卷。孫星衍撰。大戴禮解詁十三卷，敍錄一卷。王聘珍撰。大戴禮記正誤一卷。汪中撰。夏小正分箋四卷，異義二卷。黃謨撰。大戴禮記箋證五卷。胡培系撰。大戴禮記補注十三卷，目錄一卷，附錄一卷。汪照撰。大戴禮記考一卷。吳文起撰。夏小正傳箋四卷，公符篇考一卷。王謨撰。夏小正補注四卷。任兆麟撰。夏小正補傳三卷。朱駿聲撰。夏小正經傳通釋四卷。梁章鉅撰。夏時考五卷。安吉撰。夏時考一卷。劉逢祿撰。夏小正經傳考二卷，本義四卷。雷學淇撰。夏小正集解四卷，校錄一卷。顧鳳藻撰。孔子三朝記七卷，目錄一卷。洪頤煊撰。夏小正疏義四卷，附釋音異字記一卷。洪震煊撰。夏小正正義四卷。王筠撰。夏小正箋疏四卷。馬徵麐撰。夏小正集說四卷。程鴻詔撰。夏時考一卷。鄭曉如撰。夏小正戴氏傳訓解四卷，考異一卷，通論一卷。王寶仁撰。夏小正私箋一卷。吳汝綸撰。

以上禮類大戴禮之屬

學禮質疑二卷，宗法論一卷。萬斯大撰。讀禮志疑十三卷，禮經會元疏解四卷。陸隴其撰。郊社禘祫問一卷，北郊配位尊西向義一卷，昏禮辨正一卷，大小宗通繹一卷，明堂問一卷，廟制折衷一卷，學校問一卷。毛奇齡撰。參讀禮志疑二卷。汪紱撰。釣臺遺書四卷。任啓運撰。禮經質疑二卷。杭世駿撰。稽禮辨論一卷。劉凝撰。三禮鄭注考一卷。程際盛撰。禮箋三卷。金榜撰。禮學卮言六卷。孔廣森撰。五服異同彙考三卷。崔述撰。禘祫觿解篇一卷。孔廣林撰。三禮義證十卷。武億撰。白虎通闕文一卷。莊述祖撰。三禮圖三卷。孫星衍、嚴可均同撰。禮說四卷。淩曙撰。鄭氏三禮目錄一卷。臧庸撰。禘祫答問一卷。胡培翬撰。禮堂經說二卷。陳喬樅撰。三禮陳數求義三十卷。陳喬蔭撰。四禘通釋三卷。崔適撰。白虎通疏證十二卷。陳立撰。三禮通釋二百八十卷。林昌彝撰。求古錄禮說十六卷，補遺一卷。金鶚撰。求古錄禮說校勘記三卷。王士駿撰。學禮管釋十八卷，三綱制服述義三卷。夏炘撰。佚禮扶微五卷。丁晏撰。禮經通論一卷。邵懿辰撰。積石禮說三卷。張履撰。禮說二卷。吳嘉賓撰。鄭康成駁正三禮考一卷，玉佩考一卷。俞樾撰。禮書通故一百卷，禮說略三卷。黃以周撰。經述三卷。林頤山撰。

漢戴聖石渠禮論一卷，漢鄭玄魯禮禘祫志一卷，三禮圖一卷，魏董勛問禮俗一卷，晉盧諶雜祭法一卷，晉范汪祭典一卷，晉干寶後養義一卷，晉范甯禮雜問一卷，晉范宣禮論難一卷，晉吳商禮雜議一卷，宋顏延之逆降義一卷，宋徐廣禮論答問一卷，宋何承天禮論一卷，宋任豫禮論條牒一卷，齊王儉禮義答問一卷，齊荀萬秋禮論鈔略一卷，梁賀述禮統一卷，梁周捨禮疑義一卷，梁崔靈恩三禮義宗四卷，後魏李謐明堂制度論一卷，不著時代梁正三禮

圖一卷，唐張鎰三禮圖一卷，唐元行沖釋疑論一卷。以上均馬國翰輯。漢叔孫通禮器制度一卷，漢鄭玄三禮目錄一卷，晉孫毓五禮駁一卷。以上均王謨輯。漢鄭玄答臨碩難禮一卷。袁鈞輯。

以上禮類總義之屬

朱子禮纂五卷。李光地撰。辨定祭禮通俗譜五卷，家禮辨說十六卷。毛奇齡撰。讀禮偶見二卷。許三禮撰。呂氏四禮翼一卷。朱軾撰。禮學彙編七十卷。應撝謙撰。禮樂通考三十卷。胡掄撰。禮書綱目八十五卷。江永撰。六禮或問十二卷。汪紱撰。四禮寧儉編一卷。王心敬撰。五禮通考二百六十二卷。秦蕙田撰。五禮經傳目五卷。沈廷芳撰。冠昏喪祭儀考十二卷。林伯桐撰。三禮從今三卷。黃本驥撰。四禮榷疑八卷。顧廣譽撰。

以上禮類通禮之屬

樂類

律呂正義五卷。康熙五十二年御撰。律呂正義後編一百二十卷。乾隆十一年敕撰。詩經樂譜三十卷，樂律正俗一卷。乾隆五十三年敕撰。樂律二卷。薛鳳祚撰。大成樂律一卷。孔貞瑄撰。古樂經傳五卷。李光地撰。聖諭樂本解說二卷，皇言定聲錄八卷，竟山樂錄四卷。毛奇齡撰。古樂書二卷。應撝謙撰。李氏學樂錄二卷。李塨撰。昭代樂章恭紀一卷。張廷玉撰。易律通解八卷。沈光邦撰。樂律古義二卷。童能靈撰。樂經律呂通解五卷，樂經或問三卷。汪紱撰。樂律表微八卷。胡彥昇撰。琴旨三卷。王坦撰。律呂新論二卷，律呂闡微十卷。江永撰。律呂考略一卷。孔毓焞撰。大樂元音七卷。潘士權撰。律呂古義六卷。錢塘撰。燕樂考原六卷，晉泰始笛律匡謬一卷。淩廷堪撰。樂縣考二卷。江藩撰。樂譜一卷。任兆麟撰。律呂臆說一卷，荀勗笛律圖註一卷，管色考一卷。徐養原撰。古律經傳附考六卷。紀大奎撰。樂志輯略三卷。倪元坦撰。音分古義二卷，附一卷。戴煦撰。聲律通考十卷。陳澧撰。律呂通今圖說一卷，律易一卷，音調定程一卷。繆闐撰。

元熊朋來瑟譜六卷，元余載韶舞九成樂補一卷，元劉瑾律呂成書二卷。以上均乾隆三十八年王際華等奉敕輯。漢陽城子長樂經一卷，漢劉向樂記一卷，漢劉德樂元語一卷，漢揚雄琴清英一卷，梁武帝樂社大義一卷、鍾律緯一卷，陳僧智匠古今樂錄一卷，後魏信都芳樂書一卷，後周沈重樂律義一卷，不著時代、撰人樂部一卷，琴歷一卷，隋蕭吉樂譜集解一卷，唐趙惟暕琴書一卷。以上均馬國翰輯。漢劉歆鍾律書一卷，漢蔡邕琴操一卷。以上均黃奭輯。

春秋類

左傳讀本三十卷。道光三年，英和等奉敕編。左傳杜解補正三卷。顧炎武撰。續春秋左氏傳博議四卷。王夫之撰。讀左日鈔十二卷，補錄二卷。朱鶴齡撰。左傳事緯十二卷，附錄八卷。馬驌撰。春秋地名考略十四卷。高士奇撰。春秋國都爵姓考一卷，補一卷。陳鵬撰。春秋分年繫傳表一卷。翁方綱撰。春秋左傳事類年表一卷。顧宗瑋撰。春秋長曆十卷，春秋世族譜一卷。陳厚耀撰。春秋識小錄九卷。程廷祚撰。春秋左傳補注六卷。惠棟撰。春秋地理考實四卷。江永撰。讀左補義五十卷。姜炳璋撰。春秋左傳小疏一卷。沈彤撰。春秋左傳古經十二卷，附五十凡一卷。段玉裁撰。春秋左傳會要四卷，左傳官名考二卷。李調元撰。春秋左傳詁五十卷，春秋十論一卷。洪亮吉撰。春秋列國官名異同考一卷。汪中撰。左通補釋三十二卷。梁履繩撰。春秋左傳分國土地名二卷，春秋列國職官一卷，春秋器物宮室一卷。沈淑撰。左傳劉杜持平六卷。邵英撰。春秋名字解詁二卷。王引之撰。春秋左氏補疏五卷。焦循撰。讀左巵言一卷。石韞玉撰。左氏春秋考證二卷。劉逢祿撰。春秋左傳補注三卷。馬宗槤撰。左傳識小錄一卷。朱駿聲撰。春秋左傳補注十二卷，考異十卷，左傳地名補注十二卷。沈欽韓撰。春秋左氏古義六卷。臧壽恭撰。左傳賈服注輯述二十卷。李貽德撰。左傳杜注辨正六卷。張總咸撰。春秋國都爵姓續考一卷。曾釗撰。左傳舊疏考正八卷。劉文淇撰。春秋名字解詁補義一卷。俞樾撰。春秋世族譜拾遺一卷。成蓉鏡撰。春秋名字解詁駁一卷。胡元玉撰。補春秋僖公事闕書一卷。桑宣撰。

晉杜預春秋釋例十五卷，宋呂祖謙春秋左氏傳續說十二卷。以上均乾隆三十八年王際華等奉敕輯。

漢劉歆春秋左氏傳章句一卷，漢賈逵春秋左氏傳解詁二卷、春秋左氏傳長經章句一卷，漢服虔春秋左傳解誼四卷，漢彭汪左氏奇說一卷，漢許淑春秋左傳注一卷，魏董遇春秋左氏經傳章句一卷，魏王肅春秋左傳注一卷，魏嵇康春秋左傳音一卷，晉孫毓春秋左氏傳義注一卷，晉干寶左氏傳函義一卷，陳沈文阿春秋左氏經傳義略一卷，陳王元規續春秋左氏經傳義略一卷，不著時代蘇寬春秋左氏傳義疏一卷。以上均馬國翰輯。隋劉炫左氏傳述義一卷。黃奭輯。漢鄭玄春秋傳服氏注十二卷。袁鈞輯。

以上春秋類左傳之屬

春秋正辭十一卷，春秋舉例一卷，春秋要指一卷。莊存與撰。公羊墨史二卷。周拱辰撰。春秋公羊通義十一卷，敍一卷。孔廣森撰。公羊何氏釋例十卷，公羊何氏解詁箋一卷，發墨守評一卷，箴膏肓評一卷，穀梁廢疾申何二卷。劉逢祿撰。公羊補注一卷。馬宗槤撰。公羊禮疏十一卷，公羊禮說一卷，公羊答問二卷，春秋繁露注十七卷。淩曙撰。春秋決事比一卷。龔自珍撰。公羊義疏七十六卷。陳立撰。公羊注疏質疑二卷。何若瑤撰。公羊曆譜十一卷。包愼言撰。公羊逸禮考徵一卷。陳奐撰。

漢董仲舒春秋決事一卷，漢嚴彭祖公羊春秋一卷，漢顏安樂春秋公羊記一卷，漢何休春秋公羊文諡例一卷。以上均馬國翰輯。

以上春秋類公羊之屬

穀梁釋例四卷。許桂林撰。穀梁大義述三十卷。柳興恩撰。穀梁禮證二卷。侯康撰。穀梁經傳補注二十四卷。鍾文烝撰。

漢尹更始春秋穀梁傳章句一卷，漢劉向春秋穀梁傳說一卷，魏糜信春秋穀梁注一卷，晉徐邈春秋穀梁傳注義一卷、音一卷，晉范甯薄叔元問穀梁義一卷，晉鄭嗣春秋穀梁傳說一卷。以上均馬國翰輯。晉范甯穀梁傳例一卷。黃奭輯。

以上春秋類穀梁之屬

春秋傳說彙纂三十八卷。康熙三十八年，王掞等奉敕撰。日講春秋解義六十四卷。雍正七年敕撰。春秋直解十六卷。乾隆二十三年，傅恆等奉敕撰。春秋稗疏二卷，春秋家說三卷，春秋世論五卷。王夫之撰。春秋平義十二卷，春秋四傳糾正一卷。俞汝言撰。春秋傳議四卷。張爾岐撰。學春秋隨筆十卷。萬斯大撰。春秋大義、春秋隨筆共一卷，春秋燬餘四卷。李光地撰。春秋毛氏傳三十六卷，春秋簡書刊誤二卷，春秋屬辭比事記四卷，春秋占筮書三卷，春秋條貫篇十一卷。毛奇齡撰。春秋集解十二卷，校補春秋集解緒餘一卷，春秋提要補遺一卷。應撝謙撰。春秋參義十二卷，春秋事義慎考十四卷，公穀彙義十二卷。姜兆錫撰。春秋管窺十二卷。徐庭垣撰。春秋三傳異同考一卷。吳陳琰撰。春秋遵經集說二十八卷。邵鍾仁撰。三傳折諸四十四卷。張尚瑗撰。春秋闕如編八卷，小國春秋一卷。焦袁熹撰。春秋宗朱辨義十二卷。張自超撰。春秋通論四卷，春秋義法舉要一卷，春秋比事目錄四卷，春秋直解十二卷。方苞撰。半農春秋說十五卷。惠士奇撰。春秋義十五卷。孫嘉淦撰。春秋大事表五十卷，輿圖一卷，附錄一卷。顧棟高撰。春秋七國統表六卷。魏翼龍撰。春秋義存錄十二卷。陸奎勳撰。春秋日食質疑一卷。吳守一撰。春秋集傳十六卷，首、末各一卷。汪紱撰。空山堂春秋傳十二卷。牛運震撰。春秋原經二卷。王心敬撰。春秋深十九卷。許伯政撰。春秋一得一卷。閻循觀撰。三正考二卷。吳鼐撰。春秋三傳定說十二卷。張甄陶撰。春秋夏正二卷。胡天游撰。春秋究遺十六卷。葉酉撰。春秋隨筆二卷。顧奎光撰。春秋三傳雜案十卷，讀春秋存稿四卷。趙佑撰。三傳補注三卷。姚鼐撰。春秋三傳比二卷。李調元撰。春秋疑義二卷。華學泉撰。公穀異同合評四卷。沈赤然撰。春秋經傳朔閏表二卷。姚文田撰。春秋說略十二卷，春秋比二卷。郝懿行撰。春秋目論二卷。鄧顯鶴撰。三傳異同考一卷。陳萊孝撰。春秋經傳比事二十二卷。林春溥撰。春秋三家異文覈一卷，春秋亂賊考一卷。朱駿聲撰。春秋三傳異文釋十三卷。李富孫撰。春秋屬辭辨例編六十卷。張應昌撰。春秋上律表四卷。范景福撰。春秋至朔通考四卷。張冕撰。駁正朔考一卷。陳鱣英撰。春秋三傳異文箋四卷。趙坦撰。春秋新義十二卷，春秋歲星表一卷，日食星度表一卷，日表一卷。朱兆熊撰。春秋釋地韻編五卷。徐壽基撰。春秋述義拾遺九卷，春秋規過考信九卷。陳熙晉撰。春秋古經說二卷。侯康撰。達齋春秋論一卷，春秋歲星考一卷，春秋古本分年考一卷。俞樾撰。春秋朔閏異同考三卷。羅士琳撰。春秋鑽燧四卷。曹金籀撰。春秋經傳朔閏表發覆四卷，推春秋日食法一卷。施彥士撰。春秋日月考四卷。譚澐撰。春秋朔閏日食考二卷。宋慶雲撰。春秋釋一卷。黃式三撰。春秋測義三十五卷。強汝詢撰。春秋說一卷。陶正靖撰。春秋傳正誼四卷。方宗誠撰。春秋日南至譜一卷。成蓉鏡撰。春秋說二卷。鄭杲撰。

宋劉敞春秋傳說例一卷，宋蕭楚春秋辨疑四卷，宋崔子方春秋經解十二卷、春秋例要一卷，宋張大亨春秋通訓六卷，宋葉夢得春秋考十六卷、春秋讞二十二卷，宋高閌春秋集注四十卷，宋戴溪春秋講義四卷，宋洪咨夔春秋說三十卷，元程端學春秋三傳辨疑二十卷。以上均乾隆三十八年王際華等奉敕輯。春秋大傳一卷，漢鄭衆春秋牒例章句一卷，漢馬融春秋三傳異同說一卷，漢戴宏解疑論一卷，漢潁容春秋釋例一卷，晉劉兆春秋公羊穀梁傳解詁一卷，晉江熙春秋公羊穀梁二傳評一卷，晉京相璠春秋土地名一卷，後魏賈思同春秋傳駁一卷，隋劉炫春秋述義一卷、春秋規過一卷、春秋攻昧一卷，不著時代、撰人春秋井田記一卷，唐啖助春秋集傳一卷，唐趙匡春秋闡微纂類義統一卷，唐陸希聲春秋通例一卷，唐陳岳春秋折衷論一卷。以上均馬國翰輯。漢嚴彭祖春秋盟會圖一卷，晉樂資春秋後傳一卷。以上均黃奭輯。漢鄭玄箴膏肓一卷、起廢疾一卷、發墨守一卷。以上均王復、武億同輯。

以上春秋類通義之屬

孝經類

孝經注一卷。順治十三年御撰。孝經集注一卷。雍正五年敕撰。欽定繙譯孝經一卷。雍正五年敕撰。孝經全注一卷。李光地撰。孝經問一卷。毛奇齡撰。孝經類解十八卷。吳之騄撰。孝經正文一卷，內傳一卷，外傳一卷。李之素撰。孝經集注二卷。陸遇霖撰。孝經詳說二卷。冉覲祖撰。孝經注三卷。朱軾撰。孝經三本管窺三卷。吳隆元撰。孝經章句一卷，或問一卷。汪紱撰。孝經章句一卷。任啓運撰。孝經通義一卷。華玉淳撰。孝經約義一卷。汪師韓撰。孝經外傳一卷，孝經中文一卷。周春撰。孝經音義考證一卷。盧文弨撰。孝經通釋十卷。曹庭棟撰。孝經鄭注補證一卷。洪頤煊撰。孝經義疏補九卷。阮福撰。孝經述注一卷，孝經徵文一卷。丁晏撰。孝經曾子大孝一卷。邵懿辰撰。孝經指解補正一卷，辨異一卷。伊樂堯撰。孝經今古文傳注輯論一卷。吳大廷撰。孝經十八章輯傳一卷。汪宗沂撰。孝經鄭注疏二卷。皮錫瑞撰。

明項霦孝經述注一卷。乾隆三十八年，王際華等奉敕輯。周魏文侯孝經傳一卷，漢后蒼孝經說一卷，漢張禹孝經安昌侯說一卷，漢長孫氏孝經說一卷，魏王肅孝經解一卷，吳韋昭孝經解讚一卷，晉殷仲文孝經注一卷，晉謝萬集解孝經一卷，齊永明諸王孝經講義一卷，齊劉瓛孝經說一卷，梁武帝孝經義疏一卷，梁嚴植之孝經注一卷，梁皇侃孝經義疏一卷，隋劉炫古文孝經述義一卷，隋魏眞己孝經訓注一卷，唐元行沖御注孝經疏一卷。以上均馬國翰輯。漢鄭玄孝經注一卷。袁鈞輯。

四書類

日講四書解義二十六卷。康熙十六年，庫勒納奉敕撰。繙譯四書集注二十九卷。乾隆二十年敕譯。四書近指二十卷。孫奇逢撰。大學講義一卷，中庸講義二卷。朱用純撰。孟子師說二卷。黃宗羲撰。四書訓義三十八卷，讀四書大全說十七卷，四書稗疏一卷，四書考異一卷。王夫之撰。四書反身錄十四卷，續錄二卷。李顒撰。四書翊注四十二卷。刁包撰。四書講義困勉錄三十七卷，續困勉錄六卷，松陽講義十二卷，三魚堂四書大全四十卷。陸隴其撰。大學古本說一卷，中庸章段一卷，中庸餘論一卷，讀論語劄記二卷，讀孟子劄記二卷。李光地撰。四書述十九卷。陳詵撰。四書貫一解十二卷。閻嗣同撰。論語稽求篇七卷，四書賸言四卷，補二卷，大學證文四卷，四書改錯二十二卷，四書索解四卷，大學知本圖說一卷，大學問一卷，中庸說五卷，逸講箋三卷。毛奇齡撰。四書釋地一卷，續一卷，又續二卷，三續二卷，孟子生卒年月考一卷。閻若璩撰。四書朱子異同條辨四十卷。李沛霖、李禎撰。四書諸儒輯要四十卷。李沛霖撰。大學傳注四卷，中庸傳注一卷，論語傳注二卷，傳注問一卷。李塨撰。四書劄記四卷，辟雍講義一卷，大學講義二卷，中庸講義二卷。楊名時撰。四書講義四十三卷。呂留良撰。大學困學錄一卷，中庸困學錄一卷。王澍撰。成均講義不分卷。孫嘉淦撰。大學翼眞七卷。胡渭撰。此木軒四書說九卷。焦袁熹撰。大學說一卷。惠士奇撰。四書詮義十五卷。汪紱撰。中庸解一卷。任大任撰。四書錄疑三十九卷。陳綽撰。四書本義匯參四十五卷。王步青撰。論語說二卷。桑調元撰。四書約旨十九卷。任啓運撰。論語隨筆二十卷。牛運震撰。論語附記二卷，孟子附記二卷。翁方綱撰。四書溫故錄十一卷。趙佑撰。四書逸箋六卷。程大中撰。四書注說參證七卷。胡清焣撰。鄉黨圖考十卷。江永撰。魯論說三卷。程廷祚撰。四書考異總考三十六卷，條考三十六卷。翟灝撰。論語補注三卷。劉開撰。論語駢枝一卷。劉台拱撰。孟子字義疏證三卷。戴震撰。論語後錄五卷。錢坫撰。論語餘說一卷。崔述撰。中庸注一卷。惠棟撰。四書摭餘說七卷。曹之升撰。四書偶談二卷。戚學標撰。四書考異句讀一卷。武億撰。四書拾義五卷。明紹勳撰。孟子四考四卷。周廣業撰。孟子七國諸侯年表一卷。張宗泰撰。論語偶記一卷。方觀旭撰。論語竢質三卷。江聲撰。孟子時事略一卷。任兆麟撰。論語古訓十卷。陳鱣撰。論語異文考證十卷。馮登府撰。論語補疏三卷，論語通釋一卷，孟子正義三十卷。焦循撰。讀論質疑一卷。石韞玉撰。四書瑣語一卷。姚文田撰。論語說義十卷，孟子趙注補正六卷，四書釋地辨證二卷，大學古義說二卷。宋翔鳳撰。論語魯讀考一卷。徐養原撰。大學舊文考證一卷，中庸舊文考證一卷。朱日佩撰。論語旁證二十卷。梁章鉅撰。論語類考二十卷，孟子雜記四卷。陳士元撰。四書拾遺五卷，孟子外書補證四卷。林春溥撰。論語孔注辨僞二卷。沈濤撰。鄉黨正義一卷。金鶚撰。六書叚借經徵四卷。朱駿聲撰。孟子音義考證二卷。蔣仁榮撰。論語述何二卷，四書是訓十五卷。劉逢祿撰。論語古解十卷。梁廷枬撰。孟子學一卷。沈夢蘭撰。四書地理考十一卷。王鎣撰。四書釋地補一卷，續補一卷，又續補一卷，三續補一卷。樊廷枚撰。四書典故覈三卷。淩曙撰。大學臆古一卷，附古今文附證一卷，中庸臆測二卷。王定柱撰。四書說略四卷。王筠撰。論語集注附考一卷。丁晏撰。讀孟子劄記二卷。羅澤南撰。孟子班爵祿疏證十六卷，正經界疏證六卷。迮鶴壽撰。論語正義二十卷。劉寶楠撰。大學質疑一卷，中庸質疑二卷。郭嵩燾撰。論語古注集箋十卷，考一卷。潘維城撰。論語古注擇從一卷，論語鄭義一卷，何邵公論語義一卷，續論語駢枝一卷，論語小言一卷，孟子古注擇從一卷，孟子高氏義一卷，孟子纘義一卷，四書辨疑辨一卷。俞樾撰。論語注二十卷。戴望撰。何休注訓論語述一卷。劉恭冕撰。論語後案二十卷。黄式三撰。讀孟子質疑二卷，孟子外書集證五卷。施彥士撰。論語集解校補一卷。蔣曰豫撰。讀大學中庸筆記二卷，讀論孟筆記二卷，補記一卷。方宗誠撰。朱子論語集注訓詁考二卷。潘衍桐撰。

宋余允文尊孟辨三卷，續辨二卷，別錄一卷。以上乾隆三十八年王際華等奉敕輯。古論語十卷，齊論語一卷，漢孔安國論語訓解十一卷，漢包咸論語章句二卷，漢周氏論語章句一卷，漢馬融論語訓說一卷，漢鄭玄論語注十卷、論語孔子弟子目錄一卷，魏陳羣論語義說一卷，魏王朗論語說一卷，魏王肅論語義說一卷，魏周生烈論語義說一卷，魏王弼論語釋疑一卷，晉譙周論語注一卷，晉衞瓘論語集注一卷，晉繆播論語旨序一卷，晉繆協論語說一卷，晉郭象論語體略一卷，晉欒肇論語釋疑一卷，晉虞喜論語讚注一卷，晉庾翼論語釋一卷，晉李充論語集注二卷，晉范甯論語注一卷，晉孫綽論語集解一卷，晉梁覬論語注釋一卷，晉袁喬論語注一卷，晉江熙論語集解二卷，晉殷仲堪論語解釋一卷，晉張憑論語注一卷，晉蔡謨論語注解一卷，宋顏延之論語說一卷，宋僧慧琳論語說一卷，齊沈驎士論語訓注一卷，齊顧歡論語注一卷，梁武帝論語注一卷，梁太史叔明論語注一卷，梁褚仲都論語義疏一卷，不著時代沈峭論語說一卷，熊埋論語說一卷，不著時代、撰人論語隱義注一卷，漢趙岐孟子章指二卷、篇敍一卷，漢程曾孟子章句一卷，漢高誘孟子章句一卷，漢劉熙孟子注一卷，漢鄭玄孟子注一卷，晉綦毋邃孟子注一卷，唐陸善經孟子注一卷，唐張鎰孟子音義一卷，唐丁公著孟子音一卷。以上馬國翰輯。逸論語一卷。趙在翰輯。逸語十卷。曹庭棟輯。逸孟子一卷。李調元輯。

經總義

繙譯五經五十八卷。乾隆二十年敕譯。五經翼二十卷。孫承澤撰。墨庵經學不分卷。沈起撰。經問十八卷，經問補三卷。毛奇齡撰。松源經說四卷。孫之騄撰。七經同異考三十四卷，韋庵經說一卷。周象明撰。此木軒經說彙編六卷。焦袁熹撰。十三經義疑十二卷。吳浩撰。經義雜記三十卷。臧琳撰。經稗六卷。鄭方坤撰。經玩二十卷。沈淑撰。朱子五經語類八十卷。程川撰。經咫一卷。陳祖范撰。經言拾遺十四卷。徐文靖撰。考信錄三十六卷，讀經餘論二卷。崔述撰。古經解鉤沈三十卷。余蕭客撰。易堂問目四卷。吳鼎撰。九經說十七卷。姚鼐撰。羣經補義五卷。江永撰。羣經互解一卷。馮經撰。十三經札記二十二卷。朱亦棟撰。經學卮言六卷。孔廣森撰。經傳小記三卷，漢學拾遺一卷。劉台拱撰。九經古義十六卷。惠棟撰。經考五卷。戴震撰。通藝錄四十八卷。程瑤田撰。羣經釋地六卷。呂吳撰。五經小學述二卷。莊述祖撰。羣經識小八卷。李惇撰。經義知新記一卷。汪中撰。詩書古訓八卷。阮元撰。浙士解經錄五卷。阮元編。周人經說四卷，王氏經說六卷。王紹蘭撰。九經學三卷。王聘珍撰。五經異義疏證三卷，左海經辨二卷。陳壽祺撰。遂雅堂學古錄七卷。姚文田撰。經義述聞三十二卷，經傳釋詞十卷。王引之撰。五經要義一卷，五經通義一卷。宋翔鳳撰。羣經宮室圖二卷。焦循撰。頑石廬經說十卷。徐養原撰。經義未詳說五十四卷。徐卓撰。十七史經說十二卷。張養吾撰。經義叢鈔三十卷。嚴杰編。鳳氏經說三卷。鳳韶編。介庵經說十卷。雷學淇撰。十三經詁答問六卷。馮登府撰。說緯六卷。王崧撰。安甫遺學三卷。江承之撰。實事求是齋經說二卷。朱大韶撰。讀經說一卷。丁晏撰。玉函山房目耕帖三十一卷。馬國翰撰。漢儒通義七卷。陳澧撰。娛親雅言六卷。嚴元照撰。經傳考證八卷。朱彬撰。十三經客難五十五卷。龔元玠撰。一鐙精舍甲部稿五卷。何秋濤撰。羣經平議三十五卷，茶香室經說十五卷，詁經精舍自課文二卷，經課續編八卷，羣經賸義一卷，達齋叢說一卷。俞樾撰。開有益齋經說五卷。朱緒曾撰。讀書偶志十一卷。鄒漢勳撰。貴陽經說一卷，經說殘稿一卷。劉書年撰。巢經巢經說一卷，鄭學錄三卷。鄭珍撰。儆居經說四卷。黃式三撰。愚一錄十二卷。鄭獻甫撰。敤經筆記一卷。陳倬撰。隸經賸義一卷。林兆豐撰。鄭志考證一卷。成蓉鏡撰。漢碑徵經一卷。朱百度撰。漢孳室經說一卷。陶方琦撰。經說略二卷。黃以周撰。操敎齋遺書四卷。管禮耕撰。經窺四卷。蔡以盛撰。九經誤字一卷，五經同異三卷。顧炎武撰。助字辨略五卷。劉淇撰。十三經注疏正字八十一卷。沈廷芳撰。注疏考證六卷。齊召南撰。九經辨字瀆蒙十二卷。沈炳震撰。經典釋文考證三十卷。盧文弨撰。經典文字考異一卷。錢大昕撰。羣經義證八卷，經讀考異八卷，補一卷，句讀敍述二卷，補一卷。武億撰。經典文字辨正五卷。畢沅撰。十三經注疏校勘記二百十七卷，孟子音義校勘記一卷，釋文校勘記二十五卷。阮元撰。羣經字考四卷。曾廷枚撰。十經文字通正書十四卷。錢坫撰。經苑不分卷。錢儀吉撰。七經異文釋五十卷。李富孫撰。羣經字考十卷。吳東發撰。經典釋文補條例一卷。汪遠孫撰。經典異同四十八卷。張維屏撰。十三經注疏校勘記識語四卷。汪文臺撰。漢書引經異文錄證六卷。繆祐孫撰。授經圖四卷。明朱睦㮮原本，黃虞稷、龔翔麟重編。十三經注疏姓氏一卷。翁方綱撰。建立伏博士始末二卷。孫星衍撰。傳經表一卷，通經表一卷。洪亮吉撰。西漢儒林傳經表二卷。周廷寀撰。漢西京博士考二卷。胡秉虔撰。兩漢五經博士考三卷。張金吾撰。兩漢傳經表二卷。蔣曰豫撰。國朝漢學師承記七卷，附經義目錄一卷，隸經文四卷。江藩撰。古文天象考十二卷，附圖說一卷。雷學淇撰。經書算學天文考一卷。陳懋齡撰。學計一得二卷。鄒伯奇撰。石經考一卷。顧炎武撰。石經正誤一卷。張爾岐撰。漢魏石經考一卷，唐宋石經考一卷。萬斯同撰。石經考異二卷。杭世駿撰。漢石經殘字考一卷。翁方綱撰。魏石經毛詩殘字一卷。王昶撰。蜀石經毛詩考異二卷。陳鱣撰。石經考文提要十三卷。彭元瑞撰。魏三體石經殘字考二卷。孫星衍撰。石經儀禮校勘記四卷。阮元撰。漢石經殘字證異二卷。孔廣牧撰。唐石經校文十卷。嚴可均撰。石經補考十二卷。馮登府撰。北宋汴學篆隸二體石經記一卷。丁晏撰。唐開成石經圖考一卷。魏錫曾撰。

漢劉向五經通義一卷，漢鄭玄六藝論一卷，鄭記一卷，不著時代雷氏五經要義一卷，魏王肅聖證論一卷，晉譙周五經然否論一卷，晉束晳五經通論一卷，晉楊芳五經鉤沈一卷，晉戴逵五經大義一卷，後魏常爽六經略注一卷，後魏邯鄲綽五經析疑一卷，後周樊文深七經義綱一卷，漢石經尚書一卷，魯詩一卷，儀禮一卷，公羊傳一卷，論語一卷，魏三字石經尚書一卷，春秋一卷。以上均馬國翰輯。漢鄭玄駁五經異義一卷，補遺一卷，魏鄭小同鄭志三卷，補遺三卷。以上均王復、武億同輯。

小學類

爾雅補注六卷。姜兆錫撰。爾雅補郭二卷。翟灝撰。爾雅正義二十卷，音義三卷。邵晉涵撰。爾雅補注四卷。周春撰。爾雅漢注三卷。臧庸撰。爾雅釋文補三卷。錢大昭撰。爾雅義疏二十卷。郝懿行撰。爾雅釋地以下四篇注四卷，爾雅古義二卷。錢坫撰。爾雅古義二卷。胡承珙撰。爾雅小箋三卷。江藩撰。爾雅古義十二卷。黃奭撰。爾雅注疏本證誤五卷。張宗泰撰。爾雅匡名二十卷。嚴元照撰。爾雅補注殘本一卷。劉玉麐撰。爾雅詁二卷。徐孚吉撰。爾雅郭注補正三卷。戴鎣撰。爾雅經注集證三卷。龍啓瑞撰。爾雅正郭三卷。潘衍桐撰。爾雅古注斠三卷。閻秀葉蕙心撰。續方言二卷。杭世駿撰。方言校正十三卷。盧文弨撰。方言補校一卷。劉台拱撰。方言疏證十三卷。戴震撰。續方言補證一卷。程際盛撰。方言箋疏十三卷。錢繹撰。續方言疏證二卷。沈齡撰。釋名疏證八卷，補遺一卷，續釋名一卷。江聲撰。廣釋名二卷。張金吾撰。釋名補證一卷。成蓉鏡撰。廣雅疏義二十卷。錢大昭撰。廣雅疏證十卷。王念孫撰。小爾雅約注一卷。朱駿聲撰。小爾雅訓纂六卷。宋翔鳳撰。小爾雅義證十三卷。胡承珙撰。小爾雅疏八卷。王煦撰。小爾雅疏證五卷。葛其仁撰。補小爾雅釋度量衡一卷。鄒伯奇撰。字詁一卷。黃生撰。越語肯綮錄一卷。毛奇齡撰。連文釋義一卷。王言撰。別雅五卷。吳玉搢撰。經籍纂詁一百六卷，附補遺一百六卷。阮元撰。比雅十九卷。洪亮吉撰。釋繒一卷。任大椿撰。通詁二卷。李調元撰。越言釋二卷。茹敦和撰。釋廟一卷，釋車一卷，釋帛一卷，釋色一卷，釋詞一卷，釋農具一卷。朱駿聲撰。釋服一卷。宋翔鳳撰。釋穀一卷。劉寶楠撰。釋人注一卷。孫馮翼撰。釋祀一卷。董蠡舟撰。拾雅二十卷。夏味堂撰，夏紀堂注。駢字分箋二卷。程際盛撰。駢雅訓纂十六卷。魏茂林撰。周秦名字解詁補一卷。王萱齡撰。疊雅十三卷。史夢蘭撰。別雅訂五卷。許瀚撰。

漢郭舍人爾雅注三卷，漢劉歆爾雅注一卷，漢樊光爾雅注一卷，漢李巡爾雅注三卷，魏孫炎爾雅注三卷、音一卷，晉郭璞爾雅音義一卷、圖讚一卷，梁沈旋集注爾雅一卷，陳施乾爾雅音一卷，陳謝嶠爾雅音一卷，陳顧野王爾雅音一卷，唐裴瑜爾雅注一卷。以上馬國翰輯。

吳韋昭辨釋名一卷。黃奭輯。

以上小學類訓詁之屬

康熙字典四十二卷。康熙五十五年，張玉書等奉敕撰。字典考證三十六卷。道光十一年，王引之奉敕撰。急就章考異一卷。孫星衍撰。急就章姓氏補注一卷。吳省蘭撰。急就章音略一卷，音略考證一卷。王紹蘭撰。急就章考證一卷。鈕樹玉撰。急就篇統箋一卷，急就姓氏考一卷。陳本禮撰。急就篇考異一卷。莊世驥撰。說文廣義三卷。王夫之撰。說文引經考二卷。吳玉搢撰。說文繫傳考異四卷，附錄一卷。汪憲撰。說文答問一卷。錢大昕撰。六書通十卷。閔齊汲撰。說文偏旁考二卷。吳照撰。說文舊音一卷，音同字異辨一卷。畢沅撰。六書轉注古義考一卷。曹仁虎撰。說文解字段氏注三十卷，六書音韻表五卷，汲古閣說文訂一卷。段玉裁撰。惠氏讀說文記十五卷。惠棟撰。說文解字通正十四卷。潘奕雋撰。王氏讀說文記一卷，說文解字校勘記一卷。王念孫撰。說文補考一卷，漢學諧聲二十四卷，古音論一卷，附錄一卷。戚學標撰。說文古籀疏證六卷。莊述祖撰。說文古語考二卷。程際盛撰。六書轉注錄十卷。洪亮吉撰。說文解字義證五十卷，說文段注鈔案一卷，補一卷。桂馥撰。說文段注訂補十四卷。王紹蘭撰。說文徐氏新附考證一卷，說文統釋序注一卷。錢大昭撰。說文解字斠詮十四卷。錢坫撰。說文述誼二卷。毛際盛撰。說文字原集注十六卷，表一卷，說一卷。蔣和撰。席氏讀說文記十五卷。席世昌撰。說文管見三卷。胡秉虔撰。六書說一卷。江聲撰。說文校義三十卷。姚文田、嚴可均同撰。說文聲系十四卷，說文解字考異十四卷，偏旁舉略一卷。姚文田撰。說文翼十六卷，說文聲類二卷，說文訂訂一卷。嚴可均撰。說文五翼八卷。王煦撰。說文辨字正俗八卷。李富孫撰。說文解字羣經正字二十八卷。邵英撰。說文通訓定聲十八卷，補遺一卷，柬韻一卷，說雅一卷，小學識餘四卷。朱駿聲撰。說文經字考一卷。陳壽祺撰。說文檢字二卷，補遺一卷。毛謨撰。說文雙聲疊韻譜一卷，鄧廷楨撰。形聲類編五卷。丁履恆撰。說文段注札記一卷。徐松撰。讀說文證疑一卷。陳詩庭撰。小學說一卷。吳夌雲撰。說文古字考十四卷。沈濤撰。說文說一卷。孫濟世撰。說文繫傳校錄三十卷，說文釋例二十卷，說文補正二十卷，說文解字句讀三十卷，句讀補正三十卷，說文韻譜校五卷，新附考校正一卷，正字略一卷，文字蒙求四卷。王筠撰。說文諧聲譜九卷，張成孫撰。說文段注訂八卷，說文新附考六卷，續考一卷，說文解字校錄三十卷，說文玉篇校錄一卷。鈕樹玉撰。說文釋例二卷，說文音韻表十八卷。江沅撰。說文段注匡謬八卷。徐承慶撰。說文辨疑一卷。顧廣圻撰。說文段注札記一卷。龔自珍撰。許氏說音四卷。許桂林撰。說文引經考異十六卷。柳榮宗撰。說文疑疑二卷。附錄一卷。孔廣居撰。說文拈字七卷，補遺二卷。王玉樹撰。說文校定本二卷。朱士端撰。說文答問疏證六卷。薛傳均撰。說文新附考六卷，說文逸字二卷，附錄一卷。鄭珍撰。說文聲讀考七卷，說文聲訂二卷，說文建首字讀一卷。苗夔撰。六書轉注說二卷。夏炘撰。說文諧聲孳生述一卷。陳立撰。說文引經考證八卷，說文舉例一卷。陳瑑撰。讀說文記一卷。許棫撰。唐寫本說文木部箋異一卷。莫友芝撰。說文諧聲補逸十四卷，附札記一卷。宋保撰。六書系韵二十四卷，檢字二卷。李貞撰。說文雙聲二卷，說文疊韵二卷。劉熙載撰。兒笘錄四卷。俞樾撰。印林遺著一卷。許瀚撰。說文段注撰要九卷。馬壽齡撰。說文外編十六卷，說文引經例辨三卷。雷浚撰。說文揭原二卷，說文發疑六卷，汲古閣說文解字校記一卷。張行孚撰。說文解字索隱一卷，補例一卷。張度撰。說文繫傳校勘記三卷。承培元、夏灝、吳永康撰。說文引經證例二十四卷。承培元撰。說文古籀補十四卷，補遺一卷，附錄一卷，字說一卷。吳大澂撰。說文本經答問二卷，說文淺說一卷。鄭知同撰。說文重文本部考一卷。曾紀澤撰。古籀拾遺三卷，附宋政和禮器文字考一卷，名原二卷。孫詒讓撰。說文引羣說故二十七卷。鄭文焯撰。說文解字引漢律令考二卷，附錄一卷。王仁俊撰。洨民遺文一卷。孫傳鳳撰。小學考五十卷。謝啓昆撰。九經字樣疑一卷，五經文字疑一卷。孔繼涵撰。汗簡箋正七卷。鄭珍撰。隸釋刊誤一卷。黃丕烈撰。復古編校正一卷，附錄一卷。葛鳴陽撰。古音駢字續編五卷。莊履豐、莊鼎鉉同撰。繆篆分韻五卷，補一卷。桂馥撰。篆隸考異二卷。周靖撰。隸辨八卷。顧藹吉撰。隸法彙纂十卷。項懷述撰。漢隸拾遺一卷。王念孫撰。漢隸異同六卷。甘揚聲撰。隸通二卷。錢慶曾撰。隸篇十五卷，續十五卷，補十五卷。翟云升撰。金石文字辨異十二卷。邢澍撰。鐘鼎字源五卷。汪立名撰。積古齋鐘鼎彝器欵識十卷。阮元撰。筠清館金文五卷。吳榮光撰。从古堂款識學十六卷。徐同柏撰。攈古錄金文九卷。吳式芬撰。兩罍軒彝器圖釋十二卷。吳雲撰。攀古樓彝器款識二卷。潘祖蔭撰。石鼓然疑一卷。莊述祖撰。石鼓文考釋一卷。任兆麟撰。石鼓文讀七種一卷。吳東發撰。石鼓文定本十卷。沈梧撰。續字彙補十二卷。吳志伊撰。字貫提要四十卷。王錫侯撰。字學辨正集成四卷。姚心舜撰。

倉頡篇三卷，續一卷，補二卷。孫星衍原輯，任大椿續輯，陶方琦補輯。小學鉤沈十八卷。任大椿輯。字林考逸八卷，補一卷。任大椿原輯，陶方琦補輯。周太史籀篇一卷，秦李斯等倉頡篇一卷，漢司馬相如凡將篇一卷，漢揚雄訓纂篇一卷，漢杜林倉頡訓詁一卷，漢服虔通俗文一卷，漢衞宏古文官書一卷，漢蔡邕勸學篇一卷，漢郭顯卿雜字指一卷，魏張揖埤蒼一卷、古今字詁一卷、雜字一卷，魏周成雜字解詁一卷，吳朱育異字一卷，吳項峻始學篇一卷，晉索靖草書狀一卷，晉衞恆四體書勢一卷，晉葛洪要用字苑一卷，晉束晳發蒙記一卷，晉顧愷之啓蒙記一卷，晉李彤字指一卷，附單行字一卷，宋何承天纂文一卷，宋顏延之庭誥一卷、纂要一卷、詁幼一卷，梁元帝纂要一卷，梁阮孝緒文字集略一卷，梁庾儼默演說文一卷，梁樊恭廣蒼一卷，後魏楊承慶字統一卷，後魏江式古今文字表一卷，隋曹憲文字指歸一卷，隋諸葛穎桂苑珠叢一卷，不著時代、撰人分毫字樣一卷。以上均馬國翰輯。後魏宋世良字略一卷，不著時代陸善經新字林一卷，字書一卷，唐開元文字音義一卷、小學一卷。以上均黃奭輯。

以上小學類字書之屬

易音三卷，詩本音十卷。顧炎武撰。詩叶韻辨一卷。王夫之撰。易韻四卷。毛奇齡撰。詩經叶音辨譌八卷。劉維謙撰。九經韻證一卷。吳廷華撰。十三經音略十三卷。周春撰。詩音表一卷。錢坫撰。詩音辨二卷。李調元撰。詩聲類十二卷，詩聲分例一卷。孔廣森撰。詩經韻讀四卷，羣經韻讀一卷，先秦韻讀一卷。江有誥撰。詩聲衍一卷。劉逢祿撰。毛詩雙聲疊韻說一卷。王筠撰。毛詩韻訂十卷。苗夔撰。三百篇原聲七卷。夏味堂撰。爾雅直音二卷。王祖源撰。唐韻正二十卷，補正一卷。顧炎武撰。廣韻正四卷。李因篤撰。唐韻考五卷。紀容舒撰。唐韻四聲正一卷。江有誥撰。九經補韻考正一卷。錢繹撰。集韻考正十卷。方成珪撰。廣韻說一卷。吳夌雲撰。集韻校誤四卷，羣經音辨校誤一卷。陸心源撰。音論三卷，古音表二卷。顧炎武撰。古今通韻十二卷。毛奇齡撰。古今韻考四卷。李因篤撰。聲韻叢說一卷，韻問一卷。毛先舒撰。古音通八卷。柴紹炳撰。古今韻略五卷。邵長蘅撰。古音正義一卷。熊士伯撰。聲韻圖譜一卷。錢人麟撰。古韻標準四卷。江永撰。聲韻考四卷，聲類表十卷，轉語二十章。戴震撰。聲類四卷，音韻問答一卷。錢大昕撰。漢魏音四卷。洪亮吉撰。古音諧八卷。姚文田撰。古韻論三卷。胡秉虔撰。廿一部諧聲表一卷，入聲表一卷。江有誥撰。古今韻準一卷。朱駿聲撰。歌麻古韻考四卷。苗夔撰。五音論二卷。鄒漢勛撰。述韻十卷。夏燮撰。古韻通說四卷。龍翰臣撰。劉氏遺箸一卷。劉禧延撰。韻府鉤沈四卷。雷浚撰。欽定叶韻彙輯五十八卷。乾隆十五年，梁詩正等奉敕撰。榕村韻書五卷。李光地撰。韻歧四卷。江昱撰。詩韻析五卷，附錄二卷。汪紱撰。官韻考異一卷。吳省欽撰。韻辨附文五卷。沈兆霖撰。詩韻辨字略五卷。黃倬撰。韻詁五卷，補遺一卷。方濬頤撰。欽定音韻闡微十八卷，韻譜一卷。康熙五十四年，李光地等奉敕撰。欽定同文韻統六卷。乾隆十五年，莊親王允祿等奉敕撰。欽定音韻述微三十卷。乾隆三十八年敕撰。類音八卷。潘耒撰。等切元聲十卷。熊士伯撰。四聲切韻表四卷，音學辨微一卷。江永撰。沈氏四聲考二卷。紀昀撰。四聲韻和表五卷。洪榜撰。四聲易知錄四卷。姚文田撰。等韻叢說一卷。江有誥撰。字母辨一卷。黃廷鑑撰。四聲切韻表補正三卷。汪曰楨撰。劉氏碎金一卷，中州切音論贅論一卷。劉禧延撰。四聲定切四卷。劉熙載撰。切韻考六卷，外篇三卷。陳澧撰。翻切簡可篇二卷。張燮承撰。

宋司馬光切韻指掌圖二卷，附撿例一卷。以上乾隆三十八年王際華等奉敕輯。魏李登聲類一卷，晉呂靜韻集一卷，北齊陽休之韻略一卷，唐僧神珙四聲五音九弄反紐圖一卷。以上均馬國翰輯。宋李槩音譜一卷，聲譜一卷，唐孫愐唐韻二卷，唐顏眞卿韻海鏡源一卷，唐李舟切韻一卷。以上均黃奭輯。

以上小學類韻書之屬

西域同文志二十四卷。乾隆二十八年，傅恒等奉敕撰。增訂清文鑑三十二卷、補編四卷、總綱八卷、補總綱二卷。乾隆三十六年，傅恒等奉敕撰。清漢對音字式一卷。乾隆三十七年敕撰。滿洲蒙古漢字三合切音清文鑑三十三卷。乾隆四十四年，阿桂等奉敕撰。清文彙書十二卷。李延基撰。清文補彙八卷。宗室宜興撰。清文備考六卷。戴穀撰。清文啓蒙四卷。舞格撰。三合便覽十二卷。不著撰人名氏。清文總彙二卷。不著撰人名氏。

以上小學類清文之屬

〔一〕按：藝文志序，關外一次本與此相同，而關內本與此詳略互異，附錄於後，以資參考。

清代肇基東陲，造創伊始，文教未宏。太宗首命大學士希福等譯遼、金、元三史，逮世祖譯史告成，二年又有議修明史之詔。惟其時區宇未寧，日不暇給，是以石渠之建，猶未遑焉。聖祖繼統，詔舉博學鴻儒，繼修明史，復纂諸經解、圖書集成等書，以網羅遺逸，拔擢英才，宏奬斯文，潤色鴻業，馴致太平之治，而海內彬彬靡然向風矣。世宗嗣位，再舉鴻詞，未行而崩。

高宗初元，繼試鴻博，采訪遺書。乾隆三十七年諭曰：「朕稽古右文，聿資治理，幾餘典學，日有孜孜。因思策府縹緗，載籍極博，其鉅者羽翼經訓，垂範方來，固足稱千秋法鑒，即在識小之徒，專門撰述，細及名物象數，兼綜條貫，各自成家，亦莫不有所發明，可爲游藝養心之助。然或逸在名山，未登柱史，正宜及時採集，彙送京師，以彰千古同文之盛。其令直省督撫、學政加意購訪，量爲給價，家藏鈔本，錄副呈送。庶幾藏在石渠，用儲乙覽，四庫、七略益昭美備，稱朕意焉。」於是安徽學政朱筠條奏明永樂大典內多古書，請開局纂輯，繕寫各自爲書。時永樂大典儲翰林院，已有殘缺，原書爲卷二萬二千九百三十七，缺二千四百四卷，存二萬四百七十三卷，爲册九千八百八十一。高宗下筠議，大學士于敏中力贊其說。明年，詔設四庫全書館，以皇子永瑢、大學士于敏中等爲總裁，侍郎紀昀、大理寺卿陸錫熊等爲總纂，其纂修等官則有戴震、邵晉涵、莊存與、任大椿、王念孫、姚鼐、翁方綱、朱筠等，與事者三百餘人，皆博選一時之俊。歷二十年，始繕寫告成。先後編輯之書三百八十五種，以聚珍版印行百餘種。三十九年，催繳直省藏書，四方競進秘籍甚衆，江、浙督撫採進者達四五千種，浙江鮑士恭、范懋柱、汪啓淑，江蘇馬裕家藏之籍，呈進者各六七百種，周厚堉、蔣曾瑩、吳玉墀、孫仰曾、汪汝瑮等亦各進書百種以上。至是天府之藏，卓越前代，特命紀昀等撰四庫全書總目，著錄三千四百五十八種，存目著錄六千七百八十八種，都一萬二百四十六種。復以總目提要卷帙浩繁，學子繙閱匪易，又命紀昀就總目之書別纂四庫簡明目錄，其存目之書不預焉。

先是高宗命擷四庫精華，都四百六十四部，繕爲薈要，藏諸摛藻堂，以備御覽。當是時，四庫寫書至十六萬八千册，詔鈔四分，分庋京師文淵、京西圓明園文源、奉天文溯、熱河文津四閣，復簡選精要，命武英殿刊版頒行。四十七年，詔再寫三分，分貯揚州大觀堂之文匯閣、鎭江金山寺之文宗閣、杭州聖因寺玉蘭堂之文瀾閣，令好古之士欲讀中秘書者，任其入覽。用是海內從風，人文炳蔚，學術昌盛，方駕漢、唐。後文源載籍燼於英法聯軍，文匯、文宗毁於洪楊之亂，文瀾亦有散佚。獨文淵、文溯、文津三閣之書，巋然具存，書皆鈔本，其宋、元精槧，多儲大內天祿琳瑯等處，載諸宮史；而外省督撫，禮聘儒雅，廣修方志，郡邑典章，粲然大備。阮元補四庫未收書四百五十四種，復刊學海堂經解一千四百十二卷，王先謙續刊一千三百十五卷，甄采精博，一代經學人文萃焉。曾國藩督兩江，倡設金陵、蘇州、揚州、浙江、武昌官書局，張之洞督粵，設廣雅書局，皆愼選通儒，審校羣籍，廣爲剞劂，以惠士林，而私家校勘，精鏤亦夥，叢書之富，曩代莫京。

清之末葉，歐風東漸，科學日昌。同治初，設江南製造局，始譯西籍。光緒末，復設譯書局，流風所被，譯書競出，憂世俊英，羣研時務。是時敦煌寫經，殷墟龜甲，異書秘寶，胥見塏壤，實足獻納藝林，宏裨學術，其間碩學名儒，各標宗派，故鴻篇鉅製，不可殫紀。

藝文舊例，胥列古籍，清代總目，既已博載，茲志著錄，取則明史，斷自清代。四部分類，多從總目，審例訂譌，間有異撰。清儒箸述，總目所載，捊采靡遺，存目稍蕪，斠錄從慎。乾隆以前，漏者補之，嘉慶以後，缺者續之，苟有纖疑，則從蓋闕。前朝羣書，例既弗錄，清代輯佚，異乎斯旨，裒纂功深，無殊撰述，故附載焉。

〔一〕按：自「易經通注九卷」至「易學大象要參」之「易」字止，關內本無。

清史稿卷一百四十六

志一百二十一

藝文二

史部十六類：一曰正史類，二曰編年類，三曰紀事本末類，四曰別史類，五曰雜史類，六曰詔令奏議類，七曰傳記類，八曰史鈔類，九曰載記類，十曰時令類，十一曰地理類，十二曰職官類，十三曰政書類，十四曰目錄類，十五曰金石類，十六曰史評類。

正史類

明史三百三十六卷。康熙十八年敕撰，乾隆四年書成表進。遼金元三史國語解四十六卷。乾隆四十六年敕撰。史記補注一卷。方苞撰。史記疑問一卷。邵泰衢撰。史記考證七卷。杭世駿撰。史記志疑三十六卷。梁玉繩撰。讀史記十表十卷。汪越撰，徐克范補。史記天官書補目一卷，考證十卷。孫星衍撰。史記律曆天官書正譌三卷。王元啓撰。史記三書釋疑三卷。錢塘撰。史記功比說一卷。張錫瑜撰。史記毛本正誤一卷。丁晏撰。校刊史記札記五卷。張文虎撰。史漢箋論十卷。楊于果撰。史漢駢枝一卷。成蓉鏡撰。漢書辨疑二十二卷。錢大昭撰。漢書拾遺一卷。劉台拱撰。漢書疏證三十六卷。沈欽韓撰。漢書注校補五十六卷。周壽昌撰。漢書管見四卷。朱一新撰。漢書補注一百卷。王先謙撰。漢初年月日表一卷。姚文田撰。漢書律曆志正譌二卷。王元啓撰。漢書地理志稽疑六卷。全祖望撰。漢書地理志補注一百三卷。吳卓信撰。新斠注漢書地理志十六卷。錢坫撰。漢書地理志校注二卷。王紹蘭撰。漢書地理志校本二卷。汪遠孫撰。漢志水道疏證四卷。洪頤煊撰。漢書地理志水道圖說七卷。陳澧撰。漢志釋地略漢志志疑一卷。汪士鐸撰。漢書地理志集釋十四卷，西域傳補注二卷。徐松撰。漢西域圖考七卷。李光廷撰。漢書古今人表考九卷。梁玉繩撰。人表考校補一卷，續補一卷。蔡雲撰。漢書正誤四卷。王峻撰。漢書刊誤一卷。石韞玉撰。漢書注考證一卷。何若瑤撰。兩漢朔閏表二卷，附漢太初以前朔閏表一卷。張其翻撰。兩漢舉正五卷。陳景雲撰。後漢書補注二十四卷。惠棟撰。後漢書辨疑十一卷，續後漢書辨疑九卷，後漢書補表八卷，補續漢書藝文志一卷，後漢郡國令長考一卷。錢大昭撰。後漢書疏證三十卷。沈欽韓撰。後漢書補注續一卷，補後漢書藝文志四卷。侯康撰。後漢書注補正八卷。周壽昌撰。後漢書注又補一卷。沈銘彝撰。後漢書儒林傳補二卷。李聿修撰。後漢書補逸二十一卷。姚之駰撰。後漢書注刊誤一卷，後漢公卿表一卷。練恕撰。後漢三公年表一卷。華湛恩撰。後漢書注考證一卷。何若瑤撰。三國志舉正四卷。陳景雲撰。三國志考證八卷。潘眉撰。三國志補注六卷。杭世駿撰。三國志續考證一卷。盧文弨撰。三國志辨疑三卷。錢大昭撰。三國志注補六十五卷。趙一清撰。三國志補注十六卷。沈欽韓撰。三國志旁證三十卷。梁章鉅撰。三國志證聞三卷。錢儀吉撰。三國紀年表一卷。周嘉猷撰。補三國疆域志三卷。洪亮吉撰。三國職官表三卷。洪飴孫撰。三國志注續一卷，補三國藝文志四卷。侯康撰。三國志注證遺四卷。周壽昌撰。晉書地理志新補正五卷。畢沅撰。東晉疆域志四卷。洪亮吉撰。晉書補傳贊一卷。杭世駿撰。補晉書兵志一卷。錢儀吉撰。晉書校勘記四卷。周雲撰。晉書校勘記三卷。勞格撰。補晉書藝文志四卷，晉書校文五卷。丁國鈞撰。晉宋書故一卷，補宋書刑法志一卷，食貨志一卷。郝懿行撰。宋書州郡志校勘記一卷。成蓉鏡撰。補梁疆域志四卷。洪飴孫撰。魏書校勘記一卷。王先謙撰。北周公卿表一卷。練恕撰。南北史識疑四卷。王懋竑撰。補南北史表七卷。周嘉猷撰。補南北史志十四卷。汪士鐸撰。隋書經籍志考證十三卷。章宗源撰。隋書地理志考證九卷。楊守敬撰。新舊唐書互證二十卷。趙紹祖撰。舊唐書疑義四卷。張道撰。舊唐書校勘記六十六卷。羅士琳、陳立、劉文淇、劉毓崧同撰。唐學士年表一卷。錢大昕撰。五代史志疑四卷。楊陸榮撰。五代史纂誤補四卷。吳蘭庭撰。五代史纂誤續補六卷。吳光耀撰。五代史纂誤補續一卷。周壽昌撰。舊五代史考異二卷。邵晉涵撰。新五代史注七十四卷。彭元瑞、劉鳳誥同撰。五代紀年表一卷。周嘉猷撰。五代史地理考一卷。練恕撰。補五代史藝文志一卷。顧櫰三撰。五代學士年表一卷。錢大昕撰。宋史地理志校勘記一卷。成蓉鏡撰。宋史藝文志補一卷。倪燦撰。宋中興學士年表一卷，宋修唐書史臣表一卷。錢大昕撰。遼史拾遺二十四卷，補五卷。厲鶚撰。遼史拾遺續三卷。楊復吉撰。金史詳校十卷，金源劄記二卷。施國祁撰。元史本證五十卷，元史證誤二十三卷。汪輝祖撰。元史氏族表三卷，補元史藝文志四卷。錢大昕撰。元史譯文證補三十卷。洪鈞撰。宋遼金元四史朔閏考二卷，遼金元三史拾遺五卷。錢大昕撰。補遼金元三史藝文志一卷。倪燦撰。補遼金元三史藝文志一卷。金門詔撰。明史考證攟逸四十二卷。王頌蔚撰。二十二史考異一百卷，諸史拾遺五卷。錢大昕撰。十七史商榷一百卷。王鳴盛撰。二十二史劄記三十六卷，補遺一卷。趙翼撰。四史發伏十二卷。洪亮吉撰。讀史舉正八卷。張熷撰。諸史然疑一卷。杭世駿撰。諸史考異十八卷。洪頤煊撰。歷代史目表一卷。洪飴孫撰。

宋薛居正等舊五代史一百五十卷、目錄二卷，宋吳縝五代史記纂誤三卷。以上乾隆時奉敕輯。漢書音義三卷、補遺一卷。臧鏞堂輯。

編年類

太祖實錄十三卷。崇德元年敕纂，康熙二十一年聖祖重修，雍正十二年敕加校訂。太宗實錄六十八卷。順治九年敕纂，康熙十二年聖祖重修，雍正十二年敕加校訂。世祖實錄一百四十七卷。康熙六年敕纂，雍正十二年敕加校訂。聖祖實錄三百三卷。康熙六十一年敕纂。世宗實錄一百五十九卷。雍正十三年敕纂。高宗實錄一千五百卷。嘉慶四年敕纂。仁宗實錄三百七十四卷。道光四年敕纂。宣宗實錄四百七十六卷。咸豐二年敕纂。文宗實錄三百五十六卷。同治元年敕纂。穆宗實錄三百七十四卷。光緒五年敕纂。德宗實錄五百六十一卷。宣統時敕纂。御批通鑑輯覽一百十六卷，附明唐桂二王本末三卷。乾隆三十二年傅恆等奉敕撰。御定通鑑綱目三編四十卷。乾隆四十年敕撰。開國方略三十二卷。乾隆三十八年敕撰。竹書統箋十二卷。徐文靖撰。竹書紀年集證五十卷。陳逢衡撰。考定竹書十三卷。孫之騄撰。竹書紀年校正十四卷。郝懿行撰。校正竹書紀年二卷。洪頤煊撰。竹書紀年集注二卷。陳詩撰。竹書紀年校補二卷。張宗泰撰。考訂竹書紀年十四卷，竹書紀年義證四十卷。雷學淇撰。竹書紀年補證四卷。林春溥撰。資治通鑑後編一百八十四卷。徐乾學撰。續資治通鑑後編校勘記十五卷。夏震武撰。續資治通鑑三百二十卷。畢沅撰。續資治通鑑長編拾補六十卷。秦緗業撰。續資治通鑑長編拾遺六十卷。黃以周撰。通鑑胡注舉正一卷。陳景雲撰。通鑑注辨正二卷。錢大昕撰。通鑑注商十八卷。趙紹祖撰。通鑑刊本識誤三卷，通鑑補略一卷。張敦仁撰。通鑑校勘記七卷。張瑛撰。通鑑地理今釋十六卷。吳熙載撰。綱目訂誤四卷。陳景雲撰。綱目分注補遺四卷。芮長恤撰。通鑑綱目釋地糾謬六卷，釋地補注六卷。張庚撰。綱目志疑一卷。華湛恩撰。讀通鑑綱目條記二十卷。李述來撰。明鑑前紀二卷。齊召南撰。明通鑑一百卷。夏燮撰。明紀六十卷。陳鶴撰。周季編略九卷。黃式三撰。古史紀年十四卷，古史考年異同表二卷，戰國紀年六卷，附年表一卷。林春溥撰。國策編年一卷。顧觀光撰。小腆紀年附考二十卷。徐鼒撰。東華錄三十二卷。蔣良騏撰。十朝東華錄四百二十五卷。王先謙撰。咸豐朝東華續錄六十九卷。潘頤福撰。光緒東華錄二百二十卷。朱壽朋撰。滇雲歷年傳十二卷。倪蛻撰。

宋李燾續資治通鑑長編五百二十卷，宋不著撰人兩朝綱目備要十六卷，宋王益之西漢紀年三十卷，宋熊克中興小紀四十卷。以上乾隆時敕輯。陸機晉紀一卷，干寶晉紀一卷，習鑿齒漢晉春秋一卷，鄧粲晉紀一卷，孫盛晉陽秋一卷，劉謙之晉紀一卷，徐廣晉紀一卷，檀道鸞續晉陽秋一卷，劉道薈晉起居注一卷。以上黃奭輯。晉紀五卷，晉陽秋五卷，漢晉春秋四卷，三十國春秋十八卷。以上湯球輯。

紀事本末類

平定三逆方略六十卷。康熙二十一年，勒德洪等奉敕撰。親征平定朔漠方略四十八卷。康熙四十七年，溫達等奉敕撰。平定金川方略三十二卷。乾隆十三年，來保等奉敕撰。平定準噶爾方略前編五十四卷，正編八十五卷，續編三十三卷。乾隆三十七年，傅恆等奉敕撰。臨清紀略十六卷。乾隆四十二年，于敏中等奉敕撰。平定兩金川方略一百五十二卷。乾隆四十六年，阿桂等奉敕撰。蘭州紀略二十卷。乾隆四十六年敕撰。石峰堡紀略二十卷。乾隆四十九年敕撰。臺灣紀略七十卷。乾隆五十三年敕撰。安南紀略三十二卷。乾隆五十六年敕撰。廓爾喀紀略五十四卷。乾隆六十年敕撰。巴布勒紀略二十六卷。乾隆時敕撰。平苗匪紀略五十二卷。嘉慶二年，鄂輝等奉敕撰。剿平三省邪匪方略前編三百六十一卷，續編三十六卷，附編十二卷。嘉慶十五年，慶桂等奉敕撰。平定教匪紀略四十二卷。嘉慶二十一年，托津等奉敕撰。平定回疆剿捦逆裔方略八十卷。道光九年，曹振鏞等奉敕撰。剿平粵匪方略四百二十卷。同治十一年敕撰。剿平捻匪方略三百二十卷。同治十一年敕撰。平定陝甘新疆回匪方略三百二十卷。光緒二十二年敕撰。平定雲南回匪方略五十卷。光緒二十二年敕撰。平定貴州苗匪紀略四十卷。光緒二十二年敕撰。繹史一百六十卷。馬驌撰。左傳紀事本末五十三卷。高士奇撰。通鑑本末紀要八十一卷。蔡毓榮撰。遼史紀事本末四十卷，金史紀事本末五十二卷。李有棠撰。明史紀事本末八十卷。谷應泰撰。續明紀事本末十八卷。倪在田撰。明朝紀事本末補編五卷。彭孫貽撰。三藩紀事本末四卷。楊陸榮撰。四藩始末四卷。錢名世撰。綏寇紀略十二卷。吳偉業撰。滇考二卷。馮甦撰。皇朝武功紀盛四卷。趙翼撰。聖武記十四卷。魏源撰。平定羅剎方略四卷。不著撰人氏名。平臺紀略一卷，附東征集六卷。藍鼎元撰。平定粵匪紀略十卷，附記四卷。杜文瀾撰。湘軍志十六卷。王闓運撰。湘軍記二十卷。王定安撰。平浙紀略十六卷。秦緗業、陳鍾英同撰。吳中平寇記八卷。錢勗撰。淮軍平捻記十二卷。周世澄撰。豫軍紀略十二卷。尹耕雲撰。山東軍興紀略二十二卷。不著撰人氏名。霆軍紀略十六卷。陳昌撰。平定關隴紀略十三卷。易孔昭、胡孚駿同撰。粵東剿匪紀略五卷。陳坤撰。平回志八卷。楊毓秀撰。剿定新疆記八卷。魏光燾撰。浙東籌防錄四卷。薛福成撰。國朝柔遠記十八卷。王之春撰。中西紀事二十四卷。夏燮撰。普法戰紀二十卷。王韜撰。中東戰紀本末八卷。蔡爾康撰。

別史類

歷代紀事年表一百卷。康熙五十一年，王之樞等奉敕撰。續通志五百二十七卷。乾隆三十二年敕撰。逸周書補注二十二卷，補遺一卷。陳逢衡撰。汲冢周書輯要一卷。郝懿行撰。逸周書集訓校釋十卷，逸文一卷。朱右曾撰。逸周書集訓校釋增校一卷。朱駿聲撰。逸周書管箋十六卷。丁宗洛撰。逸周書王會篇箋釋三卷。何秋濤撰。校輯世本二卷。雷學淇撰。世本輯補十卷。秦嘉謨撰。帝王世紀考異一卷。宋翔鳳撰。帝王世紀地名衍四卷。迮鶴壽撰。春秋戰國異詞五十六卷，通表二卷，摭遺一卷。陳厚耀撰。春秋紀傳五十一卷。李鳳雛撰。尚史一百七卷。李鍇撰。後漢書補逸二十一卷。姚之駰撰。季漢書九十卷。章陶撰。季漢書九十卷。湯成烈撰。季漢五志十二卷。王復禮撰。後漢書十四卷。王廷璨撰。晉記六十八卷。郭倫撰。晉略六十卷。周濟撰。西魏書二十四卷。謝啓昆撰。續唐書七十卷。陳鱣撰。宋史翼四十卷。陸心源撰。元史新編九十五卷。魏源撰。元祕史注十五卷。李文田撰。元史備志五卷。王光魯撰。續宏簡錄四十二卷。邵遠平撰。明書一百七十一卷。傅維鱗撰。明史稿三百十卷。王鴻緒撰。明史稿二十卷，續二卷。湯斌撰。擬明史列傳二十四卷。汪琬撰。擬明史傳不分卷。姜宸英撰。明史分稿殘編二卷。方象英撰。明史擬傳六卷，藝文志五卷，外國志五卷。尤侗撰。國史考異六卷。潘檉章撰。開闢傳疑二卷。林春溥撰。歷代甲子考一卷。黃宗羲撰。二十一史年表十卷。顧炎武撰。歷代史表五十九卷。萬斯同撰。二十一史四譜五十四卷，歷代世系紀年編一卷。沈炳震撰。歷代帝王年表三卷。齊召南撰。歷代帝王廟謚年諱譜一卷。陸費墀撰。紀元要略二卷。陳景雲撰。歷代建元考十卷。鍾淵映撰。元號略四卷，補遺一卷。梁玉繩撰。紀元通考十二卷。葉維庚撰。列代建元表十卷，建元類聚考二卷。錢東垣撰。紀元編三卷。李兆洛撰。歷代統紀表十三卷。段承基撰。

漢劉珍東觀漢記二十四卷，元郝經續後漢書九十卷。乾隆時敕輯。世本一卷。孫馮翼輯。

漢宋衷世本注五卷。張澍輯。七家後漢書二十一卷。汪文臺撰。重訂謝承後漢書補逸五卷。孫志祖輯。薛瑩後漢書一卷，華嶠後漢書注一卷，謝沈後漢書一卷，袁山松後漢書一卷，張璠後漢記一卷，虞預晉書一卷，朱鳳晉書一卷，何法盛晉中興書一卷，謝靈運晉書一卷，臧榮緒晉書一卷，衆家晉書一卷。以上黃奭輯。九家舊晉書三十七卷。湯球輯。

雜史類

蒙古源流八卷。蒙古小徹辰薩囊台吉撰。乾隆四十二年敕譯。國語韋昭注疏十六卷。洪亮吉撰。國語校文一卷。汪中撰。國語補注一卷。姚鼐撰。國語補校一卷。劉台拱撰。國語補韋四卷。黃模撰。國語三君注輯存四卷，國語考異四卷，國語發正二十一卷。汪遠孫撰。國語翼解六卷。陳瑑撰。國語釋地三卷。譚澐撰。國語正義二十一卷。董增齡撰。戰國策去毒二卷。陸隴其撰。戰國策釋地二卷。張琦撰。國策地名考二十卷。程恩澤撰，狄子奇箋。讀戰國策隨筆一卷。張尚瑗撰。戰國策札記三卷。顧廣圻撰。武王克殷日記一卷，滅國五十考一卷。林春溥撰。考信錄提要二卷，補上古考信錄二卷，唐虞考信錄四卷，夏考信錄二卷，商考信錄二卷，豐鎬考信錄八卷，豐鎬別錄三卷，考古續說二卷，考信附錄二卷。崔述撰。熹廟諒陰記一卷，聖安本紀六卷，明季實錄六卷。顧炎武撰。南宋六陵遺事一卷，庚申君遺事一卷。萬斯同撰。見聞隨筆二卷。馮甦撰。安南使事記一卷。李仙根撰。建文帝後紀一卷。邵遠平撰。武宗外紀一卷，後鑒錄七卷。毛奇齡撰。烈皇勤政記一卷，思陵典禮記四卷。孫承澤撰。三朝野紀七卷。李遜之撰。弘光日錄四卷，永曆實錄二十五卷，行朝錄十二卷，汰存錄一卷，贛州失事記一卷，紹武爭立記一卷，舟山興廢記一卷，四明山寨記一卷，沙州定亂記一卷，賜姓始末一卷，鄭成功傳一卷，滇考一卷，日本乞師記一卷。黃宗羲撰。永曆實錄二十六卷。王夫之撰。魯春秋一卷。查繼佐撰。僞東宮僞后及黨禍記略一卷，楡林城守記略一卷，保定城守記略一卷，揚州城守記略一卷。戴名世撰。二申野錄八卷。孫之騄撰。遜代陽秋二十八卷。余美英撰。復社記事一卷。吳偉業撰。社事始末一卷。杜登春撰。啓禎野乘十六卷，二集八卷。鄒漪撰。蜀難敍略一卷。沈荀蔚撰。金陵野鈔十四卷。顧苓撰。甲申傳信錄十卷。錢士馨撰。史外八卷。汪有典撰。明季北略二十四卷，南略十八卷。計六奇撰。東南紀事十二卷，西南紀事十二卷。邵廷寀撰。南疆逸史三十卷，卹諡錄八卷，摭遺十八卷。溫睿臨撰。南疆繹史五十八卷。李瑤撰。海東逸史十八卷。不著撰人氏名。爝火錄三十卷。李本撰。小腆紀傳六十五卷，補遺五卷，考異一卷。徐承禮撰。閩事紀略二卷。華廷獻撰。平定耿逆記一卷。李之芳撰。平閩記十三卷。楊捷撰。嘯亭雜錄十卷，續錄三卷。禮親王昭槤撰。養吉齋叢錄二十二卷。吳振棫撰。郎潛記聞初筆十四卷，二筆十六卷，三筆十二卷。陳康祺撰。聖德紀略一卷，儤直紀略一卷，恩遇紀略一卷，舊聞紀略一卷。瞿鴻禨撰。

宋不著撰人咸淳遺事二卷，大金弔伐錄四卷，元王鶚汝南遺事四卷。乾隆時敕輯。國語賈注一卷。蔣日豫輯。鄭衆國語解詁一卷，賈逵國語注一卷，唐固國語注一卷，王肅國語章句一卷，孔晁國語注一卷，孔衍春秋後語一卷，陸賈楚漢春秋一卷，伏侯古今注一卷，王粲英雄記一卷、司馬彪戰略一卷、九州春秋一卷，傅暢晉諸公讚一卷，荀綽晉後略一卷，盧綝晉八王故事一卷，晉四王遺事一卷。以上黃奭輯。

詔令奏議類

太祖高皇帝聖訓四卷。康熙二十五年敕編。太宗文皇帝聖訓六卷。順治時敕編，康熙二十六年告成。世祖章皇帝聖訓六卷。康熙二十六年敕編。親政綸音不分卷。順治時敕編。聖祖仁皇帝聖訓六十卷。雍正九年敕編。庭訓格言不分卷。世宗御編。聖諭廣訓不分卷。雍正二年敕刊。上諭內閣一百五十九卷。雍正七年敕刊，乾隆時續刊。硃批諭旨三百六十卷。雍正十年敕編，乾隆三年告成。上諭八旗十三卷，上諭旗務議覆十二卷，諭行旗務奏議十三卷。雍正九年敕編。訓飭州縣條規二十卷。雍正八年敕刊。世宗憲皇帝聖訓三十六卷。乾隆五年敕編。高宗純皇帝聖訓三百卷。嘉慶十二年敕編。仁宗睿皇帝聖訓一百十卷。道光四年敕編。宣宗成皇帝聖訓一百三十卷。咸豐六年敕編。文宗顯皇帝聖訓一百十卷。同治五年敕編。穆宗毅皇帝聖訓一百六十卷。光緒五年敕編。明名臣奏議二十卷。乾隆四十六年奉敕編。息齋疏草五卷。金之俊撰。龔端毅奏議八卷，附錄一卷。龔鼎孳撰。孟忠毅公奏議二卷。孟喬芳撰。趙忠襄奏疏存稿六卷。趙良棟撰。張襄壯奏疏六卷。張勇撰。兼濟堂奏議四卷。魏裔介撰。寒松堂奏議四卷。魏象樞撰。文襄公奏疏十五卷。李之芳撰。撫虔奏議一卷。佟國器撰。平岳疏議一卷，平海疏議一卷。萬正色撰。郝恭定集五卷。郝惟訥撰。中山奏議四卷。郝浴撰。靳文襄奏疏八卷。靳輔撰。乾清門奏對記一卷。湯斌撰。撫浙奏議一卷，督閩奏議一卷。范承謨撰。撫浙疏草五卷。朱昌祚撰。撫吳封事八卷，撫楚封事一卷，撫黔封事一卷，撫漕封事一卷，輯瑞陳言一卷。慕天顏撰。于山奏牘七卷。于成龍撰。清忠堂奏疏不分卷。朱宏祚撰。西臺奏議一卷，京兆奏議一卷，附曲徙錄一卷。楊素蘊撰。楊黃門奏疏不分卷，撫黔奏疏八卷。楊雍建撰。華野疏稿五卷。郭琇撰。河防疏略二十卷。朱之錫撰。西陂奏疏六卷。宋犖撰。督漕疏草二十二卷。董訥撰。奏疏稿不分卷。江蘩撰。撫豫宣化錄四卷。田文鏡撰。防河奏議十二卷。嵇曾筠撰。平蠻奏疏一卷。鄂爾泰撰。張公奏議二十四卷。張鵬翮撰。條奏疏稿二卷。蔣廷錫撰。奏疏十卷。高其倬撰。望溪奏疏一卷。方苞撰。尹元孚奏議十卷。尹會一撰。裘文達奏議一卷。裘曰修撰。那文毅奏議八十卷。那彥成撰。兩河奏疏不分卷。嚴烺撰。思補齋奏稿偶存一卷。潘世恩撰。恭壽堂奏議十二卷。韓文綺撰。楚蒙山房奏疏五卷。晏斯盛撰。東溟奏稿四卷。姚瑩撰。林文忠政書三卷。林則徐撰。陶雲汀先生奏議三十二卷。陶澍撰。耐菴奏議存稿十二卷。賀長齡撰。吳文節遺集八十卷。吳文鎔撰。張大司馬奏稿四卷。張亮基撰。駱文忠奏議十六卷。駱秉章撰。李文恭奏議二十二卷。李星沅撰。李尚書政書八卷。李宗羲撰。王侍郎奏議十卷。王茂蔭撰。臺垣疏稿一卷。丁壽昌撰。張文毅奏稿八卷。張芾撰。曾文正奏稿三十二卷。曾國藩撰。胡文忠奏稿五十二卷。胡林翼撰。左文襄奏疏初編三十八卷，續編七十六卷，三編六卷。左宗棠撰。曾忠襄奏疏六十一卷。曾國荃撰。沈文肅政書十二卷。沈葆楨撰。李忠武奏議一卷。李續賓撰。劉中丞奏稿八卷。劉崐撰。劉中丞奏議二十卷。劉蓉撰。劉武愼奏稿十六卷。劉長佑撰。彭剛直奏議八卷。彭玉麟撰。郭侍郎奏疏十二卷。郭嵩燾撰。岑襄勤奏稿三十卷。岑毓英撰。丁文誠奏議二十六卷。丁寶楨撰。毛尚書奏稿十六卷。毛鴻賓撰。曾惠敏奏議六卷。曾紀澤撰。出使奏疏二卷。薛福成撰。養雲山莊奏稿四卷。劉瑞芬撰。錢敏肅奏疏七卷。錢鼎銘撰。黎文肅奏議十六卷。黎培敬撰。許太常奏稿一卷。許乃濟撰。豸華堂奏議十二卷。金應麟撰。水流雲在館奏議二卷。宋晉撰。吳柳堂奏疏一卷。吳可讀撰。王文敏奏疏稿一卷。王懿榮撰。袁太常戊戌條陳一卷。袁昶撰。諫垣存稿四卷。安維峻撰。李文忠政書一百六十五卷。李鴻章撰。張宮保政書十二卷。張之洞撰。端忠敏奏議十六卷。端方撰。三賢政書十八卷。湯斌、宋犖、張伯行撰。嘉定長白二先生奏議四卷。

徐致祥、寶廷撰。

宋陳次升讜論集五卷。乾隆時敕輯。

傳記類

宗室王公功績表傳十二卷。乾隆四十六年敕撰。蒙古王公功績表傳十二卷。乾隆四十四年敕撰。八旗滿洲氏族通譜八十卷。乾隆九年敕撰。勝朝殉節諸臣錄十二卷。乾隆四十一年敕撰。滿漢名臣傳八十卷，貳臣傳八卷，逆臣傳二卷。乾隆時敕撰。史傳三編五十六卷。朱軾撰。歷代忠臣義士卓行錄八卷。戴作銘撰。歷代名臣言行錄二十四卷。朱桓撰。廣羣輔錄六卷。徐汾撰。臣鑒錄二十卷。蔣伊撰。歷代黨鑑五卷。徐賓撰。續高士傳五卷。高兆撰。續補高士傳三卷。魏裔介撰。孝史類編十卷。黃齊賢撰。元祐黨人傳十卷。陸心源撰。明名臣言行錄四十五卷。徐開仕撰。崇禎五十宰相傳一卷，年表一卷。曹溶撰。明儒言行錄十卷，續錄十卷。沈佳撰。東林列傳二十四卷，留溪外傳十八卷。陳鼎撰。復社姓氏傳略十卷。吳山嘉撰。國朝耆獻類徵初編七百二十卷，編目十九卷。李桓撰。碑傳集一百六十卷。錢儀吉撰。續碑傳集八十六卷。繆荃孫撰。國朝先正事略六十卷。李元度撰。中興將帥別傳三十卷，一作咸同以來功臣別傳，一作中興名臣事略，一作續先正事略。續編六卷。朱孔彰撰。大清名臣言行錄一卷。留保撰。文獻徵存錄十卷。錢林撰。從政觀法錄三十卷。朱方曾撰。初月樓聞見錄十卷，續錄十卷。吳德旋撰。學統五十六卷。熊賜履撰。雒閩淵源錄十九卷。張夏撰。聖學知統錄二卷，聖學知統翼編二卷。魏裔介撰。道統錄二卷，附錄一卷，道南源委六卷，伊洛淵源續錄二十卷。張伯行撰。儒林宗派十六卷。萬斯同撰。理學宗傳二十六卷。孫奇逢撰。理學宗傳辨正十六卷。劉廷詔撰。宋元學案一百卷。黃宗羲原本，全祖望補編。明儒學案六十二卷。黃宗羲撰。明儒林錄十九卷。張恆撰。國朝學案小識十五卷。唐鑑撰。國朝經學名儒記一卷。張星鑑撰。國朝宋學淵源記二卷，附記一卷。江藩撰。國朝儒林文苑傳四卷。阮元撰。康熙己未詞科錄十二卷。秦瀛撰。鶴徵錄八卷。李集、李富孫、李遇孫同撰。詞科掌錄十七卷，餘話二卷。杭世駿撰。鶴徵後錄十二卷。李富孫撰。疇人傳四十六卷。阮元撰。續疇人傳六卷。羅士琳撰。疇人傳三編七卷。諸可寶撰。國朝名家詩鈔小傳二卷。鄭方坤撰。畿輔人物志二十卷。孫承澤撰。洛學編四卷。湯斌撰。中州人物考八卷。孫奇逢撰。中州道學編二卷，補編一卷。耿介撰。關學編十卷。廉偉然撰。東越儒林後傳一卷，文苑後傳一卷。陳壽祺撰。閩中理學淵源考九十二卷，閩學志略十七卷。李清馥撰。粵東名儒言行錄二十四卷。鄧淳撰。豫章十代文獻略五十卷。王謨撰。金華徵獻略二十卷。王崇炳撰。嘉禾獻徵錄四十六卷。盛楓撰。松陵文獻錄十五卷。潘檉章撰。海州文獻錄十六卷。許喬林撰。吳門耆舊記一卷。顧承撰。列女傳補注八卷，附敍錄一卷，校正一卷。閨秀王照圓撰。

列女傳校注八卷。閨秀梁端撰。列女傳集注八卷。閨秀蕭道管撰。廣列女傳二十卷。劉開撰。勝朝彤史拾記六卷。毛奇齡撰。賢媛類徵初編十二卷。李桓撰。越女表微錄五卷。汪輝祖撰。

宋不著撰人慶元黨禁一卷，京口耆舊傳九卷，元辛文房唐才子傳八卷。以上乾隆時奉敕輯。魏嵇康聖賢高士傳一卷，後魏常景鑒戒象讚一卷。以上馬國翰輯。趙岐三輔決錄一卷，劉向孝子傳一卷，蕭廣濟孝子傳一卷，師覺授孝子傳一卷。以上黃奭輯。

以上傳記類總錄之屬

晏子春秋音義一卷。孫星衍撰。晏子春秋校正一卷。盧文弨撰。晏子春秋校勘一卷。黃以周撰。周公年表一卷。牟廷相撰。孔子年譜五卷。楊方晃撰。孔子年譜輯注一卷。江永撰，黃定宜輯注。孔子編年注五卷。胡培翬撰。至聖編年世紀二十四卷。李灼、黃晟同撰。先聖生卒年月考二卷。孔廣牧撰。孔子世家考二卷，仲尼弟子列傳考一卷。鄭環撰。宗聖志十二卷。孔允植撰。闕里文獻考一百卷。孔繼汾撰。孔子世家補訂一卷，孔門師弟年表一卷，孔孟年表一卷，孟子列傳纂一卷，孟子時事年表一卷。林春溥撰。孔子編年四卷，孟子編年四卷。狄子奇撰。洙泗考信錄四卷，餘錄一卷，孟子事實錄二卷。崔述撰。孔子弟子門人考一卷，孟子弟子門人考一卷。朱彝尊撰。孟子年譜一卷。黃玉蟾撰。孟子生卒年月考一卷。閻若璩撰。孟子游歷考一卷。潘眉撰。三遷志十二卷。孟衍泰、王特選、仲蘊錦同撰。從祀名賢傳六卷。常安撰。劉更生年

表一卷。梅鷟撰。許君年表一卷。陶方琦撰。鄭司農年譜一卷。孫星衍撰。漢鄭君晉陶靖節魏陳思王唐陸宣公年譜四卷。丁晏撰。鄭康成紀年一卷。袁鈞撰。鄭學錄四卷。鄭珍撰。諸葛忠武故事五卷。張澍撰。忠武志八卷。張鵬翮撰。王右軍年譜一卷。魯一同撰。安定言行錄一卷。丁寶書撰。濂溪周夫子志十五卷。吳大鎔撰。增訂歐陽文忠年譜一卷。朱文藻撰。胡少師年譜一卷。胡培翬撰。王荆公年譜二十五卷，雜錄二卷，附錄一卷。蔡上翔撰。米海岳年譜一卷。翁方綱撰。考訂朱子世家一卷。江永撰。朱子年譜四卷，考異四卷，附錄二卷。王懋竑撰。重訂朱子年譜一卷。褚寅亮撰。別本朱子年譜二卷，附錄一卷。黄中撰。陸象山年譜二卷。李紱撰。楊文靖年譜二卷。張夏撰。洪文惠年譜一卷，洪文敏年譜一卷，陸放翁年譜一卷，王伯厚年譜一卷。錢大昕撰。王深寧年譜一卷。張大昌撰。謝皋羽年譜一卷。徐沁撰。元遺山年譜三卷。翁方綱撰。元遺山年譜二卷。淩廷堪撰。元遺山年譜一卷。施國祁撰。周文襄公年譜二卷。周仁俊撰。李文正公年譜一卷。法式善撰。王文成集傳本二卷。毛奇齡撰。王弇州年譜一卷。錢大昕撰。歸震川年譜一卷。孫岱撰。楊升庵年譜一卷。李調元撰。周忠介公遺事一卷。彭定求撰。繆文貞公年譜一卷。繆之鎔撰。袁督師事蹟一卷。不著撰人氏名。倪文正公年譜一卷。倪會鼎撰。黄忠端公年譜二卷。黄炳垕撰。左忠毅年譜二卷。左宰撰。張忠烈公年譜一卷。趙之謙撰。劉子行狀二卷。黄宗羲撰。蕺山年譜二卷。劉均撰。顧亭林年譜一卷。吳映奎撰。顧亭林年譜四

卷。張穆撰。黃黎洲年譜二卷。黃炳垕撰。孫夏峰年譜二卷。湯斌撰。李二曲歷年紀略二卷。惠靇嗣撰。楊園先生年譜四卷。陳梓撰。楊園先生年譜一卷。蘇惇元撰。顏習齋先生年譜二卷。李塨撰。李恕谷先生年譜五卷。馮辰撰。申鳧盟先生年譜一卷。申涵煜、申涵盼同撰。寧海將軍固山貝子功績錄一卷。不著撰人氏名。漁洋山人自訂年譜注一卷。惠棟撰。施愚山年譜四卷。施念曾撰。陸清獻年譜一卷。羅以智撰。陸稼書年譜二卷。吳光酉撰。閻潛丘年譜四卷。張穆撰。朱文端公行述一卷。朱必階撰。阿文成年譜二十四卷。那彥成撰。錢文端公年譜三卷。錢儀吉撰。王述庵年譜二卷。嚴榮撰。孫文靖年譜一卷。孫惠惇撰。黃崑圃年譜一卷。黃叔琳撰。黃蕘圃年譜一卷。江標撰。戴東原年譜一卷。段玉裁撰。洪北江年譜一卷。呂培撰。焦理堂事略一卷。焦廷琥撰。寄圃老人自記年譜一卷。孫玉庭撰。思補老人自訂年譜一卷。潘世恩撰。石隱山人自訂年譜一卷。朱駿聲撰。彭文敬自訂年譜一卷。彭蘊章撰。翁文端年譜一卷。翁同龢撰。駱文忠年譜一卷。駱天保撰。曾文正年譜十二卷。黎庶昌撰。曾文正公大事記四卷。王定安撰。吳柳堂孤忠錄三卷。傅巖霖撰。豫章先賢九家年譜九卷，四朝先賢六家年譜七卷。楊希閔撰。四史疑年錄七卷。阮元撰。歷代名人年譜十七卷。吳榮光撰。疑年錄四卷。錢大昕撰。續疑年錄四卷。吳修撰。補疑年錄四卷。錢椒撰。疑年賡錄二卷。張鳴珂撰。三續疑年錄十卷。陸心源撰。

以上傳記類名人之屬

史鈔類

史緯三百三十卷。陳允錫撰。讀史蒙拾一卷。王士祿撰。廿一史約編十卷。鄭元慶撰。漢書蒙拾三卷，後漢書蒙拾二卷。杭世駿撰。漢書古字類一卷。郭夢星撰。國志蒙拾二卷。郭麐撰。宋書瑣語一卷。郝懿行撰。兩晉南北集珍六卷。陳維崧撰。南史識小錄八卷，北史識小錄八卷。沈名孫、朱昆田同撰。南北史識小錄補正二十八卷。張應昌撰。南北史捃華八卷。周嘉猷撰。新舊唐書合鈔二百六十卷。沈炳震撰。

載記類

吳越春秋校文一卷。蔣光煦撰。吳越春秋校勘記一卷，逸文一卷。顧觀光撰。讀吳越春秋一卷，讀越絕書一卷。俞樾撰。越絕書札記一卷，逸文一名。錢培名撰。增訂吳越備史五卷，補遺一卷。錢時鈺撰。補華陽國志三州郡縣目錄一卷。廖寅撰。華陽國志校勘記一卷。顧觀光撰。十六國疆域志十六卷。洪亮吉撰。十六國春秋輯補一百卷，十六國春秋纂錄校本十卷。湯球撰。十六國年表一卷。張愉曾撰。十六國年表三十二卷。孔尚質撰。西秦百官表一卷。練恕撰。十國春秋一百十四卷。吳任臣撰。拾遺一卷，備考一卷。周昂撰。南漢書十八卷，考異十八卷，叢錄二卷，文字略二卷。梁廷相撰。南漢紀五卷，地理志一卷，金石志一卷。吳蘭修撰。南唐拾遺記一卷。毛先舒撰。西夏國志十六卷。洪亮吉撰。西夏書事四十二卷。吳廣成撰。西夏紀事本末三十六卷。張鑑撰。西夏書十卷。周春撰。西夏事略十六卷。陳崑撰。

晉陸翽鄴中記一卷，唐樊綽蠻書十卷，宋不著撰人江南餘載二卷。乾隆時奉敕輯。

時令類

月令輯要二十四卷，圖說一卷。康熙五十四年，李光地等奉敕撰。古今類傳歲時部四卷。董穀士、董炳文同編。時令彙紀十六卷，餘日事文四卷。朱濂撰。月日紀古十二卷。蕭智漢撰。節序同風錄十二卷。孔尚任撰。七十二候考一卷。曹仁虎撰。月令粹編二十四卷。秦嘉謨撰。二十四史日月考二百三十六卷。汪日楨撰。古今冬至表四卷。譚澐撰。

唐韓鄂四時纂要一卷。馬國翰輯。

地理類

皇輿表十六卷。康熙四十三年，喇沙里等奉敕撰。方輿路程考略不分卷。康熙時，汪士鋐等奉敕撰。大清一統志三百四十卷。乾隆八年敕撰。大清一統志五百卷。乾隆二十九年敕撰。皇朝職貢圖九卷。

乾隆十六年，傅恆等奉敕撰。歷代疆域表三卷，沿革表三卷。段長基撰。歷代地理沿革表四十七卷。陳芳績撰。東晉南北朝輿地表二十一卷。徐文范撰。輿地沿革表四十卷。楊丕復撰。周末列國所有郡縣考一卷，古國都今郡縣合考一卷。閔麟嗣撰。戰國地輿一卷。林春溥撰。楚漢諸侯疆域志三卷。劉文淇撰。歷代郡國考略三卷。葉澐撰。今古地理述二十卷。王子音撰。歷代地理沿革圖一卷，輿地圖一卷，歷代地理志韻編今釋二十卷，皇朝輿地韻編二卷。李兆洛撰。王會新編一百四十五卷。茹鉉撰。乾隆府廳州縣志五十卷。洪亮吉撰。皇朝輿地全圖不分卷。董祐誠撰。大清一統輿圖三十卷。胡林翼撰。皇朝輿地韻編一卷，輿地略一卷。嚴德撰。郡縣分韻考十卷。黃本驥撰。肇域志一百卷，天下郡國利病書一百二十卷。顧炎武撰。讀史方輿紀要一百三十卷，形勢紀要九卷。顧祖禹撰。太平寰宇記補缺二卷。陳蘭森撰。山河兩戒考十四卷。徐文靖撰。晉太康三年地記一卷，王隱晉書地道記一卷，唐濮王泰等括地志一卷。以上黃奭輯。

以上地理類總志之屬

滿洲源流考二十卷。乾隆四十二年，阿桂等奉敕撰。熱河志八十卷。乾隆四十六年，和珅等奉敕撰。日下舊聞考一百二十卷。乾隆三十九年敕撰。日下舊聞四十二卷。朱彝尊撰。盛京通志一百二十卷。乾隆四十四年，阿桂等奉敕撰。新疆識略十三卷。道光元年，汪廷珍等奉敕撰。盛京通志四十八卷。雷以誠等修。畿輔通志一百二十卷。李衞等修。畿輔通志三百卷。李鴻章等修。江南通志二百卷。

趙宏恩等修。安徽通志二百六十卷。陶澍修。安徽通志三百五十卷。劉坤一等修。江西通志二百六卷。白潢等修。江西通志一百六十二卷。謝旻等修。江西通志一百八十卷。劉坤一等修。浙江通志二百八十卷。嵇曾筠等修。福建通志七十八卷。郝玉麟修。福建通志二百七十八卷。吳棠等修。湖廣通志八十卷。徐國相等修。湖廣通志一百二十卷。邁柱等修。湖北通志一百卷。吳熊光等修。湖南通志一百七十卷。陳宏謀等修。湖南通志二百二十八卷。巴哈布等修。湖南通志三百十五卷。裕祿等修。河南通志八十卷。王士俊等修。續河南通志八十卷。阿思哈等修。山東通志三十六卷。岳濬等修。山東通志六十四卷。錢江等修。山西通志二百三十卷。覺羅石麟等修。山西通志一百八十四卷。張煦等修。山西志輯要十卷。雅德撰。陝西通志一百卷。劉於義等修。甘肅通志五十卷。許容等修。甘肅通志一百卷。長庚等修。四川通志四十七卷。黃廷桂等修。四川通志二百二十六卷。楊芳燦等修。廣東通志六十四卷。郝玉麟等修。廣東通志三百三十四卷。阮元等修。廣西通志一百二十八卷。金鉷等修。廣西通志二百八十卷。吉慶等修。雲南通志三十卷。鄂爾泰等修。續雲南通志稿一百九十四卷。王文韶等修。貴州通志四十六卷。鄂爾泰等修。吉林通志一百二十二卷。長順等修。順天府志一百三十卷。李鴻章修。保定府志八十卷。李振祜修。承德府志六十卷。海忠修。永平府志七十二卷。游智開修。河間府志二十卷。周嘉露修。天津府志四十卷。李梅賓修。天津府志五十四卷。李鴻章修。正定府志五十卷。鄭大進修。順德府志十六卷。徐景曾修。廣平府志二十四卷。吳穀修。大名府志二十二卷。李棪修。大名府志六卷。武蔚文修。宣化府志四十二卷。王畹修。江寧府志五十六卷。呂燕昭修。江寧府志十五卷。蘇啓勳修。蘇州府志八十卷。習嶲撰。蘇州府志一百六十卷。石韞玉撰。蘇州府志一百五十卷。馮桂芬撰。松江府志八十四卷。宋如林修。松江府志四十卷。博潤修。常州府志三十八卷。于琨修。淮安府志三十二卷。顧棟高撰。揚州府志四十卷。張萬壽修。揚州府志七十二卷。張世浣修。揚州府志三十卷。晏端書撰。徐州府志三十卷。王峻修。安慶府志三十二卷。張楷修。徽州府志八卷。鄭交泰修。寧國府志三十八卷。魯銓修。池州府志五十八卷。張士範修。太平府志四十四卷。朱肇基修。廬州府志五十四卷。張祥雲修。鳳陽府志二十一卷。馮煦修。潁州府志十卷。王斂福修。南昌府志七十六卷。黃良棟修。饒州府志三十六卷。黃家遴修。廣信府志二十六卷。康基淵修。南康府志十二卷。廖文英修。九江府志二十二卷。胡宗虞修。建昌府志三十四卷。姚文光修。撫州府志四十五卷。張四教修。臨江府志十六卷。施潤章撰。瑞州府志二十四卷。黃廷金修。袁州府志十五卷。陳喬樅撰。吉安府志七十六卷。盧松修。贛州府志七十八卷。李本仁修。南安府志二十卷。陳奕禧撰。南安府志三十二卷。黃鳴珂修。杭州府志四十卷。馬鐸修。杭州府志一百十卷。鄭澐修。嘉興府志十六卷。吳永芳修。嘉興府志八十卷。伊湯安修。嘉興府志九十卷。許瑤光修。湖錄一百五卷。鄭元慶撰。湖州府志十二卷。程量修。湖州府志四十八卷。李堂修。湖州府志九十六卷。宗源瀚撰。寧波府志三十六卷。曹秉仁修。紹興府志六十卷。鄒尚周修。紹興府志八十卷。李亨特修。台州府志十八卷。馮甦修。金華府志三十卷。張蓋修。衢州府志三十五卷。楊廷望修。嚴州府志三十五卷。吳士進修。溫州府志三十卷。汪爌修。處州府志二十卷。曹掄彬修。處州府志三十二卷。潘紹詒修。福州府志七十六卷。高景崧修。泉州府志七十六卷。章倬標修。建寧府志四十八卷。張琦修。延平府志四十六卷。徐震耀修。汀州府志四十五卷。曾曰瑛修。邵武府志三十卷。王琛修。邵武府志二十四卷。張鳳孫修。漳州府志五十卷。沈定均修。福寧府志三十卷。李紱修。臺灣府志二十六卷。六十七修。武昌府志十二卷。裴天錫修。漢陽府志五十卷。陶士偰修。安陸府志三十六卷。張尊德修。襄陽府志四十卷。陳諤修。鄖陽府志十卷。王正常修。鄖陽府志三十八卷。楊廷耀修。德安府志二十四卷。傅鶴祥修。黃州府志二十卷。王勍修。荆州府志五十八卷。施廷樞修。宜昌府志十六卷。聶光鑾修。施南府志三十卷。松林修。長沙府志五十卷。呂肅高修。岳州府志三十卷。黃凝道修。寶慶府志一百五十七卷。黃宅中修。衡州府志三十二卷。饒佺修。常德府志四十八卷。應光烈撰。辰州府志十一卷。畢本烈修。沅州府志四十卷。張官五修。永州府志十八卷。宗績辰撰。永順府志十二卷。張天如修。開封府志四十卷。管竭忠修。陳州府志三十卷。崔應楷修。歸德府志三十六卷。陳錫輅修。彰州府志三十二卷。湯康業修。衞輝府志五十五卷。德昌修。

懷慶府志三十二卷。杜悰修。河南府志一百十六卷。施誠修。南陽府志六卷。孔傳金修。汝寧府志三十卷。德昌修。濟南府志七十二卷。王贈芳修。泰安府志三十二卷。成城修。武定府志三十八卷。李熙齡修。兗州府志三十二卷。陳顧㶇修。沂州府志二十三卷。李希賢修。曹州府志二十二卷。周尚質修。東昌府志五十卷。白嵩修。青州府志六十四卷。毛永相修。登州府志六十九卷。賈瑚修。萊州府志十六卷。嚴有禧修。太原府志六十卷。沈樹聲修。平陽府志三十六卷。章廷珪修。蒲州府志二十四卷。周景柱修。潞安府志四十卷。張淑渠修。汾州府志三十六卷。孫和相修，戴震撰。澤州府志五十二卷。朱樟修。大同府志三十二卷。吳輔宏修。寧武府志十二卷。周景柱修。朔平府志十二卷。劉士銘修。西安府志八十卷。嚴長明撰。同州府志三十四卷。李思繼修。鳳翔府志十二卷。達靈阿修。漢中府志三十二卷。嚴如熤撰。興安府志三十卷。葉世倬修。延安府志八十卷。張蕙修。榆林府志五十卷。李熙齡修。蘭州府志四卷。陳如稷修。西寧志七卷。蘇銑修。甘州府志十六卷。鍾賡起修。保寧府志六十二卷。史觀修。重慶府志九卷。王夢庚修。夔州府志三十六卷。恩成修。雅州府志二十卷。陳鈞修。廣州府志六十卷。沈廷芳修。肇慶府志二十一卷。何夢瑤撰。韶州府志十六卷。唐宗堯修。惠州府志二十卷。呂應奎修。惠州府志四十五卷。劉溎年修。潮州府志四十二卷，廉州府志二十卷。周碩勳修。高州府志十六卷。黃安濤撰。雷州府志二十卷。雷學海修。瓊州府志四十四卷。張岳崧撰。平樂府志四十卷。

清桂修。潯州府志三十九卷。魏篤修。鎮安府志八卷。傅聚修。雲南府志三十卷。張毓修。大理府志三十卷。黃元治修。臨安府志二十卷。江濬源修。楚雄府志十卷。張嘉穎修。澂江府志十六卷。柳正芳修。廣南府志四卷。何愚修。順寧府志十卷。劉靖修。曲靖府志八卷。程封修。麗江府志二卷。萬咸燕修。永昌府志二十六卷。宣世濤修。永北府志二十八卷。陳奇典修。東川府志二十卷。方桂修。思州府志八卷。蔣深修。鎮遠府志二十卷。蔡宗建修。銅仁府志十一卷。徐闇修。黎平府志四十一卷。劉宇昌修。遵義府志四十八卷。鄭珍、莫友芝同撰。遵化直隸州志十二卷。劉靖修。易州直隸州志十八卷。張登高修。冀州直隸州志二十卷。范清曠修。趙州直隸州志十卷。祝萬祉修。深州直隸州風土記二十二卷。吳汝綸撰。定州直隸州志四卷。王榕吉修。口北三廳志十八卷。黃可潤修。川沙廳志十四卷。俞樾撰。海州直隸州志三十二卷。唐仲冕撰。通州直隸州志十五卷。王宜亨修。廣德直隸州志五十卷。周廣業修。滁州直隸州志三十卷。敦泰修。和州直隸州志二十四卷。夏煒修。六安直隸州志五十卷。周廣業修。泗州直隸州志十八卷。莫之榦修。蓮花廳志十卷。李其昌修。寧州直隸州志三十二卷。劉丙修。定南廳志八卷。賴勳修。定海直隸廳志三十卷。陳重威、黃以周同撰。玉環廳志四卷。張坦龍修。玉環廳志十五卷。呂鴻燾修。廈門廳志十六卷。周凱修。永春直隸州志十六卷，龍巖直隸州志十六卷。鄭一崧修。噶瑪蘭廳志八卷。董正官修。淡水廳志十五卷。陳培桂修。荊門直隸州志十二卷。黃昌輔修。鶴峰直隸廳志十四卷。吉鍾穎修。澧州直隸州志二十八卷。魏式曾修。桂陽直隸州志二十七卷。
陳延棨修。鳳皇直隸廳志二十卷。黃應培修。永綏直隸廳志十八卷。周玉衡修。乾州直隸廳志
十六卷。趙文在修。晃州直隸廳志四十四卷。俞光振修。靖州直隸州志十二卷。汪尚文修。郴州
直隸州志四十三卷。朱偓修。鄭州直隸州志十二卷。張鉞修。許州直隸州志十六卷。段汝舟修。
陝州直隸州志二十卷。龔崧林修。淅川直隸廳志九卷。徐光第修。汝州直隸州志十卷。錢福昌
修。濟寧直隸州志三十四卷。周永年、盛百二同撰。臨清直隸州志十一卷。朱度修。膠州直隸州
志八卷。於智修。平定直隸州志十卷。金明源修。忻州直隸州志四十二卷。方戊昌修。代州直
隸州志六卷。吳重光修。保德直隸州志十二卷。王秉韜修。霍州直隸州志二十五卷。崔允臨修。
解州直隸州志十八卷。言如泗修。絳州直隸州志二十卷。張成德修。沁州直隸州志十卷。雷暢
修。商州直隸州志十四卷。王如玖修。潼關廳志九卷。楊端本修。定遠廳志二十六卷。余修鳳
修。留壩廳志十卷。賀仲瑊修。漢陰廳志十卷。錢鶴年修。鄜州直隸州志十卷。吳鳴捷修。涇州
直隸州志二卷。張延福修。階州直隸州志二卷。林忠修。秦州直隸州志十二卷。任其昌修。肅
州直隸州志不分卷。黃文煒修。循化廳志八卷。龔景瀚撰。資州直隸州志三十卷。劉炯修。綿
州直隸州志五十四卷。范紹泗修。茂州直隸州志四卷。楊迦懌修。馬邊廳志六卷。周斯才修。
敍永直隸廳志四十六卷。周偉業修。江北廳志八卷。宋煊修。酉陽直隸州志二十四卷。馮世瀛

修。忠州直隸州志八卷。呂鋧麟撰。石砫直隸廳志十二卷。王槐齡修。眉州直隸州志十九卷。徐長發修。邛州直隸州志四十六卷。吳鞏修。連州直隸州志十二卷。單興詩修。連山直隸廳志一卷。姚柬之修。南雄直隸州志三十四卷。黃其勤修。嘉應直隸州志十二卷。王之正修。欽州直隸州志十二卷。朱椿年修。陽江直隸州志八卷。胡瑃修。崖州直隸州志十卷。宋錦修。景東直隸廳志二十八卷。羅含章修。廣西府志二十六卷。周埰修。元江直隸州志四卷。廣裕修。蒙化直隸廳志六卷。徐時行修。永北府志二十八卷。陳奇典修。鎮邊撫彝直隸廳志八卷。謝體仁修。

永清縣志二十四卷。章學誠撰。遷安府志二十卷，撫寧縣志十二卷。史夢蘭撰。靈壽縣志十卷。陸隴其撰。上元江寧縣志三十卷。莫友芝、甘紹盤同撰。高淳縣志二十八卷。張裕釗撰。吳江縣志四十六卷。郭琇撰。黎里志十六卷。徐達源撰。崇明縣志十八卷。李聯琇撰。華亭縣志二十四卷。姚光發、張文虎撰。婁縣志三十卷。陸錫熊撰。上海縣志二十卷。李林松撰。南滙縣志二十二卷。張文虎撰。青浦縣志四十卷。王昶撰。武進陽湖縣志三十卷。湯成烈撰。無錫金匱縣志四十卷。秦緗業撰。宜興荊溪縣志十卷。吳德旋撰。荊溪縣志四卷。唐仲冕撰。丹徒縣志六十卷。呂耀斗撰。寶應圖經六卷。劉寶楠撰。邳州志二十卷，清河縣志二十四卷。魯一同撰。山陽縣志二十一卷。何紹基、丁晏同撰。合肥縣志三十六卷。左輔撰。鳳臺縣志十二卷。李兆洛撰。弋陽縣志十四卷，宜春縣志十五卷，分宜縣志十五卷，萬載縣志十八卷。陳喬樅撰。海昌備志十六卷。錢泰吉撰。海鹽縣續圖經七卷。王爲珪撰。南潯鎭志四十一卷。汪曰楨撰。黄巖縣志四十卷。王詠霓撰。羅源縣志三十卷。林春溥撰。臺灣縣志十七卷。王禮撰。黄岡縣志二十四卷。劉恭冕撰。麻城縣志五十六卷。潘頤福撰。東湖縣志三十卷。王柏心撰。湘陰縣志三十六卷。郭嵩燾撰。武陵縣志三十一卷。楊丕復、楊彝珍同撰。龍陽縣志三十一卷。黄教鎔撰。杞紀二十二卷。張楨撰。孟縣志十卷。馮敏昌撰。偃師縣志三十卷。孫星衍撰。登封縣志二十八卷。洪亮吉撰。新城縣志十四卷。王士禛撰。曲阜縣志二十六卷。孔毓琚撰。聊城縣志四卷。傅以漸撰。靈石縣志十二卷。王志瀜撰。澄城縣志二十一卷。洪亮吉、孫星衍同撰。武威縣志一卷，鎭番縣志一卷，永昌縣志一卷，古浪縣志一卷，平番縣志一卷。張昭美撰。什邡縣志五十四卷。紀大奎撰。羅江縣志十卷。李調元撰。遂寧縣志六卷。張鵬翮撰。新會縣志十四卷。黄培芳、曾釗同撰。師宗州志二卷。夏治元撰。彌勒州志二十七卷。王緯撰。祿勸州志二卷。李廷宰撰。永寧州志十二卷。沈毓蘭撰。

以上地理類都會郡縣之屬

盤山志二十一卷。乾隆十九年，蔣溥等奉敕撰。清涼山新志十卷。康熙間敕撰。萬山綱目二十一卷。李誠撰。長白山錄一卷，補遺一卷。王士禛撰。萬歲山考證一卷，昌平山水記二卷，岱岳記一卷。顧炎武撰。泰山志二十卷。金棨撰。泰山道里記一卷。聶鈫撰。岱覽三十二卷。唐仲冕撰。泰山述記十卷。宋思仁撰。說嵩三十二卷，嵩岳廟史十卷。景日昣撰。南岳志八卷。高自位撰。嶽麓志八卷。趙寧撰。華岳志八卷。李榕撰。恆岳志三卷。張崇德撰。恆山志五卷。桂敬順撰。攝山志八卷。陳毅撰。寶華山志十五卷。劉名芳撰。盋山志八卷。顧雲撰。茅山志十四卷。笪重光撰。北固山志二卷。釋了璞撰。金山志略四卷。釋行海撰。焦山志二十六卷。吳雲撰。虎丘山志二十四卷。顧詒祿撰。慧山記續編四卷。邵涵初撰。黃山志七卷。閔麟嗣撰。九華紀勝二十三卷，齊山巖洞志二十六卷。陳蔚撰。廬山小志二十四卷。蔡瀛撰。青源山志略十三卷。施潤章撰。四明山志九卷。黃宗羲撰。普陀山志十五卷。朱謹、陳璿同撰。西天目祖山志八卷。釋廣賓撰。天台山全志十六卷。張聯元撰。廣雁蕩山志三十卷。曾唯撰。天竺山志十二卷。管廷芳撰。武夷山新志二十四卷。董天工撰。麻姑山丹霞洞天志十七卷。羅森撰。鼓山志十二卷。僧元賢撰。大別山志十卷，黃鵠山志十二卷。胡鳳丹撰。蓮峰志五卷。王夫之撰。洛陽龍門志一卷。路朝霖撰。太岳太和山紀略八卷。王槩撰。峩眉山志十八卷。蔣超撰。羅浮山志會編二十二卷。宋廣業撰。西樵志六卷。馬符籙撰。桂巖洞志一卷。賈敦臨撰。雞足山志十卷。范承勳撰。水經注集釋訂譌四十卷。沈炳巽撰。水經注釋四十卷，刊誤十二卷，附錄一卷。趙一清撰。水經注校三十卷，水地記一卷。戴震撰。水經注校正四十卷，補遺一卷，附錄一卷。全祖望撰。水經注釋地四十卷，水道直指一卷，補遺一卷。張匡學撰。水經釋地八卷。孔繼涵撰。水經注疏證四十卷。沈欽韓撰。水經注圖說殘稿四卷。董祐誠撰。水經注西南諸水考三卷。陳澧撰。水經注洛涇二水補一卷。謝鍾英撰。水經注圖二卷。汪士鐸撰。合校水經注四十卷，附錄二卷。王先謙撰。河源紀略三十六卷。乾隆四十七年，紀昀、陸錫熊等奉敕撰。今水經一卷。黃宗羲撰。水道提綱二十八卷。齊召南撰。江源記一卷。查拉吳麟撰。導江三議一卷。王柏心撰。長江圖說十二卷。黃翼升撰。淮流一勺二卷。范以煦撰。崑崙河源考一卷。萬斯同撰。黃河全圖五卷。吳大澂、倪文蔚同撰。中國黃河經緯度圖一卷。梅啓照撰。歷代黃河變遷圖考四卷。劉鶚撰。東西二漢水辨一卷。王士禛撰。漢水發源考一卷。王筠撰。直隸河渠志一卷。陳儀撰。二渠九河圖考一卷。孫彤撰。永定河志三十二卷。李逢亨撰。西域水道記五卷。徐松撰。關中水道記一卷。孫彤撰。蜀水考四卷。陳登龍撰。汴水說一卷。朱際虞撰。漳水圖經一卷。姚東之撰。山東全河備考四卷。葉方恆撰。山東運河備覽十二卷。陸燿撰。揚州水道記四卷。劉文淇撰。太湖備考十六卷。金友理撰。新劉河志一卷，婁江志一卷。顧士槤撰。章水經流考一卷。朱際虞撰。浙江圖考三卷。阮元撰。洞庭湖志十四卷。萬年淳撰。兩河清彙八卷。薛鳳祚撰。河紀二卷。孫承澤撰。居濟一得八卷。張伯行撰。治河奏績書四卷。靳輔撰。畿輔水利輯覽一卷，水利營田圖說一卷，畿輔河道管見一卷，水利私議一卷。吳邦慶撰。河防芻議六卷。崔維雅撰。畿輔水利四案四卷，附錄一卷。潘錫恩撰。畿輔安瀾志十卷。王履泰撰。畿輔水利議一卷。林則徐撰。北河續記八卷。閻廷謨撰。行水金鑑一百七十五卷。傅澤洪撰。續行水金鑑一百五十六卷。黎世序撰。五省溝洫圖說一卷。沈夢蘭撰。西北水利議一卷。許承宣撰。東南水利八卷。沈愷曾撰。明江南治水記一卷。陳士鑛撰。三吳水利條議一卷。錢中諧撰。江蘇水利圖說二十一卷。陶澍撰。江蘇水利全案正編四十卷，附編十二卷。李慶雲撰。浙西水利備考八卷。王鳳生撰。西湖水利考一卷。吳農祥撰。蕭山水利書七卷。來鴻雯、張文瑞、張學懋同撰。湘湖水利志三卷。毛奇齡撰。海塘新志六卷，兩浙海塘通志二十卷。方觀承撰。海塘擥要十二卷。楊鑅撰。捍海塘志一卷。錢文瀚撰。海塘錄二十六卷。翟均廉撰。海道圖說十五卷。金約撰。

元沙克什河防通議二卷，王喜治河圖略一卷。以上乾隆時奉敕輯。

以上地理類山川河渠之屬

西域圖志五十二卷。乾隆二十一年，劉統勳等奉敕撰。藩部要略十八卷，西陲要略四卷，西域釋地一卷，西域行程記一卷，萬里行程記四卷。祁韻士撰。蒙古游牧記十六卷。張穆撰。漢西域圖考七卷。李光廷撰。西陲總統事略十二卷。松筠撰。西域聞見錄八卷。七十一撰。衞藏圖志五十卷。盛繩祖撰。西藏通考八卷。黃沛翹撰。康輶紀行十六卷。姚瑩撰。金川瑣記六卷。李心衡撰。西游記金山以東釋一卷。沈垚撰。朔方備乘八十五卷。何秋濤撰。三州輯略九卷。和寧撰。蠻司合志十五卷。毛奇齡撰。楚南苗志六卷。段汝霖撰。苗防備覽二十二卷，三省邊防備覽十六卷。嚴如煜撰。苗蠻合志二卷。曹樹翹撰。楚峒志略一卷。吳省蘭撰。雲緬山川志一卷。李榮陛撰。臺灣紀略一卷。林謙光撰。澎湖紀略十二卷。胡建偉撰。澳門記略二卷。印光任、張汝霖同撰。海防述略一卷。杜臻撰。海防備覽十卷。薛傳源撰。防海輯要十八卷，圖一卷。俞昌會撰。洋防輯要二十四卷。嚴如煜撰。

以上地理類邊防之屬

西湖志纂十二卷。乾隆十六年，梁詩正奉敕撰。歷代帝王宅京記二十卷。顧炎武撰。歷代陵寢備考五十卷，宗廟附考八卷。朱孔陽撰。帝陵圖說四卷。梁份撰。唐兩京城坊考五卷。徐松撰。宋東京考二十卷。周城撰。圓明園記一卷。黃凱鈞撰。南宋古蹟考二卷。周春撰。北平古今記十卷，建康古今記十卷，營平二州地名記一卷，山東考古錄一卷，譎觚一卷。顧炎武撰。關中勝蹟圖志三十二卷。畢沅撰。江城名蹟二卷。陳宏緒撰。潞城考古錄二卷。劉錫信撰。兩浙防護錄不分卷。阮元撰。西湖志四十六卷。傅玉露撰。先聖廟林記一卷。屈大均撰。闕里廣志二十卷。宋際、李慶長同撰。闕里述聞十四卷。鄭曉如撰。倉聖廟志一卷。祝炳森撰。梅里志四卷。吳存禮撰。伍公廟志六卷。金志章撰。臥龍岡志二卷。羅景星撰。鸚鵡洲志四卷。胡鳳丹撰。蘭亭志一卷。王復禮撰。南岳二賢祠志八卷。尹繼隆撰。濂溪志七卷。周誥撰。岳廟志略十卷。馮培撰。于忠肅公祠墓錄十二卷。丁丙撰。平山堂小志十二卷。程夢星撰。滄浪小志二卷。宋犖撰。

竹垞小志五卷。阮元撰。白鹿書院志十九卷。毛德琦撰。鵝湖講舍彙編十二卷。鄭之僑撰。明道書院紀續四卷。章秉法撰。東林書院志二十二卷。高嵟、高嶐、高廷珍、高陛、許獻同撰。毓文書院志八卷。洪亮吉撰。學海堂志一卷。林伯桐撰。文瀾閣志二卷。孫樹禮等撰。

以上地理類古蹟之屬

宸垣識略十六卷。吳長元撰。天府廣記四十四卷。孫承澤撰。金鰲退食筆記二卷，松亭行紀二卷，塞北小鈔一卷，東巡扈從日錄一卷，西巡扈從日錄二卷。高士奇撰。都門紀略四卷。楊靜亭撰。盛京疆域考六卷。楊同桂、孫宗瀚同撰。遼載前集二卷。林本裕撰。吉林外紀十卷。薩英額撰。黑龍江外紀四卷。西清撰。龍江述略六卷。徐宗亮撰。龍沙紀略一卷。方式濟撰。寧古塔紀略一卷。吳振臣撰。柳邊紀略五卷。楊賓撰。封長白山記一卷。方象瑛撰。畿輔地名考三卷。王灝撰。顏山雜記四卷。孫廷銓撰。津門雜記三卷。張燾撰。江南星野辨一卷。葉燮撰。三吳采風類記十卷。張大純撰。百城烟水九卷。徐崧、張大純同撰。白下瑣言十卷。甘熙撰。清嘉錄十二卷。顧祿撰。具區志十六卷。翁澍撰。林屋民風十二卷。王維德撰。廣陵通典三十卷。汪中撰。廣陵事略七卷。姚文田撰。揚州畫舫錄十八卷。李斗撰。邗記六卷，北湖小志五卷。焦循撰。淮壖小記六卷。范以煦撰。桃溪客語五卷。吳騫撰。太倉風俗記一卷。程穆衡撰。雲間第宅志一卷。王澐撰。皖省志略四卷。朱雲錦撰。皖游紀略二卷。陳克劬撰。姑孰備考八卷。夏之符撰。杏花村志十二卷。郎遂撰。二樓小志四卷。程元愈撰，汪越、沈廷璐補。潯陽蹠醢六卷。文行遠撰。東鄉風土記一卷，鵝湖書田志四卷。吳嵩梁撰。浙江通志圖說一卷。沈德濬撰。杭志三詰三誤辨一卷。毛奇齡撰。武林志餘三十二卷。張暘撰。西湖夢尋五卷。張岱撰。西湖覽勝志十四卷。夏基撰。增修雲林寺志八卷。厲鶚撰。武林第宅考一卷。柯汝霖撰。東城雜記四卷。厲鶚撰。北隅掌錄二卷。黃士珣撰。清波小志二卷。徐逢吉撰。南湖紀略藁六卷。邱峻撰。龍井見聞錄六卷。汪志鋗撰。定鄉小志十六卷。張道撰。湖壖雜記一卷，北墅瑣言一卷。陸次雲撰。唐棲景物略二卷。張半菴撰。乍浦九山補志十二卷。李確撰。峽石山水志一卷。蔣宏任撰。濮川所聞錄六卷。金淮、濮璜同撰。海昌外志不分卷。談遷撰。石柱記箋釋五卷。鄭元慶撰。四明談助十六卷。徐兆昺撰。越中觀感錄一卷。陳錦撰。蕭山縣志刊誤三卷。毛奇齡撰。倗陽雜錄一卷。章大來撰。甌江逸志一卷。勞大與撰。江心志十二卷。釋元奇撰。閩越巡視紀略六卷。杜臻撰。閩小紀四卷。周亮工撰。續閩小紀一卷。黎定國撰。臺海使槎錄八卷。黃叔璥撰。東槎紀略五卷。姚瑩撰。中州雜俎三十五卷。汪价撰。鄖署雜鈔十二卷。汪爲熹撰。光緒湖北輿地記二十四卷。不著撰人氏名。漢口叢談六卷。范鍇撰。監利風土記一卷。王柏心撰。湖南方物志八卷。黃本驥撰。浯溪考二卷。王士禛撰。澧志舉要三卷，補一卷。潘相撰。海岱史略一百三十卷。王馭超撰。濟寧圖記二卷。王元啓撰。海岱日記一卷。張榕端撰。雲中紀程二卷。高懋功撰。高平物產記二卷。鄒漢勛撰。河套志六卷。陳履中撰。延綏鎮志六卷。譚吉璁撰。陝西南山谷口考一卷。毛鳳梧撰。三省山內風土雜記一卷。嚴如熤撰。新疆大記六卷。闞鳳樓撰。伊犂日記二卷，天山客話二卷。洪亮吉撰。荷戈紀程一卷。林則徐撰。輪臺雜記二卷。史善長撰。蜀徼紀聞四卷，隴蜀餘聞一卷。王士禛撰。蜀典十二卷。張澍撰。蜀都碎事六卷。陳祥裔撰。錦江脞記十二卷。戴璐撰。廣東新語二十六卷。屈大均撰。羊城古鈔八卷。仇巨川撰。廣州游覽志一卷。王士禛撰。嶺南雜記二卷。吳方震撰。韓江聞見錄十卷。鄭昌時撰。南粵筆記十六卷。李調元撰。嶺海見聞四卷。錢以塏撰。粵行紀事三卷。瞿昌文撰。嶺南風物記一卷。吳綺撰。連陽八排風土記八卷。李來章撰。惠陽山水紀勝四卷。吳騫撰。星餘筆記一卷。王鉞撰。粵西偶記一卷。陸祚蕃撰。桂游日記三卷。張維屏撰。滇繫四十卷。師範撰。雲南備徵志二十一卷。王崧撰。滇南雜志二十四卷。曹樹翻撰。滇海虞衡志十三卷。檀萃撰。洱海叢談一卷。釋同揆撰。滇黔土司婚禮記一卷。陳鼎撰。黔書二卷。田雯撰。續黔書八卷。張澍撰。黔記四卷。李宗昉撰。黔話二卷。吳振棫撰。黔軺紀程一卷。黎培敬撰。淮西見聞記一卷。俞慶遠撰。

唐劉恂嶺表錄異三卷，元訥新河朔訪古記二卷。以上乾隆時奉敕輯。

以上地理類雜志之屬

海國聞見錄二卷。陳倫炯撰。坤輿圖志二卷。西洋南懷仁撰。異域錄一卷。圖理琛撰。八紘譯史四卷，紀餘四卷，八紘荒史一卷。陸次雲撰。海錄二卷。楊炳南撰。瀛寰志略十卷。徐繼畬撰。海國圖志一百卷。魏源撰。朝鮮史略六卷。不著撰人氏名。朝鮮載記備編二卷，朝鮮史表一卷。周家祿撰。奉使朝鮮日記一卷。柏葰撰。朝鮮箕田考一卷。韓百謙撰。越史略三卷。不著撰人氏名。海外紀事六卷。釋大汕撰。安南史事記一卷。李仙根撰。安南紀游一卷。潘鼎珪撰。越南世系沿革略一卷，越南山川略一卷，中外交界各隘卡略一卷。徐延旭撰。中山沿革志二卷。汪楫撰。中山傳信錄六卷。徐葆光撰。琉球志略十五卷。周煌撰。續琉球志略五卷。費錫章撰。中山見聞辨異二卷。黃景福撰。記琉球入學始末一卷。王士禛撰。琉球入學見聞錄四卷。潘相撰。琉球朝貢考一卷。王韜撰。緬述一卷。彭崧毓撰。緬事述聞一卷。師範撰。緬甸瑣記一卷。傅顯撰。征緬紀聞一卷。王昶撰。從征緬甸日記一卷。周裕撰。滇緬邊界紀略一卷。不著撰人氏名。暹邏考略一卷。龔柴撰。暹邏別記一卷。李麟光撰。游歷日本圖經三十卷。傅雲龍撰。日本國志四十卷。黃遵憲撰。日本新政考二卷。顧厚焜撰。東槎聞見錄四卷。陳家麟撰。使東雜記一卷。何如璋撰。東游叢錄四卷。吳汝綸撰。使俄羅斯行程錄一卷。張鵬翮撰。綏服紀略一卷。松筠撰。俄羅斯國紀要一卷。林則徐撰。俄游彙編十二卷。繆祐孫撰。俄羅斯疆界碑記一卷。徐元文撰。吉林勘界記一卷。吳大澂撰。中俄交界圖不分卷。洪鈞撰。西北邊界俄文譯漢圖例言一卷，帕米爾圖說一卷。許景澄撰。東三省韓俄交界表一卷。聶士成撰。使俄草八卷。王之春撰。

英吉利考略一卷。汪文臺撰。英政概一卷，英藩政概四卷，法政概一卷。劉錫彤撰。法國志略二十四卷。王韜撰。英法德俄四國志略四卷。沈敦和撰。美利加圖經三十二卷。傅雲龍撰。初使泰西記一卷。宜厚撰。乘槎筆記一卷。斌春撰。使西紀程一卷。郭嵩燾撰。奉使英倫記一卷。黎庶昌撰。英軺私記一卷。劉錫鴻撰。西軺紀略四卷。劉瑞芬撰。出使英法日記二卷。曾紀澤撰。出使英法義比日記六卷，續十卷。薛福成撰。出使美日秘日記十六卷。崔國因撰。使德日記一卷。李鳳苞撰。李傅相歷聘歐美記二卷。蔡爾康編。三洲日記八卷。張蔭桓撰。游歷巴西圖經十卷，游歷圖經餘記十五卷。傅雲龍撰。使美紀略一卷。陳蘭彬撰。四述奇十六卷。張德彝撰。環游地球新錄四卷。李圭撰。西史綱目二十卷。周維翰撰。邊事彙鈔十二卷，續鈔七卷。朱克敬撰。

宋趙汝适諸蕃志二卷。乾隆時奉敕輯。

以上地理類外志之屬

職官類

詞林典故八卷。乾隆九年，鄂爾泰等奉敕撰。皇朝詞林典故六十四卷。嘉慶十年，朱珪等奉敕撰。國子監志六十二卷。乾隆四十三年，梁國治等奉敕撰。歷代職官表六十三卷。乾隆四十五年敕撰。刑部則例二卷。康熙十八年敕撰。工部則例五十卷。乾隆十四年，史貽直等奉敕撰。工部續增則例九十五卷。乾隆二十四年，史貽直奉敕撰。吏部則例六十六卷。乾隆三十七年，傅恆等奉敕撰。戶部則例一百二十卷。乾隆四十一年，于敏中等奉敕撰。戶部則例一百卷。同治十二年，潘祖蔭等奉敕撰。禮部則例一百九十四卷。乾隆四十九年，德保等奉敕撰。兵部處分則例三十九卷。道光五年，明亮等奉敕撰。金吾事例十卷。咸豐三年，步軍統領衙門奉敕撰。內務府則例四卷。光緒十年，福錕等奉敕撰。宗人府則例二十卷。光緒十四年，世鐸等奉敕撰。理藩院則例六十四卷。光緒十七年，松森等奉敕撰。光祿寺則例九十卷。官本。古官制考一卷。王寶仁撰。歷代官制考略二卷。葉檂撰。漢官答問五卷。陳樹鏞撰。漢州郡縣吏制考一卷。強汝詢撰。唐折衝府考四卷。勞經撰。樞垣紀略十六卷。梁章鉅撰。重修樞垣紀略二十六卷。朱智等撰。中書典故考八卷。王正功撰。槐廳載筆二十卷，清祕述聞十六卷。法式善撰。清祕述聞續十六卷。王家相撰。國朝翰詹源流編年二卷，館選爵里諡法考二卷。吳鼎雯撰。南臺舊聞十六卷。黃叔璥撰。春曹儀注一卷。王士禛撰。南省公餘錄八卷。梁章鉅撰。

宋程俱麟臺故事五卷，陳騤南宋館閣錄十卷，不知撰人續錄十卷。以上乾隆時敕輯。

以上職官類官制之屬

人臣儆心錄一卷。順治十二年，世祖御撰。朋黨論一卷。雍正三年，世宗御撰。訓飭州縣條規二十卷。雍正八年敕撰。政學錄五卷。鄭端撰。爲政第一編八卷。孫鋐撰。百僚金鑑十二卷。牛天宿撰。臣鑑錄二十卷。蔣伊撰。大臣法則八卷。謝文洊撰。學仕遺規八卷，在官法戒錄四卷。陳宏謀撰。居官日省錄六卷。烏爾通阿撰。居官寡過錄六卷。李元春撰。臨民金鏡錄一卷。趙殿成撰。從政餘談一卷。王定柱撰。學治臆說二卷，續說一卷，說贅一卷。汪輝祖撰。庸吏庸言二卷，庸吏餘談二卷，蜀僚問答一卷。劉衡撰。牧令書二十三卷。徐棟撰。勸諭牧令文一卷。黃輔辰撰。勸戒淺語一卷。曾國藩撰。吏治輯要一卷。倭仁撰。福惠全書三十二卷。黃六鴻撰。道齊正軌二十卷。鄒鳴鶴撰。圖民錄四卷。袁守定撰。富教初桄錄二卷。宗源瀚撰。宦海慈航一卷。周埴撰。

不著撰人州縣提綱四卷。乾隆時敕輯。

以上職官類官箴之屬

政書類

大清會典二百五十卷。起崇德元年迄康熙二十五年，聖祖敕撰。自康熙二十六年至雍正五年，世宗敕撰，雍正十年刊。大清會典一百卷，會典則例一百八十卷，乾隆二十六年，履親王允祹奉敕撰。大清會典八十卷，圖一百三十二卷，事例九百二十卷。嘉慶二十三年敕撰。大清會典一百卷，圖二百七十卷，事例一千二百二十卷。光緒二十五年敕撰。續通典一百四十四卷。乾隆三十二年敕撰。續文獻通考二百五十二卷。乾隆十二年敕撰。皇朝通典一百卷。乾隆三十二年敕撰。皇朝通志二百卷。乾隆三十二年敕撰。皇朝文獻通考二百六十六卷。乾隆十二年敕撰。元朝典故編年考十卷。孫承澤撰。明會要八十卷。紀文彬撰。

宋李攸宋朝事實二十卷。乾隆時敕輯。

以上政書類通制之屬

幸魯盛典四十卷。康熙二十三年，孔毓圻編。萬壽盛典一百二十卷。康熙五十二年，王原祁等編。南巡盛典一百二十卷。乾隆三十一年，高晉等編。八旬萬壽盛典一百二十卷。乾隆五十四年，阿桂等編。西巡盛典二十四卷。嘉慶十六年，董誥等編。大清通典四十卷。乾隆元年敕撰。皇朝禮器圖式二十八卷。乾隆二十四年敕撰。滿洲祭神祭天典禮六卷。乾隆四十二年敕撰。國朝宮史三十六卷。乾隆七年敕撰。宮史續編一百卷。嘉慶六年敕撰。大清通禮五十四卷。道光四年敕撰。廟制圖考一卷。萬斯同撰。壇廟祀典三卷。方觀承撰。壇廟樂章一卷。張樂盛撰。萬壽衢歌樂章六卷。彭元瑞撰。北郊配位議一卷，辨定嘉靖大禮議二卷。毛奇齡撰。北岳恆山歷祀上曲陽考一卷。劉師峻撰。盛京典制備考八卷。崇厚撰。滿洲四禮考四卷。索寧安撰。太常紀要十五卷，四譯館考十五卷。江蘩撰。學典三十卷。孫承澤撰。國學禮樂錄二十四卷。李周望、謝履忠同撰。頖宮禮樂全書十六卷。張安茂撰。聖門禮樂統二十四卷。張行言撰。文廟祀典考五十卷。龐鍾璐撰。直省釋奠禮樂記六卷。應寶時撰。醴陵縣文廟丁祭譜四卷。藍錫瑞撰。文廟從祀先賢先儒考一卷。郎廷極撰。孔廟從祀末議一卷。閻若璩撰。家塾祀典一卷。應撝謙撰。大清通禮品官士庶儀纂六卷。劉師陸撰。吾學錄初編二十四卷。吳榮光撰。國朝謚法考一卷。王士禛撰。皇朝大臣謚法錄四卷。邵晉涵撰。皇朝謚法考五卷。鮑康撰。

漢衞宏漢官舊儀一卷，補遺一卷，不著撰人廟學典禮四卷。以上乾隆時敕輯。

以上政書類典禮之屬

學政全書八十卷。乾隆三十九年，素爾納等奉敕撰。磨勘簡明條例二卷，續二卷。乾隆時奉敕撰。科場條例六十卷。光緒十四年奉敕撰。奏定學堂章程不分卷。光緒二十九年，管學大臣奉敕撰。吏部銓選則例十七卷。嘉慶十年敕撰。吏部處分則例五十二卷，驗封司則例六卷，稽勳司則例八卷。道光十年敕撰，光緒十三年重修。歷代銓選志一卷。袁定遠撰。銓政論略一卷。蔡方炳撰。登科記考三十卷。徐松撰。國朝貢舉年表三卷。陳國霖、顧錫中同撰。國朝貢舉考略三卷。黃崇簡撰。歷科典試題名錄一卷，考官試題錄四卷。黃崇簡、饒玉成同撰。國朝鼎甲考一卷，狀元事考一卷。饒玉成撰。制義科瑣記四卷，續記一卷，淡墨錄十六卷。李調元撰。國朝右文掌錄一卷。宗源瀚撰。制科雜錄一卷。毛奇齡撰。彙征錄一卷。不著撰人氏名。歷代武舉考一卷。譚吉璁撰。

以上政書類銓選科舉之屬

賦役全書一百卷。順治間敕撰。孚惠全書六十四卷。乾隆六十年，彭元瑞奉敕撰。辛酉工賑紀事三十八卷。嘉慶六年敕撰。戶部漕運全書九十六卷。光緒二年敕撰。官田始末考一卷。顧炎武撰。蘇松歷代財賦考一卷。不著撰人氏名。杭州府賦役全書一卷。不著撰人氏名。浙江減賦全案十卷。楊昌濬編。大元海運記二卷。胡敬撰。明漕運志一卷。曹溶撰。丁漕指掌十卷。王大經撰。海運芻言一卷。施彥士撰。江蘇海運全案十二卷。賀長齡撰。浙江海運全案十卷。黃宗漢編。江北運程四十卷。董恂編。錢幣芻言一卷。王鎏撰。泉刀彙纂不分卷。邱峻撰。錢錄十二卷。張端本撰。大錢圖錄一卷。鮑康撰。長蘆鹽法志二十卷，附編十卷。珠隆阿修。河東鹽法志十卷。石麟等修。山東鹽法志二十四卷，附編十卷。崇福等修。山東鹽法續增備考六卷。王定柱編。兩淮鹽法志四十卷。吉慶修。兩淮鹽法志五十六卷。佶山修。兩淮鹽法志一百二十卷。劉坤一修。淮南鹽法紀略十卷。龐際雲撰。淮鹽備要十卷。李澄撰。淮鹽問答一卷。周濟撰。淮南調劑志略四卷。不著撰人氏名。淮北票鹽續略十二卷。許寶書撰。兩浙鹽法續纂備考十二卷。楊昌濬編。兩廣鹽法志三十五卷。阮元等修。粵鹽蠡測編一卷。陳銓撰。鹽法議略一卷。王守基撰。歷代征稅紀一卷。彭寧和撰。續纂淮關統志十四卷。元成編。北新關志十六卷。許夢閎撰。粵海關志三十卷。豫堃編。荒政叢書十卷，附錄二卷。俞森撰。救荒備覽四卷。勞潼撰。荒政輯要十卷。汪志伊撰。康濟錄六卷。倪國璉撰。籌濟編三十二卷。楊景仁撰。捕蝗考一卷。陳芳生撰。捕蝗彙編一卷。陳僅撰。伐蛟說一卷。魏廷珍撰。畿輔義倉圖六卷。方觀承撰。左司筆記二十卷。吳璟撰。己庚編六卷。祁韻士撰。石渠餘紀六卷。王慶雲撰。光緒會計錄三卷。李希聖撰。

以上政書類邦計之屬

八旗通志初集二百五十卷。雍正五年，鄂爾泰奉敕撰。八旗通志三百五十四卷。乾隆三十七年，福隆安等奉敕撰。八旗則例十二卷。乾隆三十七年，福隆安等撰。軍器則例二十四卷。嘉慶十九年敕撰。綠營則例十六卷。官本。中樞政考三十二卷。嘉慶二十年，明亮等奉敕撰。中樞政考續纂七十二卷。道光九年，長齡等奉敕撰。杭州駐防八旗志略二十五卷。張大昌撰。荊州駐防八旗志十六卷。希元撰。駐粵八旗志二十四卷。長善撰。馬政志一卷。蔡方炳撰。保甲書四卷。徐棟撰。鄉守外編輯要十卷。許乃釗撰。

以上政書類軍政之屬

督捕則例二卷。乾隆二年，徐本等奉敕撰。大清律例四十七卷。乾隆五年，三泰等奉敕撰。大清律續纂條例總類二卷。乾隆二十五年敕撰。五軍道里表四卷。乾隆四十四年，福隆安等奉敕撰。三流道里表四卷。乾隆四十九年，阿桂等奉敕撰。刪除律例附商律不分卷。光緒三十一年，沈家本奉敕撰；商律，三十二年，商部奉敕撰。清現行刑律三十六卷，秋審條款一卷。光緒時，沈家本等奉敕撰。禁煙條例一卷。

光緒時，善耆等奉敕撰。蒙古律例十二卷。官本。刑部奏定新章四卷。官本。刑部比照加減成案三十二卷。許槤、熊義同撰。刑案匯覽六十卷，卷首一卷，卷末一卷，拾遺備考一卷，續編十卷。祝慶祺撰。駁案新編三十九卷。全士潮等編。秋審比較彙案續編八卷。不著撰人氏名。淸律例歌括一卷。不著撰人氏名，丁承禧注。重修名法指掌圖四卷。徐灝撰。法曹事宜四卷。不著撰人氏名。

以上政書類法令之屬

乘輿儀仗做法二卷。乾隆十三年奏刊。工程做法七十四卷。雍正十二年，果親王允禮等撰。物料價値則例二百二十卷。乾隆三十三年，陳宏謀等奉敕撰。武英殿聚珍板程式一卷。乾隆三十八年，金簡等奉敕撰。內廷工程做法八卷，簡明做法無卷數。工部會同內務府撰。圓明園工部則例不分卷。不著撰人氏名。城垣做法册式一卷。官本。工部軍器則例六十卷。嘉慶十六年，劉權之等奉敕撰。戰船則例內河五十八卷，外海四十卷。官本。重訂鐵路簡明章程一卷。光緒二十九年，商部撰。河工器具圖式四卷。麟慶撰。浮梁陶政志一卷。吳允嘉撰。築圩圖式一卷。孫峻撰。

以上政書類考工之屬

目錄類

天祿琳琅書目十卷。乾隆四十年敕撰。天祿琳琅書目後編二十卷。嘉慶二年敕撰。四庫全書總目提要二百卷。乾隆三十七年，紀昀等奉敕撰。簡明目錄二十卷。乾隆三十九年，紀昀等奉敕撰。抽燬書目一卷。官本。禁書目錄一卷。官本。違礙書目一卷。乾隆五十三年，官刻頒行。四庫全書考證一百卷。王太岳、曹錫寶等撰。四庫簡明目錄標注二十卷。邵懿辰撰。四庫全書提要纂稿一卷。邵晉涵撰。四庫未收書目提要五卷。阮元撰。四庫闕書目一卷。徐松撰。國子監書目一卷。不著撰人氏名。徵刻唐宋人祕本書目三卷。黃虞稷、周在浚同編。傳是樓宋元板書目一卷。徐乾學撰。靜惕堂宋元人集書目一卷。曹溶撰。汲古閣珍藏祕本書目一卷。毛扆編。藝芸書舍宋元本書目一卷。汪士鐘撰。古泉山館宋元板書序錄一卷。瞿中溶撰。滂喜齋宋元本書目一卷。潘祖蔭撰。宋元舊本書經眼錄三卷，附錄一卷。莫友芝撰。宋元本行格表二卷。江標撰。崇文總目輯釋五卷，補佚一卷。錢東垣撰。通志堂經解目錄一卷。翁方綱撰。全上古三代秦漢三國六朝文編目百三卷。嚴可均撰。天一閣書目四卷。汪本撰。天一閣見在書目六卷。薛福成撰。絳雲樓書目一卷。錢謙益撰。述古堂藏書目四卷。錢曾撰。千頃堂書目三十二卷。黃虞稷撰。傳是樓書目八卷。徐乾學撰。培林堂書目二卷。徐秉義撰。含經堂書目四卷。徐元文撰。潛采堂書目四卷，曝書亭宋元人集目一卷。朱彝尊撰。青綸館藏書目錄三卷。宋筠撰。季滄葦藏書目一卷。季振宜撰。楝亭書目三卷。曹寅撰。孝慈堂書目不分卷。王聞遠撰。佳趣堂書目二卷。陸漻撰。百歲堂書目三卷。惠棟撰。小山堂藏書目二卷。趙一清撰。好古堂藏書目四卷。姚際恆撰。文瑞樓書目十二卷。金檀撰。塾南書庫目錄六卷。王昶撰。稽瑞樓書目一卷。陳揆撰。振綺堂書目六卷。汪誠撰。抱經樓書目一卷。盧址撰。清吟閣書目四卷。瞿瑛撰。環碧山房書目一卷。汪輝祖撰。瞑琴山館藏書目四卷。范楷撰。別下齋書目一卷。蔣光堉撰。樂意軒書目四卷。吳成佐撰。石研齋書目四卷。秦恩復撰。竹崦盦傳鈔書目一卷。趙魏撰。孫氏祠堂書目內編四卷，外編三卷。孫星衍撰。績溪金紫胡氏所箸書目二卷。胡培系撰。鑑止水齋書目一卷。許宗彥撰。津逮樓書目十八卷。甘福撰。結一廬書目四卷。朱學勤撰。帶經堂書目五卷。陳徵芝撰。海源閣書目一卷。楊以增撰。持靜齋書目五卷。丁日昌撰。郘亭知見傳本書目十六卷。莫友芝撰。行素草堂目睹書目十卷。朱記榮撰。讀書敏求記四卷。錢曾撰。熏習錄二十卷。吳焯撰。廉石居藏書記二卷，平津館鑒賞記三卷，補遺一卷，續編一卷。孫星衍撰。士禮居藏書題跋記四卷，續錄一卷，百宋一廛錄一卷。黃丕烈撰。拜經樓藏書題跋記六卷。吳壽暘撰。愛日精廬藏書志三十六卷。張金吾撰。鐵琴銅劍樓藏書目二十四卷。瞿鏞撰。皕宋樓藏書志一百二十卷，續志四卷。陸心源撰。滂喜齋藏書記三卷。潘祖蔭撰。善本書室藏書志四十卷，附錄一卷。丁丙撰。楹書偶錄五卷，續編四卷。楊紹和撰。經義考三百卷。朱彝尊撰。經義考補正十二卷。翁方綱撰。古今僞書考一卷。姚際恆撰。歷代載籍足徵錄一卷。莊述祖撰。知聖道齋讀書跋尾二卷。彭元瑞撰。校訂存疑十七卷。朱文藻撰。竹汀先生日記鈔三卷。何元錫編。經籍跋文一卷。陳鱣撰。經籍舉要一卷。龍翰臣撰。曝書雜記三卷，可讀書齋校書譜一卷。錢泰吉撰。羣書答問二卷，補遺一卷。凌曙撰。書目答問七卷。張之洞撰。羣書提要一卷，皇清經解提要一卷，皇清經解淵源錄一卷。沈豫撰。半氈齋題跋二卷。江藩撰。東湖叢記六卷。蔣光煦撰。開有益齋讀書志六卷，續一卷。朱緒曾撰。木居士書跋二卷。瞿中溶撰。鄭堂讀書日記不分卷。周中孚撰。儀顧堂題跋十六卷，續跋十六卷。陸心源撰。浙江采輯遺書總錄十一卷。三寶等撰。關右經籍考十一卷。邢澍撰。長河經籍考十卷。田雯撰。毘陵經籍志四卷。盧文弨撰。武林藏書錄三卷。丁申撰。日本訪書志十七卷。楊守敬撰。汲古閣題跋初集二卷，續一卷。毛鳳苞編。汲古閣校刻書目一卷，補遺一卷，刻板存亡考一卷。鄭德懋編。金山錢氏家刻書目十卷。錢培蓀編。勿菴曆算書目一卷。梅文鼎撰。嘉定錢氏藝文略三卷。錢師璟撰。盧江錢氏藝文略一卷。錢儀吉撰。流通古書約一卷。曹溶撰。藏書紀要一卷。孫慶增撰。百宋一廛賦一卷。顧廣圻撰。藏書紀事詩六卷。葉昌熾撰。靈隱書藏紀事一卷。潘衍桐撰。焦山藏書約一卷，書目一卷，續一卷。梁鼎芬撰。藝文待訪錄一卷。羅以智撰。國朝箸述未刊書目一卷。鄭文焯撰。國朝未刻遺書志略一卷。朱記榮編。

金石類

漢劉向七略別錄一卷。馬國翰輯。

西清古鑑四十卷。乾隆十四年，梁詩正等奉敕編。西清續鑑甲編二十卷，附錄一卷。乾隆五十八年敕編。校正淳化閣帖釋文十卷。乾隆三十四年，金簡奉敕編。積古齋藏器目一卷。阮元撰。清儀閣藏器目一卷。張廷濟撰。竹崦盦藏器目一卷。趙魏撰。嘉蔭簃藏器目一卷。劉喜海撰。平安館藏器目一卷。葉志詵撰。雙虞壺館藏器目一卷。吳式芬撰。懷米山房藏器目一卷。曹載奎撰。簠齋藏器目一卷。陳介祺撰。木庵藏器目一卷。程振甲撰。梅花草盦藏器目一卷。丁彥忠撰。選青閣藏器目一卷。王錫棨撰。愛吾鼎齋藏器目一卷。李璋煜撰。石泉書屋藏器目一卷。李佐賢撰。兩罍軒藏器目一卷。吳雲撰。愙齋藏器目一卷。吳大澂撰。天壤閣藏器目一卷。王懿榮撰。愙齋集古錄二十六卷，恆軒吉金錄不分卷，度量權衡實驗說不分卷。吳大澂撰。匋齋吉金錄八卷，續二卷。端方撰。焦山鼎銘考一卷。翁方綱撰。周無專鼎銘考一卷。羅士琳撰。齊侯罍銘通釋二卷。陳慶鏞撰。盤亭小錄一卷。劉銘傳撰。京畿金石考二卷。孫星衍撰。畿輔金石記殘稿不分卷。沈濤撰。畿輔碑目二卷。樊彬撰。常山貞石志二十四卷。沈濤撰。趙州石刻錄一卷。陳鍾祥撰。江寧金石記八卷，待訪錄二卷。嚴觀撰。江左石刻文編四卷。韓崇撰。江寧金石待訪錄四卷。孫彤撰。吳郡金石目一卷。程祖慶撰。吳中金石記一卷。顧沅撰。徐州金石記一卷。方駿謨撰。崇川金石志一卷。馮雲鵬撰。安徽金石略十卷，涇川金石記一卷。趙紹祖撰。山左金石志二十四卷。畢沅、阮元同撰。山左訪碑錄十三卷。法偉堂撰。山左碑目四卷。段赤苓撰。山左南北朝石刻存目一卷。尹彭壽撰。至聖林廟碑目六卷。孔昭薰撰。孔林漢碑考一卷。顧仲清撰。濟州金石志八卷。徐宗幹撰。濟州學碑釋文一卷。張弨撰。濟南金石記四卷。馮雲鵷撰。歷城金石考二卷。周永年撰。諸城金石略二卷。李文藻撰。益都金石記四卷。段赤苓撰。山右金石志一卷。夏寶晉撰。山右金石記八卷。楊篤撰。山右石刻叢編四十卷。胡聘之撰。中州金石記五卷。畢沅撰。中州金石考八卷。黃叔璥撰。中州金石目四卷，補遺一卷。姚晏撰。中州金石目錄八卷。楊鐸撰。安陽金石錄十三卷。武億、趙希璜同撰。河陽金石記三卷。馮敏昌撰。河內金石記二卷，補遺一卷。方履籛撰。嵩洛訪碑日記一卷。黃易撰。嵩陽石刻集記二卷。葉封撰。登封縣金石志一卷。洪亮吉撰。偃師金石記四卷，偃師金石遺文補錄二卷，郟縣金石志一卷，寶豐金石志五卷，魯山金石志三卷。武億撰。孟縣金石志三卷。馮敏昌撰。濬縣金石錄二卷。熊象階撰。關中金石記八卷。畢沅撰。雍州金石記十卷。朱楓撰。關中金石附記一卷。蔡汝霖撰。陝西得碑目二卷，長安獲古編二卷，補遺一卷。劉喜海撰。關中金石文字存佚考十二卷。毛鳳枝撰。唐昭陵石蹟考五卷。林侗撰。昭陵六駿贊辨一卷。張弨撰。昭陵碑考十三卷。孫三錫撰。扶風金石錄二卷，郿縣金石遺文錄二卷，興平金石志一卷。張塤撰。寶雞縣金石志一卷。鄧夢琴撰。武林金石刻記十卷。倪濤撰。武林金石記殘稿不分卷。丁敬撰。兩浙金石志十八卷，補遺一卷。阮元撰。吳興金石志十六卷。陸心源撰。墨妙亭碑目考二卷。張鑑撰。越中金石記十二卷。杜春生撰。東甌金石錄十二卷。戴咸弼撰。台州金石錄十三卷，闕訪二卷。黃瑞撰。括蒼金石志十二卷，續四卷。李遇孫撰。括蒼金石志補遺四卷。鄒柏森撰。湖北金石存佚考二十二卷。陳詩撰。湖北金石詩二卷。嚴觀撰。永州金石略一卷。宗稷辰撰。三巴孴古志不分卷。劉喜海撰。蜀碑補記十卷。李調元撰。粵東金石略十八卷。阮元撰。高要金石略四卷。彭泰來撰。粵西金石略十五卷。謝啓昆撰。粵西得碑記一卷。楊翰撰。滇南古金石錄一卷。阮福撰。和林金石錄一卷。李文田撰。高麗碑全文八卷。葉志詵撰。海東金石苑四卷，海東金石考存一卷。劉喜海撰。日本金石志二卷。傅雲龍撰。兩漢金石記二十二卷。翁方綱撰。隋唐石刻拾遺二卷。黃本驥撰。南漢金石志二卷。吳蘭修撰。元刻偶存一卷。陸增祥撰。元碑存目一卷。黃本驥撰。寰宇訪碑錄十二卷。孫星衍、邢澍同撰。訪碑續錄一卷。嚴可均撰。訪碑後錄三卷。黃本驥撰。補寰宇訪碑錄五卷。趙之謙撰。攟古錄二十卷。吳式芬撰。天一閣碑目一卷，潛研堂金石文字目錄八卷。錢大昕撰。小蓬萊閣金石目一卷。黃易撰。平安館碑目八卷。葉志詵撰。玉雨堂碑目四册。韓泰華撰。式訓堂碑目三卷。章壽康撰。求古錄一卷，金石文字記六卷。顧炎武撰。來齋金石考三卷。林侗撰。觀妙齋金石文考略十六卷。李光暎撰。金石續錄四卷。劉青藜撰。金石經眼錄一卷。褚峻摹圖，牛運震補說。金石錄補二十七卷，續七卷，金石小箋一卷。葉奕苞撰。金薤琳瑯補遺一卷。宋振譽撰。平津館讀碑記八卷，續記一卷，再續一卷，三續二卷。洪頤煊撰。潛研堂金石文字跋尾二十五卷。錢大昕撰。金石三跋十卷，金石文字續跋十四卷。武億撰。古泉山館金石文跋不分卷。瞿中溶撰。鐵橋金石跋四卷。嚴可均撰。古墨齋金石文跋六卷。趙紹祖撰。寶鐵齋金石跋尾三卷。韓崇撰。石經閣金石跋文一卷。馮登府撰。攀古小廬古器物銘釋文不分卷，碑跋不分卷。許瀚撰。清儀閣題跋一卷。張廷濟撰。枕經堂金石題跋三卷。方朔撰。求是齋金石跋尾四卷。丁紹基撰。宜祿堂金石記六卷。朱士端撰。簠齋金石文字考釋一卷，筆記一卷。陳介祺撰。開有益齋金石文字記一卷。朱緒曾撰。十二硯齋金石過眼錄十八卷。汪鋆撰。

金石萃編一百六十卷。王昶撰。金石萃編補目三卷。黃本驥撰。金石續編二十一卷，目一卷。陸耀遹撰。金石萃編補略二卷。王言撰。金石萃編補正四卷。方履籛撰。八瓊室金石補正一百三十卷。陸增祥撰。匋齋藏石記四十四卷。端方撰。金石表一卷。曹溶撰。金石存十六卷。吳玉搢撰。金石索十二卷。馮雲鵬、馮雲鵷撰。金石品二卷，金石存十五卷。李調元撰。金石契四卷。張燕昌撰。金石屑四卷。鮑昌熙撰。金石摘十卷。陳善墀撰。香南精舍金石契二卷。覺羅崇恩撰。

金石遺文錄十卷。陳奕禧撰。金石文釋六卷。吳穎芳撰。古誌石華三十卷。黃本驥撰。金石文鈔八卷。趙紹祖撰。碑錄二卷。朱文藻撰。績語堂碑錄不分卷。魏錫曾撰。金石圖二卷。褚峻摹圖，牛運震補說。求古精舍金石圖四卷。陳經撰。小蓬萊閣金石文字不分卷。黃易撰。古均閣寶刻錄一卷。許槤撰。平安館金石文字不分卷。葉名澧撰。隨軒金石文字八種無卷數。徐渭仁撰。

二銘草堂金石聚十六卷。張得容撰。淇泉摹古錄一卷。趙希璜撰。漢碑篆額不分卷。何澂撰。紅崖碑釋文一卷。鄒漢勛撰。漢武梁祠畫象考證二卷。沈梧撰。漢射陽石門畫象彙考一卷。張寶德撰。華山碑考四卷。阮元撰。石門碑醳一卷，郙閣銘考一卷。王森文撰。天發神讖碑釋文一卷。周在浚撰。國山碑考一卷。吳騫撰。漢魏碑刻記存一卷。謝道承撰。北魏鄭文公碑考一卷。諸可寶撰。龍門造象釋文一卷。陸繼煇撰。瘞鶴銘辨一卷。張弨撰。瘞鶴銘考一卷。汪士鋐撰。瘞鶴銘考一卷。吳東發撰。瘞鶴銘考補一卷。翁方綱撰。山樵書外紀一卷。張開福撰。唐尙書省郎官石柱題名考二十六卷，唐御史臺精舍題名考三卷，附錄一卷。趙鉞、勞格同撰。楚州石柱考一卷。范以煦撰。邠州石室錄三卷。葉昌熾撰。石魚文字所見錄一卷。姚覲元撰。九曜石刻錄一卷。周中孚撰。蒼玉洞題名石刻一卷。劉喜海撰。翠微亭題名考一卷。釋達受撰。龍興寺經幢題跋一卷。羅槃撰。金天德鐘款識一卷。丁晏撰。鐵券銅塔考三卷。錢泳撰。岳廟彝器銘一卷。不著撰人氏名。分隸偶存二卷。萬經撰。碑文摘奇一卷。梁廷枬撰。碑別字五卷。羅振鋆撰。金石要例一卷。黃宗羲撰。碑版廣例十卷。王芑孫撰。誌銘廣例二卷。梁玉繩撰。金石例補二卷。郭麐撰。金石綜例四卷。馮登府撰。金石訂例四卷。鮑振方撰。金石稱例五卷，續一卷。梁廷枬撰。漢石例六卷。劉寶楠撰。漢魏六朝墓銘纂例四卷。吳鎬撰。唐人志墓例一卷。徐朝弼撰。金石學錄四卷。李富孫撰。金石學錄補四卷。陸心源撰。金石札記四卷，祛僞一卷。陸增祥撰。語石六卷。葉昌熾撰。閒者軒帖考一卷。孫承澤撰。淳化祕閣法帖考正十二卷。王澍撰。淳化閣帖考證十卷。吳有蘭撰。淳化閣跋一卷。沈蘭先撰。淳化閣帖源流考一卷。周行仁撰。法帖釋文十卷。徐朝弼撰。南村帖考四卷。程文榮撰。鳴野山房帖目四卷。沈復粲撰。禊帖綜聞一卷。胡世安撰。蘇米齋蘭亭考八卷。翁方綱撰。定武蘭亭考一卷。王灝撰。鳳墅殘帖釋文二卷。錢大昕撰。惜抱軒法帖題跋三卷。姚鼐撰。蘇米齋題跋二卷。翁方綱撰。竹雲題跋四卷。王澍撰。鐵函齋書跋六卷。楊賓撰。芳堅館題跋四卷。郭尚先撰。錢錄十六卷。乾隆十六年敕撰。泉神志七卷。李世熊撰。泉志校誤四卷。金嘉采撰。錢志新編二十卷。張崇懿撰。琴趣軒泉譜一卷。黃灼撰。廣錢譜一卷。張延世撰。歷代古錢目一卷。朱煒撰。泉布統志九卷。孟麟撰。選青小牋十卷。許原愷撰。虞夏贖金釋文一卷。劉師陸撰。古今待問錄六卷。朱楓撰。吉金所見錄十六卷。初尚齡撰。古今錢略三十四卷。倪模撰。貨布文字考四卷。馬昂撰。泉寶所見錄十六卷。沈巍皆撰。歷代鍾官圖經八卷。陳萊孝撰。吉金志存四卷。李光廷撰。癖談六卷，附錄四卷。蔡雲撰。運甓軒錢譜四十卷。呂佺孫撰。癖泉臆說六卷。高煥撰。古泉叢話三卷，藏泉記一卷。戴熙撰。觀古閣泉說一卷，叢稿二卷，續稿一卷，三編二卷。鮑康撰。論泉絕句二卷。劉喜海撰。古泉滙六十卷，續十四卷，補遺二卷。李佐賢撰。齊魯古印攈四卷，續一卷。高慶齡撰。集古官印考證七卷。瞿中溶撰。兩罍軒印考漫存九卷。吳雲撰。秦漢瓦當文字二卷，續一卷。程敦撰。浙江磚錄不分卷。馮登府撰。百磚考一卷。呂佺孫撰。千甓亭磚錄六卷，續四卷，古塼圖釋二十卷。陸心源撰。匋齋藏塼記二卷。端方撰。秋景庵主印譜四卷。黃易撰。龍泓山人印譜八卷。丁敬撰。訒葊集古印存三十二卷。汪啓淑撰。求是齋印譜四卷。陳豫鍾撰。吳讓之印存二卷。吳廷颺撰。楊聾石印存二卷。楊澥撰。選集漢印分韻二卷，續二卷。袁日省撰。楊嘯邨印集二卷。楊大受撰。胡鼻山人印集二卷。胡震撰。觀自得齋印集十六卷。徐子靜撰。秦漢印選六卷。石潛撰。二金蜨堂印譜四卷。趙之謙撰。封泥考略十卷。吳式芬、陳介祺同撰。

宋不著撰人寶刻類編八卷。乾隆時敕輯。宋歐陽棐集古錄目五卷。黃本驥輯。

史評類

御批通鑑綱目五十九卷，通鑑綱目前編一卷，外紀一卷，舉要三卷，通鑑綱目續編二十七卷。康熙四十六年御撰。評鑑闡要十二卷。乾隆三十六年，劉統勳等奉敕編。古今儲貳金鑑六卷。乾隆四十六年敕撰。承華事略補圖六卷。元王惲撰，光緒時徐郙等奉敕補圖。史記評注十二卷。牛運震撰。史漢發明五卷。傅澤鴻撰。讀通鑑論三十卷。王夫之撰。宋論十五卷。王夫之撰。史論五答一卷。施國祁撰。明史評二卷。納蘭常安撰。明史十二論一卷。段玉裁撰。讀通鑑札記二十卷。章邦元撰。通鑑評語五卷。申涵煜撰。看鑑偶評四卷。尤侗撰。鑑語經世編二十七卷。魏裔介撰。

唐鑑偶評四卷。周池撰。綱目通論一卷，歷代通論一卷。任兆麟撰。讀史雜記一卷，讀宋鑑論三卷。方宗誠撰。鑑評別錄六十卷。黃恩彤撰。閱史郄視四卷，續一卷。李紱撰。讀史管見一卷。湯斌撰。午亭史評二卷。陳廷敬撰。茗香堂史論四卷。彭孫貽撰。史見二卷。陳遇夫撰。史評一卷。謝濟世撰。四鑑十六卷。尹會一撰。中山史論二卷。郝浴撰。十七朝史論一得一卷。郭倫撰。石溪史話八卷。劉鳳起撰。史學提要箋釋五卷。楊錫祜撰。讀書任子自鏡錄二十二卷。胡季堂撰。史林測義三十八卷。計大受撰。讀史大略六十卷，附錄一卷。沙張白撰。味雋齋史義二卷。周濟撰。讀史筆記十二卷。吳烜撰。讀史提要錄十二卷。夏之蓉撰。史論五種十一卷。李祖陶撰。史說一卷。黃式三撰。史說略四卷。黃以周撰。讀史臆說五卷。楊琪光撰。史通二十卷。周悅讓撰。救文格論一卷。顧炎武撰。炳燭偶鈔一卷。陸錫熊撰。南江書錄一卷。邵晉涵撰。讀史劄記一卷。盧文弨撰。文史通義八卷，校讎通義三卷，文史通義補編一卷。章學誠撰。史通通釋二十卷。浦起龍撰。史通訓故補二十卷。黃叔琳撰。史通校正一卷。盧文弨撰。史通削繁四卷。紀昀撰。

宋曹彥約經幄管見四卷，李心傳舊聞證誤四卷。以上乾隆時奉敕輯。

清史稿卷一百四十七

志一百二十二

藝文三

子部十四類：一曰儒家，二曰兵家，三曰法家，四曰農家，五曰醫家，六曰天文算法，七曰術數，八曰藝術，九曰譜錄，十曰雜家，十一曰類書，十二曰小說，十三曰釋家，十四曰道家。

儒家類

勸善要言一卷。世祖御撰。資政要覽三卷，後序一卷。順治十二年，世祖御撰。內則衍義十六卷。順治十三年，世祖御定。聖諭廣訓一卷。聖諭，聖祖御撰；廣訓，世宗推繹。庭訓格言一卷。雍正八年，世宗御纂。日知薈說四卷。乾隆元年，高宗御撰。孝經衍義一百卷。順治十三年奉敕撰，康熙二十一年告成。朱子全書六十六卷，康熙五十二年，李光地等奉敕撰。性理精義十二卷。康熙五十六年，李光地等奉敕撰。執中成憲八卷。雍正六年敕撰。御覽經史講義三十一卷。乾隆十四年，蔣溥等奉敕撰。孔子家語疏證十卷。陳士珂撰。孔子家語疏證六卷。孫志祖撰。孔子家語證譌十一卷。范家相撰。孔子集語十七卷。孫星衍撰。孔叢子正義五卷。姜兆錫撰。曾子注釋四卷。阮福撰。子思內篇五卷，外篇二卷。黃以周撰。刪定荀子一卷。方苞撰。荀子楊倞注校二十卷，附校勘補遺一卷。謝墉撰。荀子補注一卷。劉台拱撰。荀子補注二卷。郝懿行撰。荀子集解二十卷。王先謙撰。賈子次詁十六卷。王耕心撰。鹽鐵論考證三卷。張敦仁撰。新序校補一卷，說苑校補一卷。盧文弨撰。讀說苑一卷。俞樾撰。潛夫論箋十卷。汪繼培撰。周子疏解四卷。王明弼撰。讀周子札記不分卷。崔紀撰。通書注一卷。李光地撰。通書集解二卷。王植撰。通書解拾遺一卷，後錄一卷。李文炤撰。太極圖說論十四卷。王嗣槐撰。太極圖說集注一卷。孫子昶撰。太極圖說集釋一卷。王植撰。太極圖說注解不分卷。陳兆咸撰。太極圖解拾遺一卷。李文炤撰。太極圖說遺議一卷。毛奇齡撰。張子淵源錄十卷。張鏐撰。張子正蒙注九卷。王夫之撰。注解正蒙二卷。李光地撰。正蒙初義十七卷。王植撰。正蒙集解九卷。李文炤撰。西銘集釋一卷。王植撰。西銘解拾遺一卷，後錄一卷。李文炤撰。西銘講義一卷。羅澤南撰。二程學案二卷。黃宗羲撰。二程子遺書纂二卷。李光地撰。二程語錄十八卷。張伯行撰。程門主敬錄一卷。謝文洊撰。集程朱格物法一卷。王澍撰。邵子觀物篇注二卷。李光地撰。皇極經世考三卷。徐文靖撰。尊朱要旨一卷。李光地撰。讀朱隨筆四卷。陸隴其撰。朱子語類輯略八卷。張伯行撰。朱子聖學考略十卷。朱澤澐撰。紫陽大旨八卷。秦雲爽撰。朱子學歸二十三卷。鄭端撰。朱子爲學考三卷。童能靈撰。朱子語類纂十三卷。王鉞撰。集朱子讀書法一卷。王澍撰。朱子講習輯要編十卷。龍啓垣撰。朱子言行錄八卷。舒敬亭撰。朱子語類日鈔五卷。陳澧撰。考正朱子晚年定論二卷。孫承澤撰。朱子晚年全論八卷。李紱撰。朱子論定文鈔二十卷。吳震方撰。述朱質疑十六卷。夏炘撰。

近思錄集注十四卷。茅星來撰。近思錄集解十四卷。江永撰。近思錄集解九卷。李文炤撰。近思錄集解十四卷，續近思錄十四卷，廣近思錄十四卷。張伯行撰。近思續錄四卷。劉源淥撰。讀近思錄一卷。汪紱撰。續近思錄二十八卷。鄭光羲撰。

小學集解六卷，小學衍義八十六卷。張伯行撰。小學集解六卷。黃澄撰。小學集解六卷。蔣承修撰。小學纂注六卷。高愈撰。小學纂注二卷。彭定求撰。小學淺說一卷。郭長清撰。小學分節二卷。高熊徵撰。小學句讀記六卷。王建常撰。小學大全解名六卷。陸有容、謝庭芝、沈眉同撰。續小學六卷。葉鉁撰。朱子白鹿洞規條目二十卷。王澍撰。讀白鹿洞規大義五卷。任德成撰。陸子學譜二十卷。李紱撰。大學衍義輯要六卷，補輯要十二卷。陳宏謀撰。大學衍義續七十卷。强汝詢撰。薛子條貫篇十三卷，續篇十三卷。戴楫撰。薛文清讀書錄八卷。張伯行節錄。薛文清讀書錄鈔四卷。陸緯撰。讀書錄鈔二卷。紀大奎撰。讀讀書錄一卷。汪紱撰。薛氏粹語四卷。劉世㟲撰。王陽明遺書疏證四卷。胡泉撰。王學質疑五卷，附錄一卷。張烈撰。姚江學辨二卷。羅澤南撰。呂子節錄四卷，補遺一卷。陳宏謀撰。呂語解釋四卷。尹會一撰。新吾粹語四卷。汪霦原撰。呻吟語質疑一卷。陸隴其撰。周程張朱正脈不分卷。魏裔介撰。濂洛關閩書十九卷。張伯行撰。三子定論五卷。王復禮撰。王劉異同五卷。黃百家撰。下學指南一卷。當務書一卷。顧炎武撰。思問錄內外篇二卷，語錄二卷。王夫之撰。理學心傳纂要八卷，歲寒居答問二卷，附錄一卷，語錄二卷。孫奇逢撰。觀感錄一卷，悔過自新錄一卷。李顒撰。二曲粹言四卷。吳鳳藻撰。二曲集錄要四卷。倪元坦撰。毋欺錄一卷。朱用純撰。洙泗問津一卷。巢鳴盛撰。匏瓜錄六卷。芮長恤撰。潛室劄記二卷。刁包撰。思辨錄輯要三十五卷，論學酬答四卷。陸世儀撰，張伯行刪削。思辨錄疑義一卷。劉蓉撰。聖學入門書一卷，淮雲問答一卷。陳瑚撰。言行見聞錄四卷，備忘錄四卷，近古錄四卷，初學備忘錄三卷，經正錄一卷，願記一卷，答問一卷。張履祥撰。事心錄一卷。萬斯大撰。正學隅見述一卷。王弘撰撰。存學編四卷，存性編二卷，存治編一卷，存人編四卷。顏元撰。顏習齋言行錄二卷。鍾錂撰。顏氏學記十卷。戴望撰。顏學辨八卷。程朝儀撰。大學辨業四卷，聖經學規纂二卷，論學二卷，小學稽業五卷，瘳忘篇二卷，平書訂十四卷。李塨撰。篠陰劄記不分卷，明辨錄二卷。孫承澤撰。學言三卷。白允謙撰。紫陽通志錄四卷。高世泰撰。此菴語錄十卷。胡統虞撰。張界軒集八卷。張時爲撰。性圖一卷。黃采撰。學案一卷。王甡撰。致知格物解二卷，論性書二卷，約言錄二卷，希賢錄十卷。魏裔介撰。知言錄一卷，儒宗錄一卷，庸言一卷。魏象樞撰。郝雪海筆記三卷。郝浴撰。讀書質疑二卷，欲從錄十卷。王鋑撰。臆言四卷。朱顯祖撰。儒宗理要二十九卷。張能鱗撰。理學辨一卷。王庭撰。常語筆存一卷。湯斌撰。理學要旨不分卷。耿介撰。雙橋隨筆十二卷。周召撰。閑道錄三卷，下學劄記三卷。熊賜履撰。榕村語錄三十卷，榕村講授三卷，經書筆記、讀書筆錄共一卷，道南講授三卷，觀瀾錄一卷，初夏錄一卷。李光地撰。三魚堂賸言十二卷，松陽鈔存二卷，學術辨一卷，問學錄四卷，日記十卷。陸隴其撰。性理譜五卷。蕭企昭撰。困學錄集粹八卷，性理正宗四十卷。張伯行撰。儒門法語一卷。彭定求撰。讀書偶記三卷，勵志雜錄一卷。雷鋐撰。理學逢源十二卷，讀困知記一卷，讀問學錄一卷。汪紱撰。儒林譜一卷。焦袁熹撰。大儒粹語二十八卷。顧棟高撰。憤助編四卷。蔡方炳撰。溯流史學鈔二十卷。張沐撰。程功錄五卷。楊名時撰。切近編一卷。桑調元、沈廷芳編。沈端愨遺書四卷。沈近思撰。健餘劄記四卷，讀書筆記四卷。尹會一撰。聖賢儒史一卷。王復禮撰。理學正宗十五卷，事親庸言二十卷。竇克勤撰。性理纂要八卷，天理主敬圖一卷。冉覲祖撰。嵩陽學凡六卷。景日昣撰。會語支言四卷。陸鳴鼇撰。性理大中二十八卷。應撝謙撰。體獨私鈔四卷。黃百家撰。信陽子卓錄八卷。張鵬翮撰。正修錄三卷。于準撰。心印正說三十四卷。吳台碩撰。尊道集四卷。朱搴撰。儒門語要六卷。儒學入門一卷。愼獨圖說一卷。倪元坦撰。讀書日記六卷。劉源淥撰。性理辨義二十卷。王建衡撰。原善三卷。戴震撰。靜用堂偶編十卷。涂天相撰。廣字義三卷。黃叔璥撰。虛谷遺書三卷。何國材撰。愼思錄二卷。李南暉撰。載道集六十卷。許焞撰。恥亭遺書十卷。周宗濂撰。棉陽學準五卷。藍鼎元撰。絅齋隨筆一卷。孔毓焞撰。躬行實踐錄十五卷。桑調元撰。理學疑問四卷。童能靈撰。性理淺說一卷。郭長清撰。淑艾錄十四卷，下學編十四卷。祝洤撰。逸語十卷。曹廷棟撰。困勉齋私記四卷。閻循觀撰。明儒講學考一卷。程嗣章撰。讀書小記三十一卷。范爾梅撰。東莞學案不分卷。吳鼎撰。坊表錄六卷。蘇宗經撰。宗輝錄六卷。陸元綸撰。省身錄一卷。王灝撰。省身錄十卷。蘇源生撰。懺摩錄一卷。彭兆蓀撰。省疚錄一卷。孔廣牧撰。非石子二卷。鈕樹玉撰。養一齋劄記九卷。潘德輿撰。焚香錄一卷，求復錄一卷，晚聞錄一卷。孟超然撰。倭文端遺書十四卷。倭仁撰。忱行錄二卷。邵懿辰撰。梅窗碎錄六卷。陳會芳撰。弟子箴言十四卷。胡達源撰。畜德錄二十卷。席啓圖撰。大意尊聞三卷，進修錄一卷，未能錄二卷，志學錄八卷，俟命錄十卷。方宗誠撰。來復堂學內篇四卷，學外篇六卷，講義四卷。丁大椿撰。生齋讀易日識六卷，自知錄三卷，自識一卷，自識續一卷。方坰撰。經說拾餘一卷，經說弟子記一卷。胡泉撰。敦艮齋遺書十七卷。徐潤第撰。辨心性二卷，心述三卷，性述三卷。方潛撰。持志塾言二卷。劉熙載撰。理學辨似一卷。潘欲仁撰。孝友堂家規一卷，家訓一卷。孫奇逢撰。奉常家訓一卷。王時敏撰。喪祭雜記一卷，訓子語一卷。張履祥撰。養正類編十三卷。張伯行撰。蔣氏家訓一卷。蔣伊撰。家規一卷。竇克勤撰。家規三卷。倪元坦撰。範身集略四卷。秦坊撰。里堂家訓一卷。焦循撰。雙節堂庸訓六卷。汪輝祖撰。

敬義堂家訓一卷。紀大奎撰。喪禮輯略二卷，家誡錄一卷。孟超然撰。養蒙大訓一卷。熊大年撰。養正篇一卷，初學先言一卷。謝文洊撰。閑家編八卷。王士俊撰。先正遺規四卷。汪正撰。人範六卷。蔣元撰。身範十三卷。孫希朱撰。五種遺規十五卷。陳宏謀撰。學規類編二十七卷。張伯行撰。學規一卷，訓門人語一卷。張履祥撰。學約續編十四卷。孫承澤撰。教習堂條約一卷。徐乾學撰。鼇峯學約一卷。蔡世遠撰。泌陽學規一卷，尋樂堂學規一卷。竇克勤撰。志學會規一卷。倪元坦撰。國朝先正學規彙鈔一卷。黃舒昺撰。箴友言一卷。趙青藜撰。士林彝訓八卷。關槐撰。古格言十二卷。梁章鉅撰。箴銘錄要一卷。倪元坦撰。座右銘類鈔一卷，續鈔一卷。汪汲、顧景濂同編。子史粹言二卷。丁晏撰。小學韻語一卷。羅澤南撰。女教經傳通纂二卷。任啓運撰。女學六卷。藍鼎元撰。秦氏閨訓新編十二卷。秦雲爽撰。婦學一卷。章學誠撰。經世篇十二卷。顧炎武撰。明夷待訪錄二卷。黃宗羲撰。敎民恆言一卷。魏裔介撰。繹志十九卷。胡承諾撰。擬太平策六卷。李塨撰。潛書四卷。唐甄撰。居濟一得八卷。張伯行撰。法書十卷。檀萃撰。治嘉格言一卷，蒞政摘要二卷。陸隴其撰。齊治錄三卷。于準編。萬世玉衡錄四卷。蔣伊撰。强學錄四卷。夏錫疇撰。仕學備餘二卷。紀大奎撰。樞言一卷，續樞言一卷，經論疏一卷。王柏心撰。校邠廬抗議二卷。馮桂芬撰。

唐太宗帝範四卷，宋袁采袁氏世範三卷，宋劉淸之戒子通錄八卷，宋胡宏知言六卷、附錄一卷，宋劉荀明本釋三卷，宋呂祖謙少儀外傳二卷，宋項安世項氏家說十卷、附錄二卷，宋張洪、齊熙朱子讀書法四卷，舊題朱子撰家山圖書一卷。以上乾隆時敕輯。周管夷吾內業一卷，周漆雕子一卷，周宓不齊宓子一卷，周景子一卷，周世碩世子一卷，周魏斯魏文侯書一卷，周李克書一卷，周公孫尼子一卷，周孔穿讕言一卷，周甯越甯子一卷，周王孫子一卷，周李氏春秋一卷，周董無心董子一卷，周徐子一卷，周魯仲連魯連子一卷，周虞卿虞氏春秋一卷，漢朱建平原君書一卷，漢劉敬書一卷，漢賈山至言一卷，漢劉德河間獻王書一卷，漢兒寬書一卷，漢公孫弘書一卷，漢終軍書一卷，漢吾丘壽王書一卷，漢王逸正部一卷，漢仲長子昌言一卷，漢魏朗魏子一卷，魏周生烈要論一卷，魏王肅正論一卷，魏杜恕體論一卷，魏王基新書一卷，吳周昭周子一卷，吳顧譚新言一卷，吳陸景典語一卷，晉袁宏去伐論一卷，晉殷基通語一卷，晉譙周法訓一卷，晉袁準正論二卷、正書一卷，晉孫毓孫氏成敗志一卷，晉王嬰古今通論一卷，晉蔡洪化清經一卷，晉夏侯湛新論一卷，晉華譚新論一卷，晉陸機要覽一卷，晉梅氏新論一卷，晉虞喜志林新書一卷、廣林一卷、釋滯一卷、通疑一卷，晉干寶干子一卷，晉顧夷義訓一卷，隋王劭讀書記一卷。以上馬國翰輯。魏文帝典論一卷，晉楊泉物理論一卷。以上黃奭輯。

兵家類

握奇經注一卷。李光地撰。握奇經解一卷。王暾撰。握奇經定本一卷，正義一卷，圖一卷。張惠言撰。孫子彙徵四卷。鄭端撰。孫子集注一卷。鄧廷羅撰。司馬法古注三卷，附音義一卷。曹元忠撰。軍禮司馬法考徵一卷。黃以周撰。衞公兵法輯本二卷，考證一卷。汪宗沂撰。懼謀錄四卷。顧炎武撰。兵謀一卷，兵法一卷。魏禧撰。兵鏡十一卷，兵鏡或問二卷。鄧廷羅撰。戊笈談兵十卷。汪紱撰。洴澼百金方十四卷。吳宮桂撰。治平勝算全書十六卷，年將軍兵法二卷。年羹堯撰。兵法類案十三卷。謝文洊撰。兵法集鑑六卷。史策先撰。兵鑑五卷，測海錄五卷。徐宗幹撰。行軍法戒錄二卷。秦光第撰。奇門行軍要略四卷。劉文淇撰。兵法入門一卷。左宗棠撰。武備志略五卷。傅禹撰。愼守要錄九卷。韓霖撰。防禦纂要一卷。游閎撰。堅壁淸野議一卷。龔景瀚撰。練勇芻言五卷。王鑫撰。臨陣心法一卷。劉連捷撰。簡練集一卷。程榮春撰。教練紀要十卷。謝瑛撰。武備輯要六卷，續編十卷。許乃釗撰。武備地利四卷。施永圖撰。讀史兵略四十六卷。胡林翼撰。百將傳二卷。丁日昌撰。學射錄二卷。李塨撰。貫蝨心傳一卷。紀鑑撰。征南射法一卷，內家拳法一卷。黃百家撰。手臂錄四卷。吳殳撰。歷代車戰敍略一卷。張泰交撰。練閱火器陣紀一卷。薛熙撰。火器眞訣解證一卷。沈善蒸撰。火器略說一卷。王達權、王韜同撰。中西火法一卷。薛鳳祚撰。礮規圖說一卷。陳暘撰。礮法撮要一卷。董祖修撰。

六韜逸文一卷。孫星衍輯。六韜逸文一卷。孫同元輯。六韜一卷。孫奭輯。太公兵法逸文一卷，武侯八陣心法輯略一卷。汪宗沂輯。別本司馬法一卷。張澍輯。

法家類

欽頒州縣事宜一卷。田文鏡撰。删定管子一卷。方苞撰。管子校正二十四卷。戴望撰。管子義證八卷。洪頤煊撰。弟子職集解一卷。莊述祖撰。弟子職箋釋一卷。洪亮吉撰。弟子職集注一卷。任文田撰。弟子職注一卷。孫同元撰。弟子職正音一卷。許瀚撰。弟子職音誼一卷。鍾廣撰。弟子職正音一卷。王筠撰。管子地員篇注四卷。王紹蘭撰。商君書新校正五卷。嚴萬里撰。韓非子識誤三卷。顧廣圻撰。韓非子校正一卷。盧文弨撰。韓非子集解二十卷。王先愼撰。疑獄集箋四卷。陳芳生撰。洗冤錄詳義四卷，摭遺二卷。許槤、葛元煦撰。洗冤錄集證四卷。王又槐撰。洗冤錄辨正一卷。瞿中溶撰。洗冤錄集解一卷。姚德豫撰。洗冤錄證四卷。剛毅撰。巡城條約一卷，風憲禁約一卷。魏裔介撰。提牢備考四卷。趙舒翹撰。審看擬式六卷。剛毅撰。爽鳩要錄二卷。蔣超伯撰。牧令書輯要十卷。徐致初撰。筮仕金鑑二卷。邵嗣宗撰。學治臆說二卷，續說一卷，說贅一卷，佐治藥言一卷，續一卷。汪輝祖撰。學治一得錄一卷。何耿繩撰。學治偶存八卷。陸維祺撰。吏治懸鏡一卷。徐文弼撰。續刑法敍略一卷。譚瑄撰。讀律佩觿一卷。王明德撰。讀律琯朗一卷。梁他山撰。讀律提綱一卷。楊榮緒撰。讀律心得三卷。劉衡撰。明刑管見錄一卷。穆翰撰。明刑弼敎錄六卷。王祖源撰。折獄卮言一卷。陳士鑛撰。辨案要略一卷。王又槐撰。檢驗合參一卷。郎錦麒撰。幕學舉要一卷。萬維翰撰。未信編六卷。潘杓燦撰。蕭曹隨筆四卷。不著撰人氏名。治山經律劄記一卷。朱廷勛撰。守禾日記六卷。盧崇興撰。天台治略八卷。戴兆佳撰。問心一隅二卷。何秋濤撰。寄簃文存八卷，二編二卷。沈家本撰。

宋鄭克折獄龜鑑八卷。乾隆時敕輯。周申不害申子一卷，漢晁錯新書一卷，漢崔寔政論一卷，魏劉廙部論一卷，魏阮武政論一卷，魏桓範世要論一卷，吳陳融要言一卷。以上馬國翰輯。李悝法經一卷。黃奭輯。

農家類

授時通考七十八卷。乾隆二年，鄂爾泰等奉敕撰。授衣廣訓二卷。嘉慶十三年，董誥等奉敕撰。補農書二卷。張履祥撰。梭山農譜三卷。劉應棠撰。恆產瑣言一卷。張英撰。寶訓八卷。郝懿行撰。農業易知錄三卷。鄭之任撰。澤農要錄六卷。吳邦慶撰。增訂教稼書四卷。盛百二撰。農雅六卷。倪倬撰。農候雜占四卷。梁章鉅撰。農圃備覽一卷。丁宜曾撰。區田書一卷。王心敬撰。區種五種五卷，附錄一卷。趙夢齡撰。江南催耕課稻篇不分卷。李彥章撰。豳風廣義三卷。楊屾撰。蠶桑萃編十五卷。衞杰撰。種桑說三卷，附飼蠶詩一卷。周凱撰。蠶桑說一卷。沈練撰。蠶桑簡編一卷。楊名颺撰。廣蠶桑說輯要二卷。仲學輅撰。廣蠶桑說輯補一卷。宗源瀚撰。桑志十卷。李聿修撰。湖蠶述四卷。汪曰楨撰。橡繭圖說二卷。劉祖震撰。樗繭譜一卷。鄭珍撰。木棉譜一卷。褚華撰。種苧蔴法一卷。李厚裕撰。廣種柏樹興利除害條陳一卷。徐紹基撰。野菜贊一卷。顧景崇撰。撫郡農產考略二卷。何剛德撰。

元官撰農桑輯要七卷，元魯明善農桑衣食撮要二卷，元王禎農書二十二卷。以上乾隆時敕輯。神農書一卷，野老書一卷，周范蠡范子計然三卷，養魚經一卷，漢尹都尉書一卷，漢氾勝之書一卷，漢蔡癸書一卷，漢卜式養羊法一卷，唐郭橐駝種樹書一卷。以上馬國翰輯。范子計然一卷。黃奭輯。

醫家類

御定醫宗金鑑九十卷。乾隆十四年，鄂爾泰等奉敕撰。素問直解九卷。高世栻撰。素問集注九卷。張志聰撰。素問懸解十三卷。黃元御撰。素問釋義十卷。張琦撰。素問校義一卷。胡澍撰。內經知要二卷。李念莪撰。內經運氣病釋九卷，內經運氣表一卷，內經難字一卷。陸懋修撰。靈樞經集注九卷。張志聰撰。靈樞懸解九卷。黃元御撰。素問靈樞類纂九卷。汪昂撰。靈樞素問淺注十二卷。陳念祖撰。難經懸解二卷。黃元御撰。難經經釋二卷。徐大椿撰。金匱玉函經注二十二卷。張揚俊撰。金匱要略方論本義二十二卷。魏荔彤撰。金匱要略論注二十四卷。徐彬撰。金匱懸解二十二卷。黃元御撰。金匱要略淺注十卷，金匱方歌括六卷。陳念祖撰。金匱心典三卷。尤怡撰。傷寒論注六卷。張志聰撰。傷寒懸解十五卷，傷寒說意十一卷。黃元御撰。傷寒論注四卷，一名傷寒來蘇集。傷寒論翼附翼四卷。柯琴撰。傷寒論注六卷，傷寒論附錄二卷，傷寒例新注一卷，讀傷寒論心法一卷。王丙撰。傷寒論綱目十六卷。沈金鼇撰。傷寒分經十卷。吳儀洛撰。傷寒論條辨續注十二卷。鄭重光撰。傷寒論淺注六卷，長沙方歌括六卷，傷寒醫訣串解六卷，傷寒眞方歌括六卷。陳念祖撰。傷寒論陽明病釋四卷。陸懋修撰。傷寒卒病論讀不分卷。沈又彭撰。傷寒集注十卷，附錄五卷，傷寒六經定法一卷。舒詔撰。傷寒論後條辨十五卷。程應旄撰。傷寒纘論二卷，傷寒緒論二卷。張璐撰。傷寒類方一卷。徐大椿撰。傷寒論補注一卷。顧觀光撰。傷寒辨證廣注十四卷，中寒論辨證廣注三卷。汪琥撰。傷寒舌鑑一卷。張登撰。傷寒兼證析義一卷。張倬撰。傷寒貫珠集八卷。尤怡撰。傷寒審證表一卷。包誠撰。傷寒大白論四卷。秦之楨撰。長沙藥解四卷。黃元御撰。聖濟總錄纂要二十六卷。程林撰。四聖心源十卷，四聖懸樞四卷，素靈微蘊四卷。黃元御撰。尙論篇四卷，後篇四卷，傷寒答問一卷，醫門法律六卷，寓意草一卷，生民切要二卷。喻昌撰。醫學眞傳一卷。高世栻撰。診家正眼二卷，病機沙篆二卷。李中梓撰。診宗三昧一卷。張璐撰。四診抉微八卷。林之翰撰。證治大還四十卷。陳治撰。馬師津梁八卷。馬元儀撰。醫笈寶鑑十卷。董西園撰。蘭臺軌範八卷，醫學源流論二卷，醫貫砭二卷。徐大椿撰。醫林纂要十卷。汪紱撰。醫學從衆錄八卷，醫學實在易八卷。陳念祖撰。醫學舉要六卷。徐鏞撰。醫門棒喝四卷，二集九卷。章楠撰。救偏瑣言十卷。費啓泰撰。侶山堂類辨一卷。張志聰撰。名醫彙粹八卷。羅美撰。辨證錄十四卷。陳士鐸撰。病機彙論十八卷。沈朗山撰。醫學讀書記三卷，續一卷。尤怡撰。續名醫類案六十卷。魏之琇撰。醫林集腋十六卷。趙學敏撰。醫學彙纂指南八卷。端木縉撰。醫理信述六卷。夏子俊撰。醫經原旨六卷。薛雪撰。醫津筏一卷。江之蘭撰。醫醇賸義四卷。費伯雄撰。張氏醫通十六卷。張璐撰。李氏醫鑑十卷，續補二卷。李文來撰。洄溪醫案一卷。徐大椿撰。王氏醫案五卷。王士雄撰。康齋醫案偶存一卷。陳其晉撰。錢氏醫略四卷。錢一桂撰。燮臣醫學十卷。屠通和撰。世補齋醫書十六卷。陸懋修撰。李翁醫記三卷。焦循撰。柳州醫話一卷。魏之琇撰。冷廬醫話五卷。陸以湉撰。潛齋醫話一卷。王士雄撰。神農本草百種錄一卷。徐大椿撰。神農本草經讀四卷。陳念祖撰。本草述三十二卷。劉若金撰。得宜本草一卷。王子接撰。本草備要四卷。汪昂撰。本草崇原三卷。高世栻、張志聰撰。本草通原二卷。李中梓撰。本草綱目藥品藥目一卷。蔡烈先編。圖三卷。許燮年繪。本草萬方鍼綫八卷。蔡烈先撰。本草話二十二卷，本草綱目拾遺十卷，藥性元解四卷，花藥小名錄四卷，奇藥備考六卷。趙學敏撰。本草綱目求眞十一卷。黃宮繡撰。本草滙纂十卷。屠通和撰。本經逢原四卷。張璐撰。本經疏證十二卷，續疏六卷，本經序疏要八卷。鄒澍撰。藥性歌括一卷。汪昂撰。玉楸藥解四卷。黃元御撰。要藥分劑十卷。沈金鼇撰。藥性賦音釋一卷。金芊華撰。古方考四卷。龍柏撰。名醫方論三卷。羅美撰。程氏易簡方論六卷。程履新撰。絳雪園古方選注三卷。王子接撰。醫方集解二十三卷，湯頭歌括一卷。汪昂撰。臨證指南醫案十卷。葉桂撰。養素園傳信方六卷。趙學敏撰。洄溪祕方一卷。徐大椿撰。成方切用十四卷。吳儀洛撰。得心錄一卷。李文淵撰。時方妙用四卷，時方歌括二卷，景岳新方砭四卷，十藥神書注解一卷。陳念祖撰。四科簡效方十卷。王士雄撰。集驗良方六卷。年希堯撰。便易經驗集三卷。毛世洪撰。良方集腋二卷，良方合璧二卷。謝元慶編。醫方易簡十卷。龔月川撰。行軍方便方三卷。羅世瑤撰。平易方三卷。葉香侶撰。萬選方一卷。金楙撰。急救良方一卷。余成甫撰。世補齋不謝方一卷。陸懋修撰。運氣精微二卷。薛鳳祚撰。時節气候決病法一卷。王丙撰。升降祕要二卷。趙學敏撰。經絡歌括一卷。汪昂撰。脈訣彙辨十卷。李延是撰。脈理求眞一卷。黃宮繡撰。釋骨一卷。沈彤撰。雜病源流三十卷。沈金鼇撰。溫證語錄一卷。喻昌撰。廣溫熱論五卷。戴天章撰。溫熱論一卷。薛雪撰。瘟疫傳症彙編二十卷。熊立品撰。溫疫條辨摘要一卷。呂田撰。松峯說疫六卷。劉奎撰。溫熱經緯五卷。王士雄撰。溫症瘢痧辨證一卷。許汝楫撰。痧脹玉衡書三卷，後書三卷。郭志邃撰。治瘧痢方一卷。倪涵初撰。痢疾論四卷。孔毓禮撰。痧法備旨一卷。歐陽調律撰。霍亂論二卷。陳念祖撰。霍亂論二卷。王士雄撰。弔脚痧方論一卷。徐子默撰。喉科祕鑰二卷。許佐廷撰。爛喉痧輯要一卷。金德鑑撰。時疫白喉捷要一卷。張紹修撰。血症經驗良方一卷。潘爲縉撰。傅青主男科二卷，女科二卷，產後編二卷。傅山撰。濟陰綱目十四卷。武之望撰，汪淇箋。女科要旨四卷。陳念祖撰。寧坤寶笈二卷，附一卷。釋月田撰。女科輯要八卷。周紀常撰。婦科玉尺六卷。沈金鼇撰。女科經論八卷。蕭壎撰。產科心法二卷。江喆撰。產孕集二卷。張曜孫撰。胎產護生編一卷。李長科撰。達生編一卷。亟齋居士撰。保生碎事一卷。汪淇撰。幼科鐵鏡六卷。夏鼎撰。雅愛堂痘疹驗方一卷。邵嗣堯撰。馮氏錦囊祕錄雜症大小合參二十卷，痘疹全集十五卷，雜症痘疹藥性合參十二卷。馮兆張撰。痘疹不求人方論一卷。朱隆撰。疹痘集解六卷。俞茂鯤撰。保童濟世論一卷。陳含章撰。痘證寶筏六卷。强健撰。莊氏慈幼二書二卷。莊一夔撰。幼科釋謎六卷。沈金鼇撰。幼幼集成六卷。陳復成撰。天花精言六卷。袁旬撰。牛痘要法一卷。蔣致遠撰。外科正宗評十二卷。徐大椿撰。外科證治全生一卷。王維德撰。治疔彙要三卷。過鑄撰。一草亭目科全書一卷。鄧苑撰。眼科方一卷。葉桂撰。治蠱新方一卷。路順德撰。理瀹駢文二卷。吳尙先撰。串雅八卷，祝由錄驗四卷。趙學敏撰。藥症宜忌一卷。陳澈撰。醫學三字經四卷。陳念祖撰。愼疾芻言一卷。徐大椿撰。勿藥須知一卷。尤乘撰。攝生閒覽四卷。趙學敏撰。醫故二卷。鄭文焯撰。

不知時代撰人顱顖經二卷，宋王袞博濟方五卷，宋沈括蘇沈良方八卷，宋董汲脚氣治法總要二卷、旅舍備要方一卷，宋韓祇傷寒微旨二卷，宋王貺全生指迷方四卷，宋夏德衞生十全方三卷、奇疾方一卷，東軒居士衞濟寶書二卷，不知撰人太醫局程文九卷，產育寶慶方二卷，宋李迅集驗背疽方一卷，宋嚴用和濟生方八卷，不知撰人產寶諸方一卷，救急仙方六卷，元沙圖穆蘇瑞竹堂經驗方五卷。以上乾隆時敕輯。神農本草經三卷。孫星衍、孫馮翼同輯。神農本草經三卷。顧觀光輯。

天文算法類

曆象考成四十二卷。康熙五十二年，聖祖御撰。曆象考成後編十卷。乾隆二年敕撰。儀象考成三十二卷。乾隆九年，戴進賢等奉敕撰。儀象考成續編三十二卷。道光二十四年，敬徵等奉敕撰。律曆淵源一百卷。雍正元年，世宗御定。萬年書不分卷。道光時奉敕撰。歷代三元甲子編年三卷。道光時奉敕撰。天經或問前集一卷，後集一卷。游藝撰。天步眞原一卷，天學會通一卷。薛鳳祚撰。天元曆理大全十二卷。徐發撰。天文考異一卷。徐文靖撰。續天文略一卷。戴震撰。天學入門一卷。徐朝俊撰。圜天圖說三卷，續編二卷。李明徵撰。天學問答二卷。梅啓照撰。天算或問一卷。李善蘭撰。測天約術一卷。陳昌齊撰。曉庵新法六卷，曉庵雜著一卷，曆法表三卷。王錫闡撰。曆學會通正集十二卷，考驗部二十八卷，致用部十六卷。薛鳳祚撰。曆學疑問三卷，疑問補二卷，曆學駢枝四卷，曆學答問一卷，交會管見一卷，交食蒙求三卷，七政細草補注一卷，平立定三差解一卷。梅文鼎撰。平立定三差詳說一卷。梅瑴成撰。曆象本要一卷。李光地撰。曆法記疑一卷。王元啓撰。推步法解五卷，曆學補論一卷，歲實消長辨一卷，恆氣注曆辨一卷，中西合法擬草一卷，七政衍一卷。江永撰。八綫測表圖說一卷。余熙撰。古今歲實考校補一卷，古今朔實考校補一卷。黃汝成撰。交食圖說舉隅一卷，推算日食增廣新術二卷。羅士琳撰。表算日食三差一卷，朔食九服里差三卷，强弱率通考一卷，古今積年解源二卷。徐有壬撰。日法朔餘强弱考一卷。李銳撰。凌犯新術三卷。司徒棟、杜熙齡同撰。交食細草三卷。張作楠撰。尺算日晷新義二卷。劉衡撰。推步簡法三卷。顧觀光撰。推步迪蒙記一卷。成孺撰。推步惟是四卷。安清翹撰。古今推步諸術考二卷，太歲超辰表一卷，疑年表一卷。汪曰楨撰。躔離引蒙一卷，交食引蒙一卷。賈步緯撰。交食捷算四卷，五緯捷術四卷。黃炳垕撰。五星行度解一卷。王錫闡撰。中星譜一卷。胡亶撰。五星紀要一卷，火星本法一卷。梅文鼎撰。中西經星異同考一卷，南極諸星考一卷。梅文鼐撰。金水發微一卷。江永撰。中星表一卷。徐朝俊撰。恆星說一卷。江聲撰。歲星表一卷。朱駿聲撰。恆星餘論一卷。張星江撰。中星全表三卷。劉文瀾撰。星土釋三卷。李林松撰。恆星圖表一卷。賈步緯撰。新測恆星圖表一卷，中星圖表一卷，更漏中星表三卷，金華晷漏中星表二卷。張作楠撰。句陳晷度一卷，廿星距度一卷，日星測時表二卷。余煌撰。赤道南北恆星圖一卷。鄒伯奇撰。赤道經緯恆星圖一卷。六嚴撰。黃道經緯恆星圖一卷。戴進賢撰。北極經緯度分表一卷。齊彥槐撰。北極高度表一卷。劉茂吉撰。冬至考一卷。梅文鼎撰。冬至權度一卷。江永撰。全史日至源流三十三卷。許伯政撰。璿璣遺述七卷。揭暄撰。三政考一卷。吳鼐撰。顓頊曆考二卷。鄒漢勛撰。顓頊新術一卷，夏殷曆章蔀合表一卷，周初年月日歲星表一卷。姚文田撰。漢太初曆考一卷。成孺撰。三統術衍三卷，術鈐三卷。錢大昕撰。三統術衍補一卷。董佑誠撰。三統術詳說三卷。陳澧撰。漢三統術注三卷，漢四分術注三卷，漢乾象術注二卷，補修宋奉元術幷注一卷，補修宋占天術並注一卷。李銳撰。麟德術解三卷。李善蘭撰。大統曆法啓蒙一卷。王錫闡撰。大統書志十七卷。梅文鼎撰。六曆通考一卷，回回曆解一卷。顧觀光撰。歷代長術輯要十卷。汪曰楨撰。古術今測八卷，附考二卷。梁僧寶撰。萬青樓圖編十六卷。邵昂霄撰。揆日候星紀要一卷，歲周地度合考一卷，諸方日軌高度表一卷。梅文鼎撰。揆日正方圖表一卷。徐朝俊撰。地球圖說補一卷。焦循撰。地圓說一卷。焦廷琥撰。二儀銘補注一卷。梅文鼎撰。授時術解六卷。黃鉞撰。測地志要四卷。黃炳垕撰。輿地經緯度里表一卷。丁取忠撰。

元趙友欽原本革象新書五卷。乾隆時敕輯。黃帝泰階六符經一卷，不知撰人五殘雜變星書一卷，漢張衡靈憲一卷，軍儀一卷，吳姚信昕天論一卷，晉虞喜安天論一卷。以上馬國翰輯。

以上天文算法類推步之屬

數理精蘊五十三卷。康熙十三年，聖祖御撰。周髀算經圖注一卷。吳烺撰。周髀算經校勘記一卷。顧觀光撰。周髀算經述一卷，算略一卷。馮經撰。方田通法一卷，方程論六卷，句股舉隅一卷，句股闡微四卷。梅文鼎撰。句股引蒙五卷，句股述二卷。陳訏撰。句股矩測解原二卷。黃百家撰。句股正義一卷。楊作枚撰。句股割圜記三卷。戴震撰。句股容三事拾遺三卷，附例一卷。羅士琳撰。句股淺術一卷。梅沖撰。句股尺測量新法一卷。劉衡撰。句股六術一卷。項名達撰。句股截積算術二卷。羅士琳撰。句股圖解四卷。焦騰鳳撰。少廣拾遺一卷。梅文鼎撰。少廣補遺一卷。陳世仁撰。少廣正負術內外篇六卷。孔廣森撰。少廣縋鑿一卷。夏鸞翔撰。開方補記六卷，求一算術一卷，附通論一卷。張敦仁撰。開方釋例四卷，游藝錄二卷。駱騰鳳撰。開方之分還原術一卷。宋景昌撰。開諸乘方捷術一卷。項名達撰。方程新術細草一卷。李銳撰。方程術一卷，句股術一卷，句股目錄一卷，句股細草一卷，散根方釋例一卷。吳嘉善撰。方田通法補例六卷。張作楠撰。海島算經細草圖說一卷。李潢撰。海島算經緯筆一卷。李鏐撰。五經算術考證一卷。戴震撰。緝古算經考注二卷。李潢撰。校緝古算經一卷，圖解一卷，細草一卷，音義一卷。陳杰撰。緝古算經細草三卷。張敦仁撰。緝古算經圖草四卷。揭庭鏘撰。緝古算經補注一卷。劉衡撰。九章錄要十二卷。屠文漪撰。九章算術細草圖說九卷。李潢撰。天元一術圖說一卷。葉棠撰。天元一術一卷，天元名式釋例一卷，天元一草一卷，天元問答一卷。吳嘉善撰。天元一釋二卷。焦循撰。天元句股細草一卷，測圓海鏡細草十二卷。李銳撰。測圓海鏡法筭·卷。李鏐撰。校正算學啓蒙三卷。羅士琳撰。算學啓蒙通釋三卷。徐鳳誥撰。四元玉鑑細草二十四卷，附一卷，增一卷，四元釋例二卷。羅士琳撰。四元玉鑑省筆一卷。李鏐撰。四元算式一卷。徐有壬撰。四元解二卷。李善蘭撰。四元名式釋例一卷，四元草一卷。吳嘉善撰。四元術贅一卷。方克猷撰。弧矢啓秘二卷。李善蘭撰。弧矢算術補一卷。羅士琳撰。弧矢算術細草圖解一卷。李銳草，馮桂芬圖解。幾何補編五卷，幾何通解一卷。梅文鼎撰。幾何論約七卷。杜知耕撰。幾何易簡集三卷。李子金撰。幾何舉隅六卷。鄭毓英譯。新譯幾何原本十三卷，續補二卷，代微積拾級十八卷，曲綫說一卷。李善蘭譯。增刪算法統宗十一卷。梅瑴成撰。割圜密率捷法四卷。明安圖撰。校正割圜密率捷法四卷。羅士琳撰。莊氏算學八卷。莊亨陽撰。數學鑰六卷。杜知耕撰。筆法便覽五卷。紀大奎撰。算牘一卷。江永撰。九數通考十三卷。屈曾發撰。衡齋算學七卷。汪萊撰。算牖四卷，宣西通三卷。許桂林撰。算迪八卷。何夢瑤撰。學强恕齋筆算十卷。梅啓照撰。算學發蒙五卷。潘逢禧撰。九藝算解一卷，九數外錄一卷，算牘初編一卷，續編一卷，餘稿二卷。顧觀光撰。古算演略一卷，古算器考一卷，筆算五卷，籌算七卷。梅文鼎撰。百鷄術演二卷。時曰醇撰。珠算入門一卷。張豸冠撰。算術問答一卷。錢大昕撰。學計一得二卷。鄒伯奇撰。西算新法直解八卷。馮桂芬、陳暘同撰。平三角舉要五卷，弧三角舉要五卷，環中黍尺六卷，塹堵測量二卷，方圓冪積一卷，割圜八綫表一卷，度算釋例二卷。梅文鼎撰。數度衍二十四卷。方中通撰。測算刀圭三卷，視學二卷，面體比例便覽一卷，對數

表一卷。年希堯撰。同度記一卷。孔繼涵撰。正弧三角疏義一卷。江永撰。弧角簡法四卷。余煌撰。象數一原六卷。項名達撰。加減乘除釋八卷，釋弧三卷，釋輪二卷，釋橢一卷，開方通釋一卷。焦循撰。矩綫原本四卷，一綫表用六卷。安清翹撰。三角和較算例一卷，演元九式一卷，臺錐積演一卷，比例會通四卷，綴術輯補一卷，增廣新術二卷。羅士琳撰。洞方術圖解二卷，致曲術一卷，致曲術圖解一卷，萬象一原九卷。夏鸞翔撰。平三角平視法一卷。陳澧撰。格術補一卷，對數尺記一卷，乘方捷術三卷。鄒伯奇撰。外切密率四卷，假數測圓二卷，對數簡法二卷，續對數簡法一卷。戴煦撰。弧田問率一卷，演元要義一卷，直積回求一卷。謝家禾撰。量倉通法校筆一卷，算學奇題削筆一卷。李鏐撰。量倉通法五卷，倉田通法續編三卷，八綫類編三卷，八綫對數類編二卷，八綫對數表一卷，弧角設如三卷，高弧細草一卷。張作楠撰。弧三角舉隅一卷。江臨泰撰。籌表開諸乘方捷法二卷，借根方淺說一卷，四率淺說一卷。劉衡撰。割圜連比例術圖解三卷，橢圓求周術一卷，堆垜求積術一卷，斜弧三邊求角補術一卷。董祐誠撰。測圓密率三卷，堆垜測圜一卷，垜積招差一卷，橢圓正術一卷，截球解義一卷，弧三角拾遺一卷，圜率通考一卷，橢圓求周術一卷，割圜八綫綴術四卷，造各表簡法一卷。徐有壬撰。方圓闡幽一卷，對數探源二卷，垜積比類四卷，橢圓正術解二卷，橢圓新術一卷，橢圓拾遺三卷，尖錐變法釋一卷，級數回求一卷。李善蘭撰。綴術釋明二卷，綴術釋戴一卷。左潛撰。圜

率考眞圖解一卷。曾紀鴻、左潛、黃宗憲同撰。求一術通解二卷。左潛、黃宗憲同撰。客圓七術三卷，曲面容方一卷。黃宗憲撰。開方用表簡術一卷。程之驥撰。弧角拾遺一卷，開方表一卷。賈步緯撰。對數詳解五卷。曾紀鴻、丁取忠同撰。對數四問一卷。劉彝程撰。八綫對數表一卷，對數詳解一卷，數學拾遺一卷。丁取忠撰。借根方句股細草一卷。李錫蕃撰。粟米演草二卷，補一卷。第一卷，丁取忠、左潛、曾紀鴻、吳嘉善、李善蘭同撰；第二卷，鄒伯奇、丁取忠、左潛同撰；補卷，丁取忠撰。筆算一卷，今有術一卷，分法一卷，開方釋一卷，立方立圓術一卷，平方術一卷，平圓術一卷，平三角術一卷，弧三角術一卷，測量術一卷，差分術一卷，盈朒術一卷，割圜八綫綴術一卷，方程天元合釋一卷。吳嘉善撰。西算初階一卷，算法須知一卷，開方別術一卷，數根術解一卷，開方古義一卷，積較術三卷，算草叢存四卷，學算筆談六卷。華蘅芳撰。尖錐曲綫學一卷，八綫法術一卷，諸乘差對數說一卷。方克猷撰。

不知時代、撰人九章算術九卷，孫子算經三卷，晉劉徽海島算經一卷，不知撰人五曹算經五卷，夏侯陽算經三卷，北周甄鸞五經算術五卷，宋秦九韶數學九章十八卷，元李冶益古演段二卷。以上乾隆時敕輯。

以上天文算法類算書之屬

術數類

易林釋文一卷。丁晏撰。易林校略十六卷。翟云升撰。太玄解一卷。焦袁熹撰。太玄別訓五卷。劉斯組撰。太玄經補注四卷。孫澍撰。太玄闡秘十卷。陳本禮撰。太玄後知六卷。許桂林撰。潛虛解一卷。焦袁熹撰。潛虛述義三卷。蘇木天撰。皇極經世書解十四卷。王植撰。皇極數鈔二卷。陶成撰。皇極經世緒言九卷。黃泉泰、包耀同撰。皇極經世易知八卷。何夢瑤撰。洪範補注五卷。潘士權撰。洪範圖說四卷。舒俊鯤撰。衍範二卷。顧昌祚撰。數書探賾不分卷，數書索隱五卷，數書致遠二卷。不著撰人氏名。濬元十六卷。張必剛撰。河洛理數便覽一卷。紀大奎撰。

宋張行成皇極經世索隱二卷，宋丁易大衍索隱三卷。乾隆時敕輯。

以上術數類數學之屬

天文大成管窺輯要八十卷。黃鼎撰。推測易知四卷。陳松撰。請雨經一卷。紀大奎撰。校正開元占經九藝術一卷。徐有壬撰。

以上術數類占候之屬

葬經箋注一卷。吳元音撰。撼龍經校補十二卷，疑龍經校補三卷。楊錫勳撰。撼龍經注二卷。李文田撰。天玉經注七卷，天玉經說七卷。黃越撰。青囊天玉通義五卷。張惠言撰。楊氏地理元文注四卷，附周易葬說一卷。端木國瑚撰。地理大成三十六卷。葉九升撰。山法全書十九卷，平陽全書十五卷。葉泰撰。地理辨直正解五卷，地理存眞一卷，地理古鏡歌一卷，歸厚錄一卷。蔣大鴻撰。地理末學六卷，水法要訣五卷。紀大奎撰。羅經解定七卷。胡國楨撰。青囊解惑四卷。汪沆撰。地理述八卷。陳詵撰。地理旨宗二卷。程永芳撰。地理或問二卷。陸應穀撰。堪輿洩秘六卷。熊起磻撰。陽宅大成十五卷。魏青江撰。陽宅撮要二卷。吳鼒撰。陽宅闢謬一卷。原題梅漪老人撰。風水袪惑一卷。丁芮樸撰。五種秘竅十七卷。甘時望撰。定穴立向開門放水墳宅便覽要訣四卷。梅自實撰。靈城秘旨一卷。余楙撰。

以上術數類相宅相墓之屬

卜法詳考四卷。胡煦撰。易冒十卷。程良玉撰。風角書八卷。張爾岐撰。三才世緯一百卷。不著撰人氏名。景祐六壬神定經一卷。楊維德撰。六壬指南五卷。程起鸞撰。六壬經緯六卷。毛志道撰。六壬課經集四卷。郭載騋撰。六壬類敍四卷。紀大奎撰。大六壬尋源四卷。張純照撰。奇門一得二卷。甘時望撰。奇門闡秘六卷。羅世瑤撰。奇門金章一卷。不著撰人氏名。

以上術數類占卜之屬

太乙照神經三卷，經驗二卷。劉學會撰。子平言四卷。沈志言撰。命盤圖說三卷。陶胥來撰。中西星命叢說一卷。溫葆深撰。五星聚腋十卷，續編一卷。廖冀亨撰。

舊題周老子月波洞中記二卷，周鬼谷子命書唐李虛中注三卷，晉郭璞玉照定眞經張顒注一卷，南唐宋齊丘玉管照神局三卷，後周王朴太清神鑑六卷，宋徐子平徐氏珞琭子賦注二卷，宋岳珂注三命指迷賦一卷，遼耶律純星命總括三卷，金張行簡人倫大統賦一卷。以上乾隆時敕輯。

以上術數類相書命書之屬

星曆考原六卷。康熙五十二年，李光地等奉敕輯。協紀辨方書三十六卷。乾隆四年，莊親王允祿等奉敕撰。選擇曆書十卷。康熙二十三年，欽天監奉敕撰。禽遁七元成局書十四卷。汪漢謀撰。永寧通書十二卷。王維德撰。選擇天鏡三卷。任端書、熊鎮遠同撰。諏吉便覽二卷。俞榮寬撰。諏吉彙纂六卷。梅壽門撰。擇吉禽要四卷。姚承恩撰。陳子性藏書十二卷。陳應選撰。出行寶鏡一卷。不著撰人氏名。

以上術數類陰陽五行之屬

字觸六卷。周亮工撰。梧玟經一卷。吳嶼撰。夢書一卷。閨秀王照圓撰。紀夢編年一卷。釋成鷺撰。

以上術數類雜技之屬

藝術類

佩文齋書畫譜一百卷。康熙四十七年，孫岳頒奉敕撰。石渠寶笈四十四卷，秘殿珠林二十四卷。乾隆九年，張照等奉敕撰。六藝之一錄四百六卷，續編十二卷。倪濤撰。隸八分辨一卷。方輔撰。楷法溯源十二卷。潘存撰。十七帖述一卷。王弘撰撰。草韻彙編二十六卷。陶南望撰。顏書編年錄四卷。黃本驥撰。飛白錄二卷。陸紹曾撰。書法正傳十卷。馮武撰。重校書法正傳不分卷。蔣和撰。鈍吟書要一卷。馮班撰。書法雅言一卷。項穆撰。書學彙編十卷。萬斯同撰。書學捷要二卷。朱履貞撰。漢溪書法通解八卷。戈守智撰。臨池心解一卷。朱和羹撰。臨池瑣語一卷。陳昌齊撰。龔安節書訣一卷。龔賢撰。書筏一卷。笪重光撰。評書帖一卷。梁巘撰。頻羅庵論書一卷。梁同書撰。藝舟雙楫九卷。包世臣撰。初月樓論書隨筆一卷。吳德旋撰。墨海人名錄十卷。童翼駒撰。國朝書人輯略十一卷。震鈞撰。玉臺書史一卷。厲鶚撰。讀畫錄四卷。周亮工撰。繢事備考八卷。王毓賢撰。重編圖繪寶鑑八卷。馮仙湜撰。月湖讀畫錄一卷。王槩撰。畫學鉤深一卷。汪曰楨撰。苦瓜和尚畫語錄一卷。釋道濟撰。畫訣一卷。龔賢撰。畫筌一卷。笪重光撰。題畫詩一卷，畫跋一卷。惲格撰。雨窗漫筆一卷。王原祁撰。東莊論畫一卷。王昱撰。指頭畫說一卷。高秉撰。石村畫訣一卷。孔衍栻撰。畫麈一卷。沈灝撰。繢事發微一卷。唐岱撰。小山畫譜二卷。鄒一桂撰。傳神秘要一卷。蔣驥撰。山靜居畫論二卷。方薰撰。松壺畫贅二卷，畫憶二卷。錢杜撰。國朝畫徵錄三卷，續錄二卷，圖畫精意識一卷，浦山論畫一卷。張庚撰。鄭板橋題畫一卷。鄭燮撰。二十四畫品一卷。黃鉞撰。山南論畫一卷。王學浩撰。畫學心印八卷，桐陰論畫三卷，續一卷，畫訣一卷。秦祖永撰。畫絮十卷。

戴熙撰。溪山臥游錄四卷。盛大士撰。絸園煙墨著錄一卷。徐堅撰。畫筌析覽一卷。湯貽汾撰。南宋院畫錄八卷。厲鶚撰。明畫錄八卷。徐沁撰。南薰殿圖象考二卷，國朝院畫錄二卷。胡敬撰。無聲詩史七卷。姜紹書撰。歷代畫家姓氏韻編七卷。顧仲清撰。宋元以來畫人姓氏錄三十六卷。魯峻撰。明畫姓氏彙編八卷。陳豫鍾撰。畫史彙傳七十二卷。彭蘊燦撰。歷代畫史彙傳附錄二卷。邱步洲撰。墨林今話十八卷，續編一卷。蔣寶齡撰。海虞畫苑略一卷，補遺一卷。魚翼撰。越畫見聞一卷。陶元藻撰。玉臺畫史五卷。閨秀湯漱玉撰。芥子園畫傳五卷。王安節撰。西清劄記四卷。胡敬撰。石渠隨筆八卷。阮元撰。庚子消夏記八卷。孫承澤撰。庚子消夏記校正一卷。何焯撰。江村消夏錄三卷。高士奇撰。書畫記六卷。吳其貞撰。式古堂書畫彙考六十卷。卞永譽撰。吳越所見書畫錄六卷。陸時化撰。大觀錄二十卷。吳升撰。鳴野山房書畫記三卷。沈啓濬撰。好古堂書畫記二卷。姚際恆撰。臥庵藏書畫目一卷。朱之赤撰。湘管齋寓賞編六卷。陳焯撰。烟雲過眼錄二十卷。周在浚撰。梁溪書畫徵一卷。嵇曾筠撰。墨緣彙觀四卷。原題松泉老人撰。寓意錄四卷。繆曰藻撰。辛丑消夏記八卷。吳榮光撰。嶽雪樓書畫錄五卷。孔廣鏞、孔廣陶同撰。聽颿樓書畫記五卷。潘正煒撰。夢園書畫錄二十五卷。方濬頤撰。紅豆樹館書畫記八卷。陶樑撰。須靜齋雲烟過眼錄一卷。潘世璜撰。玉雨堂書畫記四卷。韓泰華撰。過雲樓書畫記十卷。顧文彬撰。書畫鑑影二十四卷。李佐賢撰。穰梨館過眼錄四十卷，續錄十六卷。陸心源撰。瞶瞶齋書畫記四卷。謝誠鈞撰。甌鉢羅室書畫過目考四卷。李玉棻撰。諸家藏書畫簿十卷。李調元撰。砥齋題跋一卷。王弘撰撰。義門題跋一卷。何焯撰。湛園題跋一卷。姜宸英撰。麓臺題畫稿一卷。王原祁撰。隱綠軒題識一卷。陳奕禧撰。天瓶齋書畫題跋二卷。張照撰。半氈齋題跋二卷。江藩撰。汪文端題跋一卷。汪由敦撰。淸儀閣題跋四卷。張廷濟撰。儀顧堂題跋十六卷，續十六卷。陸心源撰。退庵金石書畫題跋二十卷。梁章鉅撰。大滌子題畫詩跋一卷。釋道濟撰。南田畫跋一卷。惲格撰。墨井題跋一卷。吳歷撰。畫梅題跋一卷。查禮撰。畫竹題記一卷，畫梅題記一卷，畫馬題記一卷，畫佛題記一卷，自寫眞題記一卷。金農撰。畫梅題記一卷。朱方藹撰。裝潢志一卷。周嘉冑撰。賞延素心錄一卷。周二學撰。

宋岳珂寶眞齋法書贊二十八卷，元李衎竹譜十卷，元鄭杓衍極十卷。以上乾隆時敕輯。

以上藝術類書畫之屬

印典八卷。朱象賢撰。續三十五舉一卷，再續三十五舉一卷，重定續三十五舉一卷。桂馥撰。再續三十五舉一卷。黃子高撰。續三十五舉一卷。余楙撰。再續三十五舉一卷。姚晏撰。篆刻鍼度八卷。陳克恕撰。說篆一卷。許容撰。六書緣起一卷，篆印發微一卷。孫光祖撰。古印考略一卷。夏一駒撰。印文考略一卷。鞠履厚撰。印章要論一卷。朱簡撰。敦好堂論印一卷。吳先聲撰。秋水園印說一卷。陳鍊撰。折肱錄一卷。周濟撰。摹印述一卷。陳澧撰。印人傳三卷。周亮工撰。飛鴻堂印人傳八卷。汪啓淑撰。紫泥法一卷。汪鎬京撰。

以上藝術類篆刻之屬

松風閣琴譜二卷，抒懷操一卷。程雄撰。操縵錄十卷。胡世安撰。溪山琴況一卷。徐谼撰。琴學心聲一卷。莊臻鳳撰。琴談二卷。程允基撰。琴學內篇一卷，外篇一卷。曹庭棟撰。立雪齋琴譜二卷。汪紱撰。與古齋琴譜四卷。祝鳳喈撰。以六正五之齋琴學秘譜六卷。孫寶撰。自遠堂琴譜十二卷。吳灴撰。琴學正聲六卷。沈琯撰。琴旨補正一卷。孫長源撰。琴譜合璧十八卷。何素繙譯。弦歌古樂譜一卷，簫譜一卷。任兆麟撰。操縵卮言一卷。梅穀成撰。

以上藝術類音樂之屬

奕妙一卷。梁魏今、程蘭如、施襄夏、范世勳撰。奕理指歸三卷。施襄夏撰。桃花泉棋譜二卷。范世勳撰。投壺考原一卷。丁晏撰。

以上藝術類雜技之屬

譜錄類

西清古鑑四十卷。乾隆十四年，梁詩正等奉敕撰。西清續鑑二十卷，附錄一卷。乾隆五十八年，王杰等奉敕撰。西清硯譜二十四卷。乾隆四十三年，于敏中等奉敕撰。焦山古鼎考一卷。王士祿撰。漢甘泉宮瓦記一卷。林佶撰。保母磚跋尾一卷。高士奇撰。宣爐歌注一卷。冒襄撰。紀聽松庵竹爐始末一卷。鄭炳泰撰。玉紀一卷。陳性撰。古玉圖錄一卷。瞿中溶撰。古玉圖考一卷。吳大澂撰。瓊琚譜三卷。姜紹書撰。怪石贊一卷。宋犖撰。觀石錄一卷。高兆撰。觀石後錄一卷。毛奇齡撰。石譜一卷。諸九鼎撰。怪石錄一卷。沈心撰。石畫記一卷。阮元撰。黃山松石譜一卷。閔麟嗣撰。水坑石記一卷。錢朝鼎撰。端溪硯史三卷。吳蘭修撰。說硯一卷。朱彝尊撰。硯錄一卷。曹溶撰。硯林一卷。余懷撰。硯小史四卷。朱棟撰。寶研堂硯辨一卷。何傳瑤撰。端溪硯譜記一卷。袁樹撰。淄硯錄一卷。盛百二撰。漫堂墨品一卷。宋犖撰。雪堂墨品一卷。張二熙撰。曹氏墨林二卷。曹素功撰。筆史一卷。梁同書撰。金粟箋說一卷。張燕昌撰。文房四譜四卷。倪濤撰。文房肆考圖說八卷。唐秉鈞撰。筆墨紙硯譜一卷。不著撰人氏名。浮梁陶政志一卷。吳允嘉撰。景德鎮陶錄四卷。藍浦撰。陶說六卷。朱琰撰。窯器說一卷。程哲撰。琉璃志一卷。孫廷銓撰。陽羨茗壺系二卷。吳騫撰。繡譜一卷。陳丁佩撰。杖扇新錄一卷。王廷鼎撰。川扇記一卷。謝鳴篁撰。羽扇譜一卷。張燕昌撰。湖船錄一卷。厲鶚撰。續湖船錄二卷。丁午撰。骨董說十二卷。李調元撰。

以上譜錄類器物之屬

續茶經三卷，附錄一卷。陸廷燦撰。茶史二卷。劉源長撰。茶史補一卷。余懷撰。岕茶彙鈔一卷。冒襄撰。洞山岕茶系一卷。周高起撰。飯有十二合說一卷。張英撰。酒部彙考十八卷。不著撰人氏名。酒社芻言一卷。黃周星撰。南村觴政一卷。張惣撰。醯略四卷。趙信撰。居常飮饌錄一卷。曹寅撰。豆區八友傳一卷。王蓍撰。養小錄一卷。顧仲撰。隨息居飲食譜七卷。王士雄撰。隨園食單一卷。袁枚撰。香乘二十八卷。周嘉胄撰。非煙香法一卷。董說撰。煙譜一卷。張燿撰。勇盧閒話一卷。趙之謙撰。

以上譜錄類食用之屬

廣羣芳譜一百卷。康熙四十七年，汪灝等奉敕撰。植物名實圖考三十八卷。吳其濬撰。尋花日記一卷。歸莊撰。倦圃蒔植記三卷。曹溶撰。北野抱瓮錄一卷。高士奇撰。花部農談一卷。焦循撰。種烏柏樹圖說一卷。吳壽康撰。竹譜一卷。陳鼎撰。蘭言一卷。冒襄撰。藝蘭四說一卷。杜文瀾撰。蘭蕙原說一卷。徐蘋湖撰。青在堂菊譜一卷。不著撰人氏名。菊說一卷。計楠撰。藝菊須知一卷。顧祿撰。藝菊志八卷。陸廷燦撰。東籬中正一卷。許兆熊撰。洋菊譜一卷。鄒一桂撰。亳州牡丹述一卷。鈕琇撰。曹州牡丹譜一卷。余鵬年撰。茶花譜三卷。不著撰人氏名。鳳仙譜一卷。趙學敏撰。徐園秋花譜一卷。吳儀一撰。箋卉一卷。吳崧撰。苔譜六卷。汪憲撰。嶺南荔支譜六卷。吳應逵撰。荔支譜一卷。陳鼎撰。荔譜一卷。陳寶國撰。賴園橘記一卷。譚瑩撰。檇李譜一卷。王逢辰撰。水密桃譜一卷。褚華撰。吳蕈譜一卷。吳崧撰。甘藷譜一卷。陸燿撰。參譜一卷。黃叔燦撰。人葠譜一卷。陸烜撰。龍經一卷。王晫撰。談虎一卷。趙彪詔撰。貓乘一卷。王初桐撰。貓苑一卷。黃漢撰。燕子春秋一卷。郝懿行撰。烏衣香牒四卷。陳邦彥撰。畫眉筆談一卷。陳均撰。鶺鴒譜一卷。陳石麟撰。異魚圖贊箋四卷，異魚圖贊補三卷，閏集一卷。胡世安撰。記海錯一卷。郝懿行撰。晴川蟹錄四卷，後蟹錄四卷。孫之騄撰。蛇說一卷。趙彪貽撰。春駒小譜二卷。陳邦彥撰。四蟲備覽二十三卷。倪廷㯋撰。蠕範八卷。李元撰。

以上譜錄類植物動物之屬

雜家類

墨子經說解二卷。張惠言撰。墨子注十五卷，目錄一卷。畢沅撰。墨子閒詁十五卷，目錄一卷，附錄、後語二卷。孫詒讓撰。呂子校補二卷。梁玉繩撰。呂子校補獻疑一卷。蔡雲撰。呂氏春秋正誤一卷。陳昌齊撰。呂氏春秋雜記十卷。徐時棟撰。淮南天文訓補注二卷。錢塘撰。淮南校勘記一卷。顧廣圻撰。淮南子補校一卷。劉台拱撰。淮南子正誤十二卷。陳昌齊撰。淮南子校勘記一卷。汪文臺撰。淮南許注異同詁六卷，補遺一卷。陶方琦撰。淮南天文訓存疑一卷。羅士琳撰。顏氏家訓補注七卷，補遺一卷，附錄一卷。趙曦明撰。息齋藏書十二卷。裴希度撰。激書二卷。賀貽孫撰。衡書三卷。唐大陶撰。格物問答三卷，螺峯說錄一卷，聖學眞語二卷。毛先舒撰。潛齋處語一卷，蒙訓一卷。楊慶撰。理學就正言十卷。祝文彥撰。聖學大成不分卷。孫鍾瑞撰。拳拳錄二卷，顏巷錄一卷，晚聞篇一卷。李夷燦撰。萬世太平書十卷。勞大與撰。龍巖子集十二卷。李丕則撰。唾居隨錄四卷。張貞生撰。圖書秘典一隅解一卷。張沐撰。五倫懿範八卷。不著撰人氏名。天方典禮擇要解二十卷。劉智撰。進善集不分卷。張天柱撰。方齋補莊不分卷。方正瑗撰。公餘筆記二卷。張文炳撰。茗西問答一卷。吳學孔撰。續箋山房集略十八卷。鄭道明撰。聖學逢源錄十八卷。金維嘉撰。聖門擇非錄五卷。毛奇齡撰。聖門辨誣一卷。皇甫焞撰。書林揚觶二卷，漢學商兌六卷。方東樹撰。

梁孝元帝金樓子六卷。乾隆時敕輯。許叔重淮南子注一卷。孫馮翼、蔣曰豫輯。淮南萬畢術一卷。丁晏輯。周由余書一卷，漢唐蒙博物記一卷，漢伏無忌伏侯古今注一卷，魏蔣濟蔣子萬機論一卷，魏杜恕篤論一卷，晉鄒氏鄒子一卷，吳諸葛恪諸葛子一卷，吳張儼默記一卷，吳裴玄裴氏新言一卷，吳劉廞新義一卷，吳秦菁秦子一卷，晉張顯析言論一卷、古今訓一卷，晉楊偉時務論一卷，晉郭義恭廣志二卷，晉陸機陸氏要覽一卷，宋范泰古今善言一卷，宋江邃文釋一卷，梁劉杳要雅一卷，沈約俗說一卷。以上馬國翰輯。

以上雜家類雜學之屬

宋王應麟困學紀聞注二十卷。翁元圻輯。困學蒙證六卷。宋薇卿撰。日知錄三十二卷，日知錄之餘四卷。顧炎武撰。日知錄集釋三十二卷，刊誤二卷，續刊誤二卷。黃汝成撰。識小錄一卷。王夫之撰。義府二卷。黃生撰。羣書疑辨十二卷。萬斯同撰。藝林彙考二十四卷。沈自南撰。潛丘劄記六卷。閻若璩撰。湛園札記四卷。姜宸英撰。白田雜著八卷，讀書記疑十六卷。王懋竑撰。義門讀書記五十八卷。何焯撰。樵香小記二卷。何琇撰。管城碩記三十卷。徐文靖撰。訂譌雜錄十卷。胡鳴玉撰。識小編二卷。董豐垣撰。修潔齋閒筆四卷。劉堅撰。天香樓偶得十卷。虞兆漋撰。陔餘叢考四十三卷。趙翼撰。言鯖二卷。呂種玉撰。事物考辨六十二卷。周象明撰。天祿識餘二卷。高士奇撰。畏壘筆記四卷。徐昂發撰。古今釋疑十八卷。方中履撰。螺江日記八卷，續記四卷。張文蟷撰。知新錄三十二卷。王棠撰。西圃蒙辨三十二卷。田同之編。經史問五卷。郭植撰。掌錄二卷。陳祖范撰。讀書記聞十卷。陳景雲撰。讀書筆記六卷，劄記四卷。尹會一撰。矩齋雜記一卷。施閏章撰。經傳釋義五十卷。陳煒撰。羣書札記十六卷。朱亦棟撰。松崖筆記三卷，九曜齋筆記三卷。惠棟撰。韓門綴學五卷，續編一卷，談書錄一卷。汪師韓撰。經史問答十卷。全祖望撰。南江劄記四卷。邵晉涵撰。羣書拾補三十七卷，鍾山札記四卷，龍城札記四卷。盧文弨撰。十駕齋養新錄二十卷，餘錄三卷，竹汀日記鈔三卷，恆言錄一卷，潛研堂答問十卷。錢大昕撰。蛾術編一百卷。王鳴盛撰。曉讀書齋雜錄初錄二卷，二錄二卷，三錄二卷，四錄二卷。洪亮吉撰。讀書雜志八十卷。王念孫撰。考古錄四卷。鍾褱撰。淸白士集二十八卷，瞥記七卷。梁玉繩撰。淸白士集校補四卷。蔡雲撰。庭立紀聞四卷。梁學昌撰。援鶉堂隨筆五十卷。姚範撰。溉亭述古錄二卷，邇言六卷。錢塘撰。目耕帖三十卷。馬國翰撰。曬書堂筆記二卷。郝懿行撰。讀書脞錄七卷，續編四卷。孫志祖撰。

惜抱軒筆記八卷。姚鼐撰。札樸十卷。桂馥撰。拜經日記十二卷。臧庸撰。大雲山房雜記一卷。惲敬撰。寄傲軒讀書隨筆十卷，續筆六卷，三筆六卷。沈赤然撰。柚堂筆談四卷，續筆談八卷。盛百二撰。南野堂筆記十二卷，續筆記五卷。吳文溥撰。筠軒讀書叢錄二十四卷，台州札記十二卷。洪頤煊撰。四寸學六卷。張雲璈撰。經史管窺六卷。蕭曇撰。邃雅堂學古錄七卷。姚文田撰。小學盦遺書四卷。錢馥撰。隨園隨筆二十八卷。袁枚撰。蠡勺編四十卷。淩揚藻撰。愈愚錄六卷。劉寶楠撰。合肥學舍札記十二卷。陸繼輅撰。通俗編三十八卷。翟灝撰。丙辰劄記一卷。章學誠撰。鄭堂札記五卷。周中孚撰。借閒隨筆一卷。汪遠孫撰。擢對八卷。許桂林撰。菉友蛾術編二卷，菉友叢說一卷。王筠撰。劉氏遺書八卷。劉台拱撰。讀書小記二卷。焦廷琥撰。古書拾遺四卷，開卷偶得十卷。林春溥撰。寶甓齋札記不分卷。趙坦撰。過庭錄十六卷。宋翔鳳撰。炳燭編四卷。李賡芸撰。讀書雜記一卷，隨筆一卷。周鎬撰。質疑刪存三卷。張宗泰撰。經史質疑錄二卷。張聰咸撰。潘瀾筆記一卷。彭兆蓀撰。寒秀草堂筆記四卷。姚衡撰。癡學八卷。黃本驥撰。經史答問四卷。朱駿聲撰。卍齋瑣錄十卷，讆林冗筆四卷，勸說四卷。李調元撰。讀書雜識十二卷。勞格撰。多識錄四卷。練恕撰。說緯二卷。王崧撰。癸巳類稿十五卷，癸巳存稿十五卷。俞正燮撰。斠補隅錄不分卷。蔣光煦撰。讀書隨筆一卷。吳德旋撰。落颿樓初稿四卷。沈垚撰。窺豹集二卷，南漘楛語八卷，麓澞薈錄十四卷，榕堂續錄四卷。蔣超伯撰。吳項儒遺書一卷。吳卓信撰。遜志齋雜鈔十卷。吳翌鳳撰。研六室雜著不分卷。胡培翬撰。蕙櫋雜記一卷。嚴元照撰。玉井山館筆記一卷。許宗衡撰。武陵山人雜著一卷。顧觀光撰。讀書偶識八卷。鄒漢勛撰。禮耕堂叢說一卷。施國祁撰。求闕齋讀書錄四卷，日記類鈔二卷。曾國藩撰。有不爲齋隨筆十卷。光律元撰。銅熨斗齋隨筆八卷，瑟榭叢談二卷，交翠軒筆記四卷。沈濤撰。鈕匪石日記一卷。鈕樹玉撰。讀書偶得一卷。吳養原撰。諸子平議三十五卷，兪樓雜纂五十卷，曲園雜纂五十卷，古書疑義舉例七卷，讀書餘錄二卷，湖樓筆談七卷，春在堂隨筆十卷，九九消夏錄十四卷。兪樾撰。讀書雜釋十四卷。徐鼒撰。羣書校補一百卷。陸心源撰。絅思堂答問一卷。成蓉鏡撰。無邪堂答問五卷。朱一新撰。學古堂日記不分卷。雷浚撰。思益堂日札二十卷。周壽昌撰。臨川答問一卷。劉壽曾撰。札迻十二卷。孫詒讓撰。舒藝室隨筆六卷，續筆一卷，餘筆三卷。張文虎撰。復堂日記八卷。譚獻撰。悔翁筆記六卷。汪士鐸撰。東父筆記一卷，雜記一卷。鄭杲撰。子通二十卷。周悅讓撰。東塾讀書記二十一卷。陳澧撰。雲山讀書記六卷，藻川堂談藝四卷。鄧繹撰。横陽札記十卷。吳承志撰。

唐蘇鶚蘇氏演義二卷，宋張淏雲谷雜記四卷，宋袁文甕牖閒評八卷，宋邢凱坦齋通編一卷，宋葉大慶考古質疑六卷，宋陳昉潁川語小二卷，不著撰人愛日齋叢鈔五卷。以上乾隆時敕輯。

以上雜家類雜考之屬

亭林雜錄一卷。顧炎武撰。俟解一卷，噩夢一卷，黃書一卷。王夫之撰。棗林雜俎不分卷。談遷撰。春明夢餘錄七十卷。孫承澤撰。書影十卷。周亮工撰。讀書偶然錄十二卷。程正揆撰。見聞記憶錄五卷。余國楨撰。冬夜箋記一卷。王崇簡撰。樗林三筆五卷。魏裔介撰。雕丘雜錄十八卷。梁清遠撰。居易錄三十四卷，池北偶談二十六卷，香祖筆記十二卷，古夫于亭雜錄六卷，分甘餘話四卷。王士禛撰。蒿菴閒話二卷。張爾岐撰。聽潮居存業十卷。原良撰。匡林二卷。毛先舒撰。庸言錄不分卷。姚際恆撰。筠廊偶筆二卷，二筆二卷。宋犖撰。廣陽雜記五卷。劉獻廷撰。山志六卷。王弘撰撰。尙論持平二卷，析疑待正二卷，事文標異一卷。陸次雲撰。在園雜志四卷。劉廷璣撰。東山草堂邇言六卷。邱嘉穗撰。經史慧解六卷。蔡含生撰。此木軒雜著八卷。焦袁熹撰。熙朝新語十六卷。余奎撰。嶺西雜錄二卷，後海堂雜錄二卷。王孝詠撰。南村隨筆六卷。陸廷燦撰。枝語二卷。孫之騄撰。諤崖脞說五卷。章楹撰。然疑錄六卷。顧奎光撰。瀟湘聽雨錄八卷。江昱撰。人海記二卷。查愼行撰。艮齋雜說十卷。尤侗撰。仁恕堂筆記一卷。黎士宏撰。客舍新聞一卷。彭孫貽撰。聰訓齋語四卷。張英撰。澄懷園語四卷。張廷玉撰。古懽堂雜著八卷。田雯撰。據鞍錄一卷。楊應琚撰。日貫齋塗說一卷。梁同書撰。玉几山房聽雨錄一卷。陳撰撰。寒燈絮語一卷。汪憲撰。春草園小記一卷。趙昱撰。桃溪客語五卷。吳騫撰。簷曝雜記六卷，續一卷。趙翼撰。定香亭筆談四卷，小滄浪筆談四卷。阮元撰。瀛舟筆談十二卷。阮亨撰。小瑯嬛叢記四卷。阮福撰。

西征隨筆二卷。汪景祺撰。楚南隨筆一卷。吳省蘭撰。匏園掌錄一卷。楊夔生撰。天山客話一卷，外家紀聞一卷。洪亮吉撰。柳南隨筆六卷，續筆四卷。王應奎撰。雞窗叢話一卷。蔡澄撰。退餘叢話二卷。鮑倚雲撰。瓜棚避暑錄一卷，誠是錄一卷，廣愛錄一卷。孟超然撰。茶餘客話十二卷。阮葵生撰。蕉窗日記二卷。王豫撰。莜田雜錄二卷，瑣記二卷，綴語二卷，桑梓外志二卷，涉世雜談一卷，大怪錄一卷，聞見雜記四卷，知味錄二卷。崔述撰。天慵菴筆記二卷。方士庶撰。水曹清暇錄十六卷，焠掌錄二卷。汪啓淑撰。橋西雜記一卷。葉名灃撰。思補齋筆記八卷。潘世恩撰。淮南雜識四卷。聞益撰。退菴隨筆二十二卷，南省公餘錄二卷。梁章鉅撰。無事爲福齋隨筆二卷。韓泰華撰。憶書六卷。焦循撰。竹葉亭雜記八卷。姚元之撰。嬰餘叢話四卷，楞園消夏錄三卷。郭麐撰。向果微言三卷。方東樹撰。石亭紀事二卷。丁晏撰。吹網錄六卷，鷗波漁話六卷。葉廷琯撰。履園叢話二十四卷。錢泳撰。蘿藦亭筆記八卷。喬松年撰。蕉軒隨錄十二卷，夢園叢說內篇八卷。方濬師撰。轉徙餘生記一卷。方濬頤撰。維摩室遺訓四卷。莊受祺撰。古南餘話五卷，湘舟漫錄五卷。舒夢蘭撰。藝概六卷。劉熙載撰。浮丘子十二卷。湯鵬撰。冷廬雜識八卷，甦廬偶筆四卷。陸以湉撰。桐陰清話八卷。倪鴻撰。庸閒齋筆記十二卷。陳其元撰。丹泉海島錄四卷。徐景福撰。寄龕甲志四卷，乙志四卷，丙志四卷，丁志四卷。孫德祖撰。多暇錄二卷。程庭鷺撰。雞澤胜錄一卷，迎靄筆記二卷。程鳴詔撰。天壤閣雜記一卷。王懿榮撰。養和軒隨筆一卷。陳作霖撰。

宋呂希哲呂氏雜記二卷，宋宇文紹奕石林燕語考異十卷，宋吳箕常談一卷，宋謝采伯密齋筆記五卷，續筆記一卷，宋鄭至道琴堂諭俗編二卷，元李治敬齋古今注八卷，元李翀日聞錄一卷。以上乾隆時敕輯。

以上雜家類雜說之屬

韻石齋筆談二卷。姜紹書撰。七頌堂識小錄一卷。劉體仁撰。研山齋雜記四卷。不著撰人氏名。老老恆言五卷。曹庭棟撰。初學藝引二十三卷。李士學撰。博物要覽十二卷。谷應泰撰。秋園雜佩一卷。陳貞慧撰。物類相感續志一卷，補遺一卷。王晫撰。心齋雜組二卷。張潮撰。清閑供一卷。程羽文撰。怡情小錄一卷。馬大年撰。陸地仙經一卷。馬謹撰。游戲錄一卷。程景沂撰。西湖器具錄一卷。莊仲方撰。幽夢影一卷。張潮撰。幽夢續影一卷。朱錫綬撰。前塵夢影錄二卷。徐康撰。

以上雜家類雜品之屬

悅心集五卷。世宗御編。唐馬總意林注五卷，逸文一卷。周廣業撰。元明事類鈔四十卷。姚之駰撰。鈍吟雜錄十卷。馮班撰。懿行編八卷。李瀅撰。倫史五十卷。成克鞏撰。雅說集十九卷。魏裔介撰。嗜退菴語存十卷。嚴有穀撰。勝飲編一卷。郎廷樞撰。經世名言十二卷。蘇宏祖撰。寄園寄所寄十二卷。趙吉士撰。四本堂右編二十四卷。朱潮遠編。敦行錄二卷。張鵬翮撰。仕學要咸五卷。張圻編。人道譜不分卷。閔忠撰。硯北雜錄不分卷。黃叔琳編。查浦輯聞二卷。查嗣瑮撰。會心錄四卷。孔尚任撰。權衡一書四十一卷。王植撰。多識類編二卷。曹昌言撰。養知錄八卷。紀昭撰。閑家類纂二卷。彭紹謙撰。物詮八卷。汪紱撰。宋稗類鈔八卷。潘永因編。古愚老人消夏錄六十二卷。汪汲撰。茶香室叢鈔二十三卷，續鈔二十五卷，三鈔二十九卷，四鈔二十九卷。俞樾撰。

元張光祖言行龜鑑八卷。乾隆時敕輯。意林補闕二卷。李富孫輯。

以上雜家類雜纂之屬

類書類

淵鑑類函四百五十卷。康熙四十九年，張英等奉敕撰。駢字類編二百四十卷。康熙五十八年，吳士玉等奉敕撰。分類字錦六十四卷。康熙六十年，何焯等奉敕撰。子史精華一百六卷。康熙六十年，吳士玉等奉敕撰。古今圖書集成一萬卷。雍正三年，蔣廷錫等奉敕撰。佩文韻府四百四十三卷。康熙四十三年，張玉書等奉敕撰。佩文韻府拾遺一百十二卷。康熙五十九年，張廷玉等奉敕撰。編珠補遺二卷，續編珠二卷。高士奇撰。鑒古錄十六卷。沈廷芳撰。考古類編十二卷。柴紹炳撰。教養全書四十一卷。應撝謙撰。政典彙編八卷。王芝藻撰。政譜十二卷。朱粟夷撰。文獻通考節貫十卷。周宗渡撰。考古略八卷，考古原始六卷。王文清撰。說略三十卷。顧啓元撰。同書四卷。周亮工撰。古事苑十二卷。鄧志謨撰。同人傳四卷。陳祥裔撰。古事比五十三卷。方中德撰。彎史四十八卷。王希廉撰。五經類編二十八卷。周世樟撰。三才彙編四卷。龔在升撰。三才藻異三十三卷。屠粹忠撰。讀書記數略五十四卷。宮夢仁撰。格致鏡原一百卷。陳元龍撰。花木鳥獸集類三卷。吳寶芝撰。歷朝人物氏族會編十卷。尹畝撰。氏族箋釋八卷。熊峻運撰。姓氏譜六卷，類纂五十卷。李繩遠撰。姓氏尋源十卷，姓氏辨誤一卷，遼金元三史姓錄一卷。張澍撰。姓氏解紛十卷，避諱錄五卷。黃本驥撰。百家姓韻語三編一卷。丁晏編。千家姓文一卷。崔冕撰。代北姓譜一卷，遼金元姓譜一卷。周春撰。希姓補五卷。單隆周撰。齊名紀數十二卷。王承烈撰。奇字名十二卷。李調元撰。別號錄九卷。葛萬里撰。廿四史諱略一卷。周榘撰。國志蒙拾二卷。郭麐撰。史姓韻編六十四卷，九史同姓名略七十二卷，補遺一卷，三史同名錄四十卷。汪輝祖撰。同姓名錄八卷。王廷燦撰。歷代同姓名錄二十三卷。劉長華撰。親屬記二卷。鄭珍撰。稱謂錄三十二卷。梁章鉅撰。異號類編二十卷，雙名錄一卷。史夢蘭撰。人壽金鑑二十二卷。程得齡撰。古今記林二十九卷。汪士漢撰。類林新詠三十六卷。姚之駰撰。喻林一葉二十四卷。王蘇撰。廣事類賦四十卷。華希閔撰。十三經注疏錦字四卷，方言藻二卷。李調元撰。連文釋義一卷。王言撰。清河偶鈔四卷，駢字分義二卷。程際盛撰。漢書蒙拾一卷，後漢書蒙拾一卷，文選課虛四卷。杭世駿撰。唐句分韻初集四卷，二集四卷，續集二卷，四集五卷。馬瀚撰。杜韓集韻三卷。汪文柏撰。韻粹一百七卷。朱彝撰。三體摭韻十二卷。朱昆田撰。唐詩金粉十卷。沈炳震撰。月滿樓甄藻錄一卷。顧宗泰撰。

梁孝元帝古今同姓名錄二卷，唐林寶元和姓纂十八卷，宋馬永易實賓錄十四卷，宋鄧名世古今姓氏書辨證四十卷，宋唐仲友帝王經世圖譜十六卷。以上乾隆時敕輯。

小說類

山海經廣注十八卷。吳任臣撰。山海經存九卷。汪紱撰。山海經箋疏十八卷，圖讚一卷，訂譌一卷。郝懿行撰。讀山海經一卷。俞樾撰。穆天子傳補正六卷。陳逢衡撰。穆天子傳注疏六卷。檀萃撰。譎觚一卷。顧炎武撰。漢世說十四卷。章撫功撰。世說補二十卷。黃汝琳撰。今世說八卷。王晫撰。明語林十四卷。吳肅公撰。隴蜀餘聞一卷，皇華紀聞四卷。王士禛撰。矩齋雜記二卷。施閏章撰。玉堂薈記一卷。楊士聰撰。客途偶記一卷。鄒與僑撰。玉劍尊聞十卷。梁維樞撰。潛園集錄十六卷。屠倬撰。關隴輿中偶憶編一卷。張祥河撰。客話三卷，劇話二卷，弄話二卷。李調元撰。兩般秋雨盦隨筆八卷。梁紹壬撰。藤陰雜記十二卷。戴璐撰。歸田瑣記八卷，浪迹叢談十一卷，續八卷。梁章鉅撰。說鈴一卷。汪琬撰。觚賸八卷，續編四卷。鈕琇撰。堅瓠集六十六卷。褚人穫撰。虞初新志二十卷。張潮撰。虞初續志十二卷。鄭澍若撰。史異纂十六卷，有明異叢十卷。傅燮詷撰。續廣博物志十六卷。徐壽基撰。閱微草堂筆記二十四卷。紀昀撰。池上草堂筆記八卷。梁恭辰撰。筆談二卷。史夢蘭撰。右台仙館筆記十六卷。俞樾撰。奩史一百卷。王初桐撰。影梅庵憶語一卷。冒襄撰。西清散記四卷。史震林撰。板橋雜記三卷。余懷撰。古笑史三十四卷。李漁撰。

宋吳淑江淮異人錄二卷，宋張洎賈氏談錄一卷，宋范鎭東齋記事六卷，宋高晦叟珍席放談二卷，宋王讜唐語林八卷，宋朱彧萍洲可談三卷，宋曾慥高齋漫錄一卷，宋張知甫張氏可書一卷，宋陳長方步里客談二卷，不著撰人東南紀聞三卷。以上乾隆時敕輯。青史子一卷，周宋鈃宋子一卷，魏邯鄲淳笑林一卷，晉裴啓裴子語林二卷，晉郭澄之郭子一卷，郭氏玄中記一卷，宋東陽無疑齊諧記一卷，隋杜寶水飾一卷。以上馬國翰輯。

釋家類

揀魔辨異錄八卷。世宗御撰。語錄十九卷。世宗御撰。南宋元明僧寶傳十五卷。釋自融撰。五葉弘傳二十三卷。釋智安撰。重定教乘法數十二卷。釋起海、通理、廣治同撰。宗統編年三十二卷。釋記蔭撰。摩尼燭坤集要七十二卷。尼得一撰。宗門頌古摘珠二十八卷。釋淨符撰。洞宗會選二十六卷。釋智考撰。現果隨錄一卷。釋戒顯撰。正宏集一卷。釋本果撰。萬法歸心錄三卷。釋超溟撰。萬善光資四卷，欲海探源三卷。周思仁撰。續指月錄二十卷，尊宿集一卷。聶光撰。治心編一卷。李棻撰。如幻集四卷。釋心源撰。歸元鏡二卷。釋智達撰。揞黑豆集八卷。平聖臺撰。種蓮集一卷。陳本仁撰。淨土聖賢錄九卷，續錄四卷，善女人傳二卷。彭際清撰。佛爾雅八卷。周春撰。釋雅一卷，梵言一卷。李調元撰。楞嚴經蒙鈔十卷，心經略疏小鈔二卷，金剛經疏記懸判一卷，疏記會鈔一卷，金剛經論釋懸判一卷，偈記會鈔一卷。錢謙益撰。金剛經注一卷，多心經注一卷。石成金撰。圓覺經析義疏四卷。釋通理撰。金剛般若波羅蜜經解注一卷，附金剛經諸吏心經淺說。王定柱撰。閱藏隨筆二卷，續筆一卷。釋元度撰。心經集注一卷。徐澤醇撰。金剛經注二卷。俞樾撰。浮石禪師語錄十卷。釋行浚等編。林野奇禪師語錄八卷。釋行謐等編。龍池萬如禪師後錄一卷。釋行果、超英同編。憨予暹禪師語錄六卷。釋法雲、廣學同編。徑山費隱禪師語錄一卷。釋行和編。具德禪師語錄二卷。釋濟義編。普濟玉林禪師語錄十二卷，附年譜二卷。釋音諱編。岫峯憲禪師語錄五卷。釋智質編。芥子彌禪師語錄二卷。釋明成等編。信中符禪師偶言二卷。釋淨符撰。南山天愚寶禪師語錄四卷。釋智普編。雄聖惟極禪師語錄三卷。釋超越編。東悟本禪師語錄四卷。釋通界編。丈雲語錄一卷。釋澈淵編。徹悟禪師遺稿二卷。釋了亮編。夢東禪師遺集二卷。釋際醒撰。昌啓順禪師語錄二卷。釋明成等編。普照禪師文錄一卷，附淨業記一卷。釋顯振等編。

道家類

御注道德經二卷。順治十三年，世祖御撰。陰符經注一卷。李光地撰。陰符經注一卷。徐大椿撰。陰符經本義一卷。董德寧撰。讀陰符經一卷。汪紱撰。陰符經注一卷。宋葆淳撰。陰符經發隱一卷。楊文會撰。老子衍一卷。王夫之撰。老子說略二卷。張爾岐撰。老子道德經考異二卷。畢沅撰。老子參注四卷。倪元坦撰。老子解一卷，老子別錄一卷，非老一卷。吳鼐撰。老子章義二卷。姚鼐撰。老子約說四卷。紀大奎撰。道德經編注二卷。胡與高撰。讀道德經私記二卷。汪縉撰。道德經懸解二卷。黃元御撰。道德經注二卷。徐大椿撰。道德經臆注二卷。王定柱撰。道德寶章翼二卷。金道果撰。道德經發隱一卷。楊文會撰。列子釋文二卷，考異一卷。任大椿撰。列子辨二卷。不著撰人氏名。沖虛經發隱一卷。楊文會撰。莊子解三十三卷，莊子通一卷。王夫之撰。莊詁不分卷。錢澄之撰。莊子解三卷。吳世尙撰。莊子因六卷，讀莊子法一卷。林雲銘撰。莊子獨見三十三卷。胡文英撰。莊子本義二卷。梅沖撰。莊子解一卷。吳俊撰。說莊三卷。韓泰青撰。莊子集解八卷。王先謙撰。莊子約解四卷。劉鳴典撰。南華通七卷。孫家淦撰。南華釋名一卷。金人瑞撰。南華本義二卷。林仲懿撰。南華經傳釋一卷。周金然撰。南華簡鈔四卷。徐廷槐撰。南華摸象記八卷。張世犖撰。南華眞經影史九卷。周拱辰撰。南華通七卷。屈復撰。南華經正義不分卷。陳壽昌撰。南華經發隱一卷。楊文會撰。列仙傳校正二卷，附列仙讚一卷。閨秀王照圓撰。參同契章句一卷，鼎符一卷。李光地撰。讀參同契三卷。汪紱撰。參同契注二卷。陳兆成撰。參同契集注六卷。劉英龍撰。古文周易參同契注八卷。袁仁林撰。周易參同契集韻六卷。紀大奎撰。參同契金隄大義三卷。許桂林撰。參同契集注二卷。仇滄柱撰。悟眞篇集注五卷。仇知幾撰。列仙通紀六十卷。薛大訓撰。仙史八卷。王建章撰。金仙證論一卷。柳華陽撰。萬壽仙書四卷。曹無極撰。果山修道居誌二卷。葉鈐撰。金蓋心燈八卷。鮑廷博撰。眞詮二卷。不著撰人氏名。得一參五七卷。姜中貞撰。辦香錄一卷。邵璞撰。質神錄一卷。彭兆升撰。太上老君說常清靜經注一卷。徐廷槐撰。黃庭經發微二卷。董德宣撰。太上感應篇注二卷。惠棟撰。感應篇讚義一卷。俞樾撰。

宋杜道堅文子纘義十二卷。乾隆時敕輯。抱朴子內篇佚文一卷，外篇佚文一卷。顧廣圻、嚴可均同輯。商伊尹書一卷，周辛甲書一卷，魏公子牟子一卷、田駢子一卷，楚老萊子一卷、黔婁子一卷，鄭長者書一卷，魏任嘏任子道論一卷、關朗洞極眞經一卷，吳唐滂唐子一卷，晉蘇彥蘇子一卷、陸雲陸子一卷、杜夷杜子幽求新書一卷、孫綽孫子一卷、苻朗苻子一卷，齊張融少子一卷、顧歡夷夏論一卷。以上馬國翰輯。

清史稿卷一百四十八

志一百二十三

藝文四

集部五類：一曰楚辭類，二曰別集類，三曰總集類，四曰詩文評類，五曰詞曲類。

楚辭類

補繪離騷全圖二卷。蕭雲從原圖，乾隆四十七年奉敕補繪。楚辭通釋十四卷。王夫之撰。山帶閣注楚辭六卷，楚辭餘論二卷，楚辭說韻一卷。蔣驥撰。楚辭燈四卷。林雲銘撰。楚辭新注六卷。屈復撰。楚辭疏八卷。吳世尚撰。楚辭會眞一卷。卿彬撰。楚辭貫一卷。董國英撰。楚辭章句七卷。劉飛鵬撰。離騷圖一卷。蕭雲從圖並注。離騷經注一卷。李光地撰。離騷正義一卷。方苞撰。離騷經解一卷。方楘如撰。離騷解一卷。顧成天撰。離騷箋二卷。龔景瀚撰。離騷解一卷。

謝濟世撰。離騷辨一卷。朱冀撰。離騷節解一卷。張德純撰。離騷中正二卷。林仲懿撰。離騷補注一卷。朱駿聲撰。天問補注一卷。毛奇齡撰。天問校正一卷。屈復撰。九歌注一卷。李光地撰。九歌解一卷。顧成天撰。屈原賦注六卷，通釋二卷，音義三卷。戴震撰。屈子生卒年月考一卷。陳暘撰。楚辭人名考一卷。俞樾撰。離騷草木疏辨證四卷。祝德麟撰。楚詞辨韻一卷。陳昌齊撰。楚辭韻讀一卷，宋賦韻讀一卷。江有誥撰。離騷釋韻一卷。蔣曰豫撰。屈子正音三卷。方績撰。

別集類

清聖祖文初集四十卷、二集五十卷、三集五十卷、四集三十六卷、避暑山莊詩二卷，世宗文集三十卷、悅心集二卷，高宗文初集三十卷、二集四十四卷、三集十六卷、詩初集四十八卷、二集一百卷、三集一百十二卷、四集一百十二卷、五集一百卷、餘集二十卷、樂善堂定本三十卷、全史詩二册、全韻詩二册、擬白居易樂府四册、圓明園詩不分卷，仁宗文初集十卷、二集十四卷、餘集二卷、詩初集四十八卷、二集六十四卷、三集六十四卷、餘集六卷、味餘書屋全集定本四十卷、附隨筆二卷、全史詩六十四卷，宣宗文集十卷、餘集六卷、詩集二十四卷、餘集十二卷、養正書屋全集定本四十卷，文宗文集二卷、詩集八卷，穆宗文集十卷、詩集六卷。諸王宗室詩文集已見本傳，不載。

魏曹植子建集銓評十卷。丁晏撰。晉阮籍詠懷詩注四卷。蔣師淪撰。晉孫楚馮翌集發微四卷。于宗林撰。晉陶詩彙注四卷。吳瞻泰撰。陶詩箋五卷。邱嘉穗撰。陶詩集注四卷。詹夔錫撰。陶靖節集注十卷。陶澍撰。陶詩附考一卷。方東樹撰。周庾信開府集箋注十卷。吳兆宜撰。庾子山集注十六卷。倪璠撰。陳徐陵孝穆集箋注六卷。吳兆宜撰。唐王勃子安集注二十五卷。蔣清翊撰。駱賓王臨海集注十卷。陳熙晉撰。李太白詩集注三十六卷。王琦撰。杜甫工部集注二十卷。錢謙益撰。杜詩輯注二十三卷。朱鶴齡撰。杜詩詳注二十五卷，附編二卷。仇兆鼇撰。杜詩鏡銓二十卷。楊倫撰。杜詩注解二十卷。張溍撰。杜詩注釋二十四卷。許寶善撰。杜工部詩疏解二卷。顧施禎撰。知本堂讀杜二十四卷。汪灝撰。杜詩提要十四卷。吳瞻泰撰。杜詩說十二卷。黃生撰。杜詩疏八卷。紀容舒撰。杜詩會粹二十四卷。張遠撰。杜詩闡三十三卷。盧元昌撰。杜詩論五十六卷。吳見思撰。杜詩注解十二卷。顧宸撰。杜詩集說二十卷。江浩然撰。杜詩譜釋二卷。毛張健撰。歲寒堂讀杜二十卷。范輦雲撰。讀杜心解六卷。浦起龍撰。杜詩通解四卷。李文煒撰。杜工部詩注五卷。陳之壎撰。杜詩直解五卷。范廷謀撰。王維右丞集注二十八卷，附錄二卷。趙殿成撰。白香山詩集四十卷，附年譜一卷。顧嗣立編及箋釋。韓愈昌黎詩箋注十一卷。顧嗣立撰。昌黎詩增注證譌十一卷。黃鉞撰。編年昌黎詩注十二卷。方世舉撰。韓集點勘四卷。陳景雲撰。昌黎集補注一卷。沈欽韓撰。讀韓記疑十卷。王元啓撰。柳集點勘三卷。陳景雲撰。李賀長吉歌詩彙解四卷，外集一卷。王琦撰。協律鉤元注四卷。陳本禮撰。樊宗師紹述集注二卷，盧仝玉川子詩集注五卷。孫之騄撰。杜牧樊川文集注二十卷。馮集梧撰。李商隱義山詩注三卷，補注一卷。朱鶴齡撰。重訂李義山詩集箋注三卷，外集箋注一卷。程夢星撰。李義山詩集注十六卷。姚培謙撰。李義山文集箋注十卷。箋，徐樹穀撰；注，徐炯撰。玉溪生詩詳注三卷，樊南文集詳注八卷。馮浩撰。樊南文集箋注補編十二卷，附錄一卷。箋，錢振倫撰；注，錢振常撰。溫庭筠飛卿集箋注九卷。顧予咸撰，子嗣立增補。孫（樵）文志疑一卷。汪師韓撰。羅鄴比紅兒詩注一卷。沈可培撰。宋王安石荆公文集注四十四卷。沈欽韓撰。蘇（軾）詩施注補注四十二卷，王注正譌一卷。邵長蘅、李必恆同撰。蘇詩補注一卷。馮景撰。補注東坡編年詩五十卷。查愼行撰。蘇詩查注補正四卷。沈欽韓撰。蘇詩合注五十卷，附錄五卷。馮應榴撰。蘇詩編注集成一百三卷，雜綴一卷。王文浩撰。蘇詩補注八卷。翁方綱撰。范成大石湖詩集注三卷。沈欽韓撰。謝翺西臺慟哭記注一卷。黃宗羲撰。金元好問遺山詩集注十四卷。施國祁撰。元吳萊淵穎先生集注十二卷。王朝宋、王繩曾同撰。楊維楨鐵崖樂府注十卷，逸編注八卷，詠史注八卷。樓卜瀍撰。明高啓青丘詩集注十八卷，附鳧藻集五卷。金檀撰。陳子龍忠裕集注三十卷。王昶等撰。

以上箋注自魏至明詩文集

亭林文集六卷，詩集五卷，餘集一卷，佚詩一卷。顧炎武撰。南雷文定前集十一卷，後集四卷，三集三卷，詩歷四卷。黃宗羲撰。薑齋文集十卷，詩集十八卷。王夫之撰。夏峯先生集十四卷。孫奇逢撰。用六集十二卷。刁包撰。桴亭詩鈔八卷，文鈔六卷。陸世儀撰。居易堂集二十卷。徐枋撰。隰西草堂詩集五卷，文集三卷。萬壽祺撰。蜃園文集四卷，詩集四卷，梅花百詠一卷，九山游草一卷。李確撰。愧訥集十二卷。朱用純撰。楊園先生文集五十四卷。張履祥撰。霜紅龕文集四卷，詩集不分卷。傅山撰。白耷山人詩集十卷，文集二卷。閻爾梅撰。懸弓集三十卷，玄恭文續鈔七卷。歸莊撰。田間詩集二十八卷，文集三十卷。錢澄之撰。二曲集二十六卷。李顒撰。五公山人集十四卷。王餘祐撰。巢民詩集八卷，文集六卷。冒襄撰。魏伯子文集十卷。魏際瑞撰。魏叔子文集二十二卷，詩集八卷。魏禧撰。魏季子文集十六卷。魏禮撰。邱邦士文集十七卷。邱維屏撰。寒支初集十卷，二集四卷。李世熊撰。變雅堂文集五卷，詩集四卷。杜濬撰。聰山集十四卷。申涵光撰。柿葉庵詩選一卷。張蓋撰。爲可堂詩集十六卷。朱一是撰。蒿庵集三卷。張爾岐撰。馮氏小集七卷。馮班撰。屈翁山詩集八卷，外集十八卷。屈大均撰。獨漉堂稿六卷。陳恭尹撰。犀崖文集二十五卷，雲湖堂集六卷。易學實撰。陳士業全集十六卷。陳宏緒撰。棗林詩集一卷。談遷撰。水田居士文集五卷。賀貽孫撰。宇台集四十卷。孫治撰。潛齋先生集十卷。應撝謙撰。五經堂文集五卷。范鄗鼎撰。敬修堂釣業一卷。查繼佐撰。瀨園文集二十卷，詩後集三卷。嚴首昇撰。內省齋文集三十二卷。湯來賀撰。虎溪漁叟集十卷。劉命清撰。落木庵詩集二卷。徐波撰。困亨齋集二卷。王錫闡撰。紫峰集十四卷。杜越撰。白茅堂集四十六卷。顧景星撰。愚庵小集十五卷。朱鶴齡撰。杲堂文鈔六卷，詩鈔七卷。李鄴嗣撰。初學集一百十卷，有學集五十卷。錢謙益撰。梅村集四十卷。吳偉業撰。吳詩集覽二十卷，談藪一卷。靳榮藩編注。吳梅村詩箋注二十卷。吳翌鳳撰。燕香齋文集四卷，詩集六卷。劉餘祐撰。金文通集二十卷。金之俊撰。灌研齋集四卷。李元鼎撰。秀巖集三十一卷。胡世安撰。澹友軒集十六卷。薛所蘊撰。青溪遺稿二十八卷。程正揆撰。己亥存稿一卷。孫承澤撰。浮雲集十一卷。陳之遴撰。靜惕堂詩集四十四卷。曹溶撰。了菴文集九卷，且園近集、且園近詩四卷。王岱撰。讀史亭詩集十六卷，文集二十二卷。彭而述撰。山園堂集二十三卷。鄭宗圭撰。石雲居士集十五卷，詩七卷。陳名夏撰。棲雲閣詩十六卷。高珩撰。青箱堂文集三十三卷，詩集三十三卷。王崇簡撰。東村集十卷。李呈祥撰。東谷集三十四卷，歸庸集四卷，桑榆集三卷。白允謙撰。定山堂詩集四十三卷。龔鼎孳撰。雪堂先生集選十一卷。熊文舉撰。賴古堂集二十四卷。周亮工撰。沚亭删定文集二卷，自删詩一卷。孫廷銓撰。兼濟堂文集二十卷。魏裔介撰。寒松堂文集十卷，詩集三卷。魏象樞撰。西北文集四卷。畢振姬撰。蘭雪堂詩集三卷。

謝賓王撰。祓園集九卷。梁清遠撰。心遠堂詩集十二卷。李霨撰。且亭詩集不分卷。楊思聖撰。四思堂文集八卷。傅維鱗撰。王文靖集二十四卷。王熙撰。傅忠毅集八卷。傅弘烈撰。佳山堂集十卷。馮溥撰。林屋文藁十六卷，詩藁十四卷。宋徵輿撰。愼齋遇集五卷。蔣永修撰。安雅堂詩不分卷，文集四卷，未刻稿十卷。宋琬撰。學餘堂文集二十八卷，詩集五十卷，外集二卷。施閏章撰。屺思堂文集八卷，詩集一卷。劉子壯撰。熊學士詩文集三卷。熊伯龍撰。志壑堂文集十三卷，詩集十五卷。唐夢賚撰。中山文鈔四卷，詩鈔四卷。郝浴撰。湯文正遺稿五卷。湯斌撰。蓮龕集十六卷。李來泰撰。嵩游集一卷。葉封撰。萬青閣全集八卷，林臥遙集三卷。趙吉士撰。堪齋詩存八卷。顧大申撰。學源堂文集十八卷。郭棻撰。堯峰文鈔五十卷，鈍翁類稿一百十八卷。汪琬撰。司勳五種集二十卷。王士祿撰。掄山集選一卷。王士禧撰。古鉢集選一卷。王士祜撰。帶經堂全集九十二卷。王士禛撰。漁洋山人精華錄訓纂十卷。惠棟撰。精華錄箋注十二卷，補遺一卷。金榮撰。樂圃集七卷。顏光敏撰。鶴嶺山人詩集十六卷。王澤弘撰。恥躬堂文集二十卷。王命岳撰。七頌堂集十四卷。劉體仁撰。午亭文編五十卷。陳廷敬撰。經義齋集十八卷。熊賜履撰。庸書二十卷。張貞生撰。蒼峴山人文集六卷，詩集五卷。秦松齡撰。讀書齋偶存藁四卷。葉方靄撰。松桂堂全集三十七卷。彭孫遹撰。張文貞集十二卷。張玉書撰。忠貞集十卷。范承謨撰。抱犢山房集六卷。嵇永仁撰。蓮洋詩鈔十卷。吳雯撰。西陂類稿三十九卷。宋犖撰。正誼堂詩集二十卷，文集不分卷。董以寧撰。鐵廬集三卷，外集二卷，附錄一卷。潘天成撰。溉堂前集九卷，續集六卷，後集六卷。孫枝蔚撰。闇修齋稿一卷。蕭企昭撰。藕灣全集二十九卷。張仁熙撰。織齋集鈔八卷。李煥章撰。謝程山集十八卷。謝文洊撰。燕峰文鈔一卷。費密撰。省廬文集七卷，詩集七卷。彭師度撰。省軒文鈔十卷。柴紹炳撰。張秦亭詩集十二卷。張丹撰。潠書八卷，思古堂集四卷，東苑文鈔二卷，詩鈔一卷，小匡文鈔四卷，蕊雲集一卷，晚唱一卷。毛先舒撰。會侯文鈔二十卷。毛際可撰。學園集一卷，續編一卷。沈起撰。黃山詩留十六卷。法若眞撰。春樹草堂集六卷。杜恆燦撰。天延閣詩前集十六卷，後集十三卷。梅清撰。託素齋集十卷。黎士宏撰。雪鴻堂文集十八卷。李蕃撰。秋笳集十卷。吳兆騫撰。改亭文集十六卷，詩六卷。計東撰。挹奎樓文集十二卷，吳山彀音八卷。林雲銘撰。嵩庵集五卷。馮甦撰。世德堂集四卷。王鉞撰。古愚心言八卷。彭鵬撰。聊園全集十五卷。孔貞瑄撰。葉忠節遺稿十三卷。葉映榴撰。谷口山房詩集十卷。李念慈撰。中巖集六卷。宋振麟撰。稽留山人集二十卷。陳祚明撰。陋軒詩四卷。吳嘉紀撰。定峯樂府十卷。沙張白撰。突星閣詩鈔十五卷。王戩撰。冠豸山堂文集三卷。童能靈撰。丁野鶴詩鈔十卷。丁耀亢撰。吾好遺稿一卷。章靜宜撰。萊山堂集八卷，遺稿五卷。章金牧撰。懷葛堂文集十五卷。梁份撰。江泠閣詩集十四卷，文集四卷，續集二卷。冷士嵋撰。海日堂詩集五卷，文集二卷。程可則撰。問山詩集十卷，文集八卷。丁煒撰。己畦詩集十卷，文集十四卷。葉燮撰。習齋記餘十卷。顏元撰。恕谷後集十三卷。李塨撰。居業堂集二十卷。王源撰。林蕙堂集二十六卷。吳綺撰。思綺堂文集十卷。章藻功撰。善卷堂集四卷。陸繁弨撰。尺五堂詩刪六卷。嚴我斯撰。讀書堂集四十六卷。趙士麟撰。篤素堂詩集七卷，文集十六卷，存誠堂詩集二十五卷，應制詩五卷。張英撰。戒菴詩存一卷。邵遠平撰。古懽堂集三十六卷。田雯撰。鬲津草堂詩集不分卷。田霡撰。學文堂集四十三卷。陳玉璂撰。石屋詩鈔八卷，補鈔一卷。魏麐徵撰。榕村集四十卷。李光地撰。皐軒文編一卷。李光坡撰。三魚堂文集十二卷，外集六卷，附錄二卷。陸隴其撰。憺園集三十八卷。徐乾學撰。健松齋集二十四卷，續集十卷。方象瑛撰。百尺梧桐閣集二十六卷。汪懋麟撰。趙恭毅剩稿八卷。趙申喬撰。玉巖詩集七卷。林麟焻撰。安靜子集十三卷。安致遠撰。臨野堂文集十卷。鈕琇撰。有懷堂詩文稿二十八卷。韓菼撰。蘋村類藁三十卷。徐倬撰。鳳池園集十六卷。顧汧撰。寶嗇堂詩藁四卷，河上草二卷，蘭樵歸田稿一卷。張榕端撰。張文端集七卷。張鵬翮撰。因園集十三卷。趙執信撰。寶菌堂遺詩二卷。趙執端撰。通志堂集十八卷。納喇性德撰。青門簏稿十六卷，青門旅稿六卷，青門賸稿六卷。邵長蘅撰。清芬堂存稿八卷。胡會恩撰。橫雲山人集十六卷。王鴻緒撰。于清端政書八卷。于成龍撰。世恩堂集三十五卷。王項齡撰。受祺堂詩集三十四卷。李因篤撰。遂初堂詩集十五卷，文集二十卷，別集四卷。潘耒撰。抱經齋集二十卷。徐嘉炎撰。叢碧山房集五十七卷。龐塏撰。曝書亭集八十卷，附錄一卷。朱彝尊撰。曝書亭集外稿八卷。馮登府輯。曝書亭詩注二十二卷。楊謙撰。曝書亭賦詩注二十三卷。孫銀槎撰。曝書亭詩鈔箋注十二卷。汪浩然撰。湖海樓詩集十二卷，文集十八卷。陳維崧撰。陳檢討四六注十二卷。程師恭撰。西河集一百八十九卷。毛奇齡撰。西堂全集六十六卷。尤侗撰。白雲村集八卷。李澄中撰。秋錦山房集二十二卷。李良年撰。南州草堂集三十卷。徐釚撰。深秀亭近草五卷。潘鍾麟撰。超然詩集八卷。張遠撰。香草居集七卷。李符撰。秋水閣文鈔一卷。陳維岳撰。野香亭集十三卷。李孚青撰。馮舍人遺詩六卷。馮廷櫆撰。居業齋文集二十卷，別集十卷。金德嘉撰。葛莊分類詩鈔十四卷。劉廷璣撰。益戒堂詩集十六卷。揆敍撰。南堂集十二卷。施世綸撰。與梅堂集十三卷。佟世思撰。楝亭詩鈔八卷，文鈔一卷。曹寅撰。墨井詩鈔二卷。吳歷撰。甌香館集十二卷。惲格撰。離垢集五卷。華嵒撰。蓄齋集十六卷。黃中堅撰。笠翁一家言十六卷。李漁撰。柯庭餘習十二卷。汪文柏撰。後甲集二卷。章大來撰。正誼堂集十二卷，續集八卷。張伯行撰。愛日堂詩二十七卷。陳元龍撰。鶴侶齋集三卷。孫勷撰。岕老編年詩鈔十三卷。金張撰。崑崙山房集三卷。張篤慶撰。懷清堂集二十卷。湯右曾撰。藥亭詩集二卷。梁佩蘭撰。湛園未定稿六卷，葦間詩集五卷。姜宸英撰。經進文稿六卷，清吟堂集九卷，歸田集十四卷。高士奇撰。紺寒亭詩集十卷，文集四卷。趙俞撰。杕左堂詩集六卷，孫致彌撰。過江集四卷。史申義撰。寒村集三十六卷。鄭梁撰。嶢山文集四卷，詩集一卷。田從典撰。潘中丞集四卷。潘宗洛撰。東山草堂文集二十卷。邱嘉穗撰。陸堂文集二十卷。陸奎勳撰。時用集不分卷。陳訏撰。小谷口著述緣起不分卷。鄭元慶撰。思復堂集十卷。邵廷寀撰。高陽山人文集十二卷。劉青藜撰。南山文集十六卷。戴名世撰。呂用晦文集六卷，續集四卷。呂留良撰。幸跌草三卷。黃百家撰。眺秋樓詩八卷。高岑撰。赤嵌集四卷。孫元衡撰。四香樓集四卷。范纘撰。釀川集十三卷。許尚質撰。南園詩鈔十卷。尤世求撰。在陸草堂集六卷。儲欣撰。道榮堂文集六卷，近詩十卷。陳鵬年撰。固哉叟詩鈔八卷。高孝本撰。咸齋文鈔七卷。查旭撰。味和堂詩集六卷。高其倬撰。德蔭堂集十六卷。阿克敦撰。清端集八卷。陳璸撰。夢月巖詩集二十卷，冶古堂文集五卷。呂履恆撰。青要集十二卷。呂謙恆撰。嚴太僕詩文集十卷。嚴虞惇撰。天鑒堂集八卷。沈近思撰。樸學齋詩集十卷。林佶撰。畏壘山人詩集四卷。徐昂發撰。楊文定文集十二卷。楊名時撰。澄懷園全集三十七卷。張廷玉撰。詠花軒詩集六卷。張廷璐撰。秋江詩集六卷。黃任撰。黑蝶齋詩鈔四卷。沈岸登撰。樓村集二十五卷。王式丹撰。古劍書屋文鈔十卷。吳廷楨撰。緯蕭草堂詩六卷。宋至撰。彭南昀文稿十二卷，詩稿十卷，編年詩十七卷。彭定求撰。補瓢存稿六卷。韓騏撰。硯溪先生詩稿七卷。惠周惕撰。甓湖草堂文集六卷，近集四卷。吳世杰撰。二希堂文集十二卷。蔡世遠撰。查浦詩鈔十二卷。查嗣瑮撰。敬業堂集五十卷。查慎行撰。望溪集十八卷，外集十二卷。方苞撰。四知堂集三十六卷。楊錫紱撰。存硯樓文集十六卷。儲大文撰。續學堂文鈔六卷，詩鈔四卷。梅文鼎撰。滋蘭堂詩集十卷。沈元滄撰。澹初詩稿八卷。沈翼機撰。十峯集五卷。徐基撰。圭美堂集二十六卷。徐用錫撰。性影集八卷。王時憲撰。橘巢小稿四卷。王世琛撰。改堂文鈔二卷。唐紹祖撰。師經堂集十八卷。徐文駒撰。閭丘詩集六十卷。顧嗣立撰。今有堂詩集六卷。程夢星撰。墨香閣詩文集十三卷。彭維新撰。何端簡集十二卷。何世璂撰。趙裘萼賸稿四卷。趙熊詔撰。白田草堂存稿二十四卷。王懋竑撰。近道齋詩集四卷，文集六卷。陳萬策撰。孟鄰堂文鈔十六卷。楊椿撰。健餘文集十卷。尹會一撰。義門先生集十二卷。何焯撰。解春文鈔十二卷，補遺二卷，詩鈔二卷。馮景撰。穆堂類稿五十卷，續稿五十卷，別稿五十卷。李紱撰。近靑堂詩集一卷。卓爾堪撰。積山先生遺集十卷。汪維憲撰。可儀堂文集二卷。兪長城撰。虞東先生文錄八卷。顧鎮撰。黃葉村莊詩集十卷。吳之振撰。大谷集六卷。方殿元撰。大樗堂初集十二卷。王隼撰。雲華閣詩略六卷。易宏撰。鹿洲初集二十卷。藍鼎元撰。龍溪草堂集十卷。王世睿撰。雲溪文集五卷。儲掌文撰。寒香閣詩集四卷。鄂鍾岳撰。壘麟詩集十二卷。馬維翰撰。秋塍文鈔十二卷，三州詩鈔四卷。魯曾煜撰。文蔚堂詩集八卷，西林遺稿六卷。鄂爾泰撰。楚蒙山房詩文集二十卷。晏斯盛撰。香樹齋文集二十八卷，續集五卷，詩集十八卷，續集三十六卷。錢陳羣撰。瀓潭山房古文存稿四卷，詩集十七卷。程襄龍撰。師善堂詩集十卷。嵇曾筠撰。小蘭陔集十二卷。謝道承撰。桐村詩九卷。馮詠撰。崇德堂集八卷。王植撰。牆東雜著一卷。王汝驤撰。王己山文集十卷，別集四卷。王步青撰。甘莊恪集十六卷。甘汝來撰。課忠堂詩鈔不分卷。魏廷珍撰。雲川閣詩集九卷。杜詔撰。學古堂詩集六卷。沈季友撰。渠亭山人半部稿一卷，潛州集一卷，或語集一卷，娛老集一卷。張貞撰。湖海集十二卷。孔尚任撰。陳司業文集四卷，詩集四卷。陳祖范撰。芙蓉集十七卷。宋元鼎撰。懷舫集三十六卷。魏荔彤撰。笛漁小稿十卷。朱昆田撰。秋水集十卷。嚴繩孫撰。清芬樓遺稿四卷。任啓運撰。松泉文集二十卷，詩集二十六卷。汪由敦撰。蔗尾詩集十五卷，文集二卷。鄭方坤撰。樹人堂詩七卷。帥念祖撰。涵有堂詩文集四卷。游紹安撰。江聲草堂詩集八卷。金志章撰。王艮齋集十四卷。王峻撰。四焉齋文集八卷，詩集六卷。曹一士撰。金管集一卷，花語山房詩文小鈔一卷。顧成天撰。柳漁詩鈔十二卷。張湄撰。秋水齋詩集十五卷。張映斗撰。松桂讀書堂集八卷。姚培謙撰。寒齋詩集四卷。岳鍾琪撰。道腴堂詩編三十卷，詩續十二卷。鮑鉁撰。孱守齋遺稿四卷。姚世鈺撰。在亭叢稿二十卷。李果撰。後海書堂遺文二卷。王孝詠撰。豐川全集二十八卷，後集三十四卷。王心敬撰。纑塘詩集一卷，楚頌亭詩二卷，扈從清平遺調一卷。顧貞觀撰。質園詩集三十四卷。商盤撰。綠蔭亭集二卷。陳奕禧撰。江湖閒吟八卷。王道撰。翰村詩稿六卷。仲昰保撰。芝庭文稿八卷、詩稿十六卷。彭啓豐撰。尹文端公詩集十卷。尹繼善撰。柳南詩鈔十卷，文鈔六卷。王應奎撰。上湖紀歲詩編四卷，續編一卷，分類文編一卷，補鈔二卷。汪師韓撰。矢音集十卷。梁詩正撰。筠谷詩鈔六卷，別集一卷。鄭江撰。露香書屋遺集十卷。張映辰撰。蕉堂未定稿八卷，外集四卷。查爲仁撰。呑松閣集二十卷。鄭虎文撰。朱文端公集四卷。朱軾撰。銅鼓書堂遺集三十二卷。查禮撰。珂雪集二卷，實庵詩略二卷。曹貞吉撰。培遠堂偶存稿四十八卷。陳宏謀撰。雙池文集十卷。汪紱撰。陶晚聞先生集十卷。陶正靖撰。經笥堂文鈔二卷。雷鋐撰。晴嵐詩存八卷。張若靄撰。壽藤齋集三十五卷。鮑倚雲撰。南華山人詩鈔十六卷，賜詩賡和集六卷。張鵬翀撰。問青堂詩集十卷。朱倫瀚撰。蔣濟航先生文集二卷。蔣汾功撰。奉石堂集二卷。達禮撰。受宜堂集四十三卷。常安撰。

以上順治、康熙、雍正朝

繩庵內外集二十四卷。劉綸撰。東山草堂集六卷。潘安禮撰。絳跗閣詩稿十一卷。諸錦撰。道古堂文集四十八卷，詩集二十六卷。杭世駿撰。紫竹山房文集十一卷，詩集十二卷。陳兆崙撰。隱拙齋集五十卷。沈廷芳撰。寶綸堂文鈔八卷，詩鈔六卷。齊召南撰。石笥山房詩集十一卷，補遺四卷，文集六卷，補遺一卷。胡天游撰。歸愚詩文鈔五十八卷。沈德潛撰。小倉山房文集三十卷，詩集三十一卷，外集七卷。袁枚撰。隨園詩錄十卷。邊連寶撰。白雲詩集七卷。盧存心撰。白雲山房文集六卷，詩集二卷。張象津撰。雲逗樓集二卷。楊度汪撰。黃靜山集十二卷。黃永年撰。檜門詩存四卷。金德瑛撰。強恕齋文鈔五卷。張庚撰。睫巢集六卷，後集一卷。李鍇撰。大谷山堂集六卷。夢麟撰。雷溪草堂詩一卷。那蘭長海撰。陳玉几詩集三卷。陳撰撰。無悔齋集十五卷。周京撰。樊榭山房集二十卷。厲鶚撰。果堂集十二卷。沈彤撰。賜書堂詩選八卷。周長發撰。明史雜詠四卷。嚴遂成撰。位山詩賦全集二卷。徐文靖撰。雲在詩鈔九卷。查祥撰。六峯閣詩稿一卷。朱稻孫撰。黍谷山房集十卷。吳麟撰。桑弢甫集八十四卷。桑調元撰。

唐堂集六十一卷，香屑集十六卷。黃之雋撰。集虛齋學古文十二卷。方棻如撰。綠蘿山房文集二十四卷，詩集三十三卷。胡浚撰。海峯文集十卷，詩集四卷。劉大櫆撰。鮚埼亭文集三十八卷，外集五十卷，詩集八卷，句餘土音四卷。全祖望撰。愛日堂吟稿十五卷。趙昱撰。沙河逸老小稿一卷。馬曰琯撰。南齋集二卷。馬曰璐撰。澄悅堂集十四卷。國梁撰。薇香集一卷，燕香集二卷，二集二卷。方觀承撰。裘文達詩集十二卷，文集六卷。裘曰修撰。春鳧小稿十二卷。符曾撰。蘀石齋詩集四十九卷。錢載撰。空山堂文集十二卷，詩集六卷。牛運震撰。阮齋集十卷。勞孝輿撰。槐堂詩文稿二十卷。汪沆撰。秀硯齋吟稿二卷。趙信撰。蘭藻堂集十二卷。舒瞻撰。

西齋詩輯遺三卷。博明撰。固哉草亭集六卷。高斌撰。陶人心語六卷。唐英撰。緝齋文集八卷，詩稿八卷。蔡新撰。板橋全集四卷。鄭燮撰。海門詩鈔初集十卷，外集四卷。鮑皐撰。賜書堂文集六卷，詩集四卷。翁照撰。介石堂詩集十卷，古文十卷。郭起元撰。素餘堂集三十四卷。于敏中撰。敬思堂詩集六卷，文集六卷。梁國治撰。知足齋文集六卷，詩集二十卷。朱珪撰。笥河文集十六卷。朱筠撰。切問齋集十六卷。陸燿撰。潛研堂文集五十卷，詩集十卷，續集十卷。錢大昕撰。可廬十種箸述敍例一卷。錢大昭撰。春融堂集六十八卷。王昶撰。西莊始存稿三十九卷，西沚居士集二十四卷。王鳴盛撰。樗亭詩稿十八卷。薩哈岱撰。蘭玉堂文集二十卷，詩集十卷。張雲錦撰。燕川集十四卷。范泰恆撰。援鶉堂文集六卷。姚範撰。蘇園仲文集二卷，補遺一卷，詩集六卷。蘇去疾撰。梅崖居士文集三十卷，外集八卷。朱仕琇撰。研經堂文集三卷，詩集十三卷。吉夢熊撰。松崖文鈔二卷。惠棟撰。復初齋文集三十五卷，詩集六十六卷。翁方綱撰。聽鶯居文鈔三十卷。翁廣平撰。紀文達遺集十六卷。紀昀撰。一瓢齋詩存六卷。薛雪撰。柘坡居士集十二卷。萬光泰撰。澄碧齋詩鈔十二卷。錢琦撰。靜廉齋詩集二十四卷。金甡撰。劉文清遺集十七卷。劉墉撰。冬心集四卷。金農撰。產鶴亭詩集七卷。曹廷棟撰。省吾齋集二十卷。竇光鼐撰。筠心書屋詩鈔十二卷。褚廷璋撰。月滿樓詩集四十一卷，別集六卷。顧宗泰撰。葆淳閣集二十六卷。王杰撰。泊鷗山房存稿三十八卷。陶元藻撰。墨香閣文集十五卷。彭惟新撰。小山詩鈔十一卷。鄒一桂撰。東原集十卷。戴震撰。南江集鈔四卷。邵晉涵撰。抱經堂文集三十四卷。盧文弨撰。玉芝堂文集六卷，詩集三卷。邵齊燾撰。隱几山房文集十六卷。邵齊熊撰。學福齋文集二十卷，詩集三十卷。沈大成撰。還讀齋詩稿二十卷。韓對撰。西澗草堂集四卷。閻循觀撰。南阜山人詩集七卷。高鳳翰撰。紅櫚書屋文稿七卷，詩稿四卷。孔繼涵撰。玉虹樓遺稿一卷。孔繼涑撰。靈巖山人文集四十卷，詩集二十卷。畢沅撰。青溪文集十二卷。程廷祚撰。存悔齋集二十八卷。劉鳳誥撰。恩餘堂經進初稿十二卷，續稿二十二卷，三稿十一卷。彭元瑞撰。秋士先生遺集六卷。彭績撰。二林居士集二十四卷。彭紹升撰。尊聞居士集八卷。羅有高撰。惜抱軒詩文集三十八卷。姚鼐撰。山木集十四卷。魯仕驥撰。忠雅堂文集十二卷，詩集二十九卷。蔣士銓撰。白華前稿六十卷，後稿四十卷。吳省欽撰。聽彝堂偶存稿二十一卷。吳省蘭撰。悅親樓詩集三十卷。祝德麟撰。三松堂詩集二十卷，文集四卷，續集六卷。潘奕雋撰。勉行堂文集六卷，詩集二十四卷。程晉芳撰。小峴山人文集六卷，詩集二十八卷。秦瀛撰。錢南園遺集五卷。錢灃撰。經韻樓集十二卷。段玉裁撰。百一山房詩集十二卷。孫士毅撰。寶奎堂集十二卷。陸錫熊撰。甌北集五十卷，續三卷，甌北詩鈔二十卷。趙翼撰。海愚詩鈔十二卷。朱孝純撰。夢樓詩集二十四卷。王文治撰。紅豆詩人集十九卷。董潮撰。清獻堂集十卷。趙佑撰。頻羅菴集十六卷。梁同書撰。無不宜齋稿四卷。翟灝撰。陳乾初文集十八卷，詩集十二卷，別集十九卷。陳確撰。臨江鄉人詩四卷。吳穎芳撰。青虛山房集十一卷。王太岳撰。程侍郎遺集十卷。程恩澤撰。訒菴詩存六卷。汪啓淑撰。響泉集三十卷。顧光旭撰。梅菴文鈔六卷，詩鈔五卷。鐵保撰。石閭詩稿三十卷。陳景元撰。竹葉庵集三十三卷。張塤撰。柚堂文存四卷。盛百二撰。蘭韻堂詩集八卷，御覽集四卷。沈初撰。孟亭居士文稿五卷，詩稿四卷。馮浩撰。述學內外篇六卷，詩集六卷。汪中撰。校禮堂集三十六卷。淩廷堪撰。無聞集四卷。崔述撰。授堂文鈔八卷。武億撰。顨軒所著書六十卷。孔廣森撰。拜經堂文集四卷。臧庸撰。問字堂集五卷，岱南閣集五卷，五松園文集一卷，芳茂山人詩錄九卷。孫星衍撰。卷施閣文甲集十卷，補遺一卷，乙集十卷，續編一卷，詩集二十卷，更生齋文甲集四卷，乙集二卷，詩集八卷，續集十卷。洪亮吉撰。純則齋駢文二卷，詩二卷。洪齮孫撰。嘉樹山房詩文集二十卷，外集二卷。張士元撰。大雲山房文稿四卷，二集四卷，言事二卷。惲敬撰。淵雅堂編年詩稿二十卷，愓夫未定稿二十六卷，詩外集四卷，文外集四卷。王芑孫撰。吉堂文稿十二卷，詩稿八卷。欽善撰。壹齋集四十卷。黃鉞撰。瓶庵居士文鈔四卷，詩鈔四卷。孟超然撰。雙佩齋文集四卷，駢體文一卷，詩集八卷。王友亮撰。船山詩草二十卷。張問陶撰。衍慶堂詩稿十一卷。顏檢撰。晚學集八卷。桂馥撰。簡松草堂詩集二十卷，文集十卷。張雲璈撰。韞山堂文集八卷，詩集十六卷。管世銘撰。陶山詩錄十二卷。唐仲冕撰。兩當軒集二十二卷。黃景仁撰。劉端臨遺書四卷。劉台拱撰。稼門詩文草十卷。汪志伊撰。第六弦溪文鈔四卷。黃廷鑑撰。雙桂堂稿十卷，續編八卷。紀大奎撰。亦有生齋詩集三十二卷，文集二十卷。續集六卷。趙懷玉撰。珍藝宧文鈔七卷，詩鈔二卷。莊述祖撰。眞率齋初稿十卷，芙蓉山館詩稿十六卷。楊芳燦撰。童山文集二十卷，補遺一卷。李調元撰。烟霞萬古樓文集六卷，仲瞿詩錄一卷。王曇撰。榮性堂集二十卷。吳俊撰。易簡齋詩鈔四卷。和寧撰。香湖文存一卷，詩鈔二卷。李堯文撰。存素堂詩初集二十四卷，二集二卷。法式善撰。素修堂詩集二十四卷，後集六卷。吳蔚光撰。雙藤書屋詩集十二卷。何道生撰。缾水齋詩集十七卷。舒位撰。清愛堂集二十三卷。魏成憲撰。留春草堂詩鈔七卷。伊秉綬撰。五硯齋文鈔十卷，詩鈔二十卷。沈赤然撰。澹靜齋文鈔六卷，詩鈔六卷。龔景瀚撰。陶園文集八卷，詩集二十四卷。張九鉞撰。笙雅堂文集四卷，詩集十四卷。張九鐔撰。有正味齋文集十六卷，駢體文二十四卷。詩集十六卷。吳錫麒撰。樹經堂文集四卷。謝啓昆撰。思不辱齋文集四卷，詩集四卷。萬承風撰。吳學士文集四卷。吳鼒撰。東潛文稿二卷。趙一清撰。玉山逸稿四卷。鮑廷博撰。炳燭齋遺文一卷。江藩撰。棕亭古文鈔十卷，駢體文鈔八卷，詩鈔十八卷。金兆燕撰。邁堂文略四卷。李祖陶撰。南澗文集二卷。李文藻撰。南野堂詩集七卷。吳文溥撰。論山詩選十五卷。鮑之鍾撰。悔生文集八卷。王灼撰。祗平居士集三十卷。王元啓撰。揅經室一集十四卷，二集八卷，三集五卷，四集十一卷，詩集十二卷，續集九卷，再續集六卷。阮元撰。茗柯文集五卷。張惠言撰。崇百藥齋文集二十卷，續集四卷，三集十二卷。陸繼輅撰。太乙舟文集八卷。陳用光撰。東溟文集六卷，外集四卷。姚瑩撰。南村草堂文鈔二十卷。鄧顯鶴撰。壯學齋文集十二卷。周樹槐撰。月滄文集八卷。呂璜撰。

孟塗文集十卷。劉開撰。通藝閣文集十二卷，詩錄八卷，和陶詩二卷。姚椿撰。休復居文集六卷。毛嶽生撰。初月樓集十八卷，詩鈔四卷。吳德旋撰。雕菰樓集二十四卷。焦循撰。思適齋集十八卷。顧廣圻撰。蛻稿四卷。梁玉繩撰。左海文集二十卷，絳跗閣詩集六卷。陳壽祺撰。鑑止水齋集二十卷。許宗彥撰。鐵橋漫稿八卷。嚴可均撰。尙絅堂文集二卷，詩五十二卷。劉嗣綰撰。小謨觴館文集四卷，續二卷，詩集八卷，續二卷。彭兆蓀撰。章氏遺書十一卷。章學誠撰。泰雲堂文集二十五卷。孫爾準撰。賞雨茆屋詩集二十二卷，駢體文二卷。曾燠撰。求是堂詩集二十二卷，文集六卷，駢體文二卷。胡承珙撰。養素堂文集三十五卷。張澍撰。柯家山館遺詩六卷，悔庵學文八卷。嚴元照撰。簡莊文鈔六卷，續編二卷，詩鈔一卷。陳鱣撰。心齋詩稿一卷。任兆麟撰。養一齋文集二十六卷。李兆洛撰。丹棱文鈔四卷。蔣彤撰。幼學堂詩集十七卷，文集八卷。沈欽韓撰。香蘇山館詩集二十一卷，文集二卷。吳嵩梁撰。落颿樓文稿六卷，賸稿二卷。沈垚撰。校經廎文稿十八卷。李富孫撰。借閑生詩三卷。汪遠孫撰。花宜館詩鈔十六卷，續鈔一卷，文略一卷。吳振棫撰。是程堂集二十二卷。屠倬撰。頤道堂文鈔十三卷，詩選三十卷，外集十三卷，戒後詩存十六卷，補遺六卷。陳文述撰。崇雅堂駢體文鈔四卷，文鈔二卷，詩鈔十卷，刪餘詩一卷。胡敬撰。潘少白古文八卷，詩五卷。潘諮撰。太鶴山人集十三卷。端木國瑚撰。秋室集十卷。楊鳳苞撰。沈四山人詩錄六卷。沈謹學撰。晚聞居士遺集九卷。王宗炎撰。三長物齋詩略五卷，文略六卷。黃本驥撰。鈞軒文鈔八卷，詩鈔四卷。洪頤煊撰。鶴泉文鈔二卷。戚學標撰。研六室文鈔十卷，補遺一卷。胡培翬撰。石經閣文集八卷，拜竹詩龕詩存四卷。馮登府撰。悔過齋文集七卷，續集七卷，補遺一卷。顧廣譽撰。白鵠山房詩選四卷，駢體文鈔二卷。徐熊飛撰。靈芬館詩集三十五卷。郭麐撰。游道堂集四卷。朱彬撰。眞有益齋文編十卷，詩娛室詩二十四卷，息耕草堂詩十八卷。黃安濤撰。桂馨堂詩集八卷。張廷濟撰。倚晴樓詩集十二卷，續集四卷。黃燮清撰。後甲集二卷。章大來撰。陶文毅公全集六十四卷。陶澍撰。養一齋詩文集二十五卷。潘德輿撰。適齋居士集四卷。舒敏撰。餘暇集二卷。特衣順撰。寸心知堂存稿六卷。湯金釗撰。秋水堂文集六卷，詩集六卷。莊亨陽撰。羣峰集五卷。沈清端撰。岑華居士詩八卷，鳳巢山樵詩十一卷，文集四卷。吳慈鶴撰。曬書堂文集十二卷，外集二卷，別集一卷。郝懿行撰。汪子文錄十卷，詩錄十卷。汪縉撰。功甫小集十一卷，東津館文集三卷。潘曾沂撰。知止堂文集八卷，詩稿十二卷。朱綬撰。邃雅堂文集十卷。姚文田撰。蘊素閣文集八卷，詩集十二卷。盛大士撰。小萬卷齋文稿二十四卷，詩稿三十二卷。朱珔撰。野雲詩鈔十二卷。鮑文逵撰。獨學廬初集九卷，二集九卷。石韞玉撰。與稽齋叢稿十八卷。吳翌鳳撰。天眞閣集五十四卷，外集六卷。孫原湘撰。劉禮部集十二卷。劉逢祿撰。陶山詩錄二十八卷。唐仲冕撰。貞定先生遺集四卷。莫與儔撰。印雪軒文鈔三卷，詩鈔十六卷。俞鴻漸撰。儆居集十卷。黄式三撰。問奇室詩集二卷，續集一卷，文集一卷。蔣曰豫撰。見星廬集九卷。林家桂撰。釣魚篷山館集六卷。劉佳撰。

以上乾隆、嘉慶朝

舊香居文稿十卷。王寶仁撰。仙樵詩鈔十二卷。劉文麟撰。抱沖齋詩集三十六卷。斌良撰。求是山房遺集四卷。鄂恆撰。柏梘山房文集十六卷，續集一卷，詩集十卷，駢文二卷。梅曾亮撰。小安樂窩文集四卷，詩存二卷。張海珊撰。怡志堂集八卷。朱琦撰。求自得之室文鈔十二卷，尚絅廬詩存二卷。吳嘉賓撰。龍壁山房文集十卷，詩鈔十二卷。王拯撰。通甫類稿四卷，續編二卷，詩存四卷，詩存之餘二卷。魯一同撰。玉笥山房詩集四卷，文一卷。顧廷綸撰。蒼筤文集六卷。孫鼎臣撰。因寄軒文初集十卷，二集六卷，補遺一卷。管同撰。儀衞軒文集十二卷，遺詩五卷。方東樹撰。㐆齋居士文集八卷。張穆撰。傳經室文集十卷，賦一卷，臨嘯閣詩鈔五卷。朱駿聲撰。味經山館文集四卷，續集二卷。戴鈞衡撰。萬善花室文集六卷，續集一卷，詩集五卷。方履籛撰。孫仰晦先生文集七卷。孫希朱撰。味無味齋詩鈔七卷，文一卷，駢文二卷。董兆熊撰。移華館駢體文四卷。董基誠撰。董方立文甲集二卷，乙集二卷。董祐誠撰。柴辟亭詩集四卷，十經齋文集四卷。沈濤撰。衎石齋紀事稿十卷，續稿十卷，刻楮集四卷，旅逸小稿二卷。錢儀吉撰。甘泉鄉人文稿二十四卷。錢泰吉撰。安吳四種三十六卷。包世臣撰。古微堂內集三卷，外集七卷，詩集六卷。魏源撰。介存齋詩六卷，文稿二卷。周濟撰。弇榆山房詩略十卷。許喬林撰。紅豆樹館詩集十四卷。陶樑撰。定盦文集三卷，續集四卷，文詩集補二卷，雜詩一卷，文集補編四卷。龔自珍撰。復莊詩問三十四卷，駢體文榷八卷。姚燮撰。青溪舊屋文集十卷。劉文淇撰。齊物論齋文集六卷。董士錫撰。悔廬文鈔六卷。張崇蘭撰。密梅花館詩錄二卷。焦廷琥撰。李文恭公文集十六卷，詩集八卷。李星沅撰。胡文忠公集八十八卷。胡林翼撰。倭文端公遺書十二卷。倭仁撰。吳文節公遺集八十卷。吳文鎔撰。曾文正公文集四卷，詩集三卷。曾國藩撰。曾忠襄公集三十二卷。曾國荃撰。唐確慎公集十卷。唐鑑撰。拙修集十卷。吳廷棟撰。習苦齋詩文集十二卷。戴熙撰。沈文忠公集十卷。沈兆霖撰。盾鼻餘瀋一卷。左宗棠撰。羅忠節公詩文集八卷。羅澤南撰。彭剛直公詩集八卷。彭玉麟撰。江忠烈公遺集十卷。江忠源撰。王壯武公遺集二十五卷。王鑫撰。張文節公遺詩一卷。張洵撰。彭文敬集四十四卷。彭蘊章撰。躬恥齋文鈔十四卷，後編六卷，詩鈔十四卷，後編十一卷。宗稷辰撰。受恆受漸齋集十二卷。沈日富撰。半巖廬文集二卷，詩集二卷。邵懿辰撰。遜學齋文鈔十卷，詩鈔十卷。孫衣言撰。一燈精舍甲部稿五卷。何秋濤撰。顯志堂文集十二卷。馮桂芬撰。思益堂古詩二卷，駢文二卷，詩集六卷。周壽昌撰。昨非集四卷。劉熙載撰。斅藝齋文存三卷，詩存一卷，外集一卷。鄒漢勛撰。蓬萊閣詩錄四卷。陳克家撰。養晦堂文集十卷，詩集二卷。劉蓉撰。水流雲在館詩鈔六卷。宋晉撰。玉井山館文略五卷，文續二卷，詩十五卷。許宗衡撰。經德堂文集七卷，浣月山房詩集五卷。龍啓瑞撰。梓湖文錄八卷。吳敏樹撰。聽松廬詩略二卷。張維屏撰。海陀華館文集一卷，詩集三卷。何若瑤撰。面城樓集十卷。曾釗撰。樂志堂文集十八卷，詩集十二卷，續集三卷。譚瑩撰。修本堂稿一卷，月亭詩鈔一卷。林伯桐撰。東塾集六卷。陳澧撰。守柔齋詩集八卷。蘇廷魁撰。斯未信齋文編十二卷。徐宗幹撰。虹橋老人遺稿九卷。秦緗業撰。未灰齋文集八卷。徐鼒撰。翠巖室文稿二卷，詩鈔五卷。韓弼元撰。楓南山館遺集八卷。莊受祺撰。漱六山房全集十三卷。吳昆田撰。無近名齋文鈔四卷。彭翊撰。閱莒草堂遺草四卷。王拓撰。意苕山館詩稿十六卷。陸嵩撰。楙花盦詩二卷。葉廷琯撰。袖海樓文錄六卷。黃汝成撰。郘亭詩鈔六卷，遺詩八卷，遺文八卷。莫友芝撰。賓萌集六卷，外集四卷，春在堂雜文二卷，續編五卷，三編四卷，四編八卷，五編八卷，六編十卷，詩編二十三卷，詁經精舍自課文二卷。俞樾撰。武陵山人雜著一卷。顧觀光撰。微尚齋遺文一卷。馮志沂撰。東洲草堂詩鈔二十七卷。何紹基撰。大小雅堂詩鈔十卷。邵堂撰。西漚全集十卷。李惺撰。簡學齋詩文鈔十二卷。陳沆撰。小重山房初稿二十四卷。張祥河撰。好雲樓集二十八卷。李聯琇撰。易畫軒詩錄二卷。王學浩撰。依舊草堂遺稿一卷。費丹旭撰。海秋詩集二十六卷，後集二卷。湯鵬撰。如舟吟館詩鈔一卷。瑞常撰。大小雅堂集一卷。承齡撰。佩蘅詩鈔十二卷。寶鋆撰。𥗼𧮪亭集三十二卷。祁寯藻撰。澄懷書屋詩草四卷。穆彰阿撰。香南居士集六卷。崇恩撰。通藝閣全集四十三卷。姚椿撰。梅麓詩鈔十八卷，文鈔八卷。齊彥槐撰。巢經巢詩鈔九卷。鄭珍撰。積石詩存十八卷。張履撰。木雞書屋文鈔三十卷。黃金臺撰。靜遠堂集三卷。陳壽熊撰。健修堂詩集二十二卷。邊浴禮撰。澄懷堂詩集十四卷。陳裴之撰。匆二三齋詩一卷。孔廣牧撰。琴隱園詩集三十六卷。湯貽汾撰。竹石居文草四卷，詩草四卷。童華撰。李文忠公全集一百六十三卷。李鴻章撰。求補拙齋文略二卷，詩略二卷。黎培敬撰。大潛山房詩鈔一卷。劉銘傳撰。周武壯公遺書九卷。周盛傳撰。曾惠敏公詩文集九卷。曾紀澤撰。結一廬遺文二卷。朱學勤撰。心白日齋集四卷。尹耕雲撰。養雲山莊文集四卷，詩集四卷。劉瑞芬撰。湖塘林館駢體文鈔二卷，白華絳趺閣詩集十卷。李慈銘撰。拙尊園文稿六卷。黎庶昌撰。有恆心齋集四十四卷。程鴻詔撰。謫麐堂文集四卷。戴望撰。復堂文四卷，文續五卷，詩十一卷。譚獻撰。舒藝室雜著甲編二卷，乙編二卷，賸稿一卷，詩存七卷。張文虎撰。仰蕭樓文集一卷。張星鑑撰。通齋詩集五卷，外集一卷，文集二卷，垂金蔭綠軒詩鈔二卷，圃珖巖詩鈔四卷。蔣超伯撰。曉瀛遺稿二卷。蔣繼伯撰。賭棊山莊集七卷。謝章鋌撰。陶堂遺文一卷，志微錄五卷。高心夔撰。毋自欺室文集十卷。王炳燮撰。劍虹居文集二卷，詩集二卷。秦煥撰。天岳山館文鈔四十卷。李元度撰。歸盦文稿八卷。葉裕仁撰。悔餘庵詩稿十三卷，文稿九卷。何栻撰。攜雪堂全集四卷。吳可讀撰。存素堂詩文十三卷。錢寶琛撰。集義齋詠史詩鈔六十卷。羅惇衍撰。倚晴樓詩集十二卷，續集四卷。黃燮清撰。小匏庵詩存六卷。吳仰賢撰。汀鷺文鈔三卷，詩鈔二卷，詩餘一卷。楊傳第撰。蒿庵遺集十二卷。莊棫撰。小西腴山房全集二十卷。吳大廷撰。百柱堂詩稿八卷。王柏心撰。亨甫詩選八卷。張際亮撰。悔庵詩鈔十五卷。汪士鐸撰。煙嶼樓文集四十卷，詩集十六卷。徐時棟撰。柏堂集七十一卷。方宗誠撰。琴鶴山房遺稿八卷。趙銘撰。仙心閣詩鈔八卷。彭慰高撰。古紅梅閣遺集八卷。劉履芬撰。漸西村人詩初集十三卷，安般簃詩續鈔十卷，水明樓詩一卷，于湖文錄六卷。袁昶撰。澤雅堂詩集六卷，文集八卷。施補華撰。寒松閣詩集四卷。張鳴珂撰。漢孳室文鈔四卷。陶方琦撰。縵雅堂駢體文八卷。王詒壽撰。扁善堂文存二卷，詩存一卷。鄧嘉緝撰。鄭東父遺書六卷。鄭杲撰。濂亭文集八卷。張裕釗撰。儀顧堂集二十卷。陸心源撰。枕經堂文鈔二卷，駢文二卷。方朔撰。虛受堂文集十六卷。王先謙撰。庸盦全集十五卷。薛福成撰。吳摯甫文集四卷，詩集一卷。吳汝綸撰。函雅堂集二十四卷。王詠霓撰。誦芬詩略三卷。黃炳垕撰。意園文略一卷，鬱華閣遺詩三卷。盛昱撰。靈石山房詩草二卷。貴成撰。藤香館詩詞刪存六卷。薛時雨撰。退補齋詩存十六卷，二編七卷，文存十二卷，二編五卷。胡鳳丹撰。寶韋齋類稿一百卷。李桓撰。香禪紀游草四卷。潘鍾瑞撰。汲菴文存六卷，詩存八卷。楊象濟撰。小芋香館遺集十二卷。李杭撰。蘿摩亭遺詩四卷。喬松年撰。養知書屋文集二十八卷，詩集十五卷。

郭嵩燾撰。句溪雜著二卷。陳立撰。廣經室文鈔一卷。劉恭冕撰。學詁齋文集二卷。薛壽撰。心巢文錄一卷。成蓉鏡撰。頤情館聞過集十二卷。宗源瀚撰。元同文鈔六卷。黃以周撰。愛經居雜著四卷。黃以恭撰。崇蘭堂詩存十卷。張預撰。玉鑑堂詩存一卷，櫟寄詩存一卷。汪曰楨撰。味靜齋詩存八卷。徐嘉賓撰。范伯子詩集十九卷。范當世撰。通雅堂詩鈔十卷。施山撰。伏敔堂詩錄十五卷，續錄四卷。江湜撰。隨安廬文集六卷，詩集九卷。亢樹滋撰。西圃集十卷。潘遵祁撰。佩弦齋文存三卷，詩存一卷。朱一新撰。姚震甫文略十卷。姚興撰。榴石山房遺稿十卷。吳存義撰。嘯古堂文集八卷。蔣敦復撰。讀有用書齋雜著二卷。韓應陛撰。秋蟪吟館詩鈔六卷，文鈔一卷。金和撰。冬暄草堂詩鈔二卷。陳豪撰。訓眞書屋詩存二卷。黃國瑾撰。鮮庵遺稿一卷。黃紹箕撰。縵庵遺稿一卷。黃紹第撰。籀高述林十卷。孫詒讓撰。人境廬詩十一卷。黃遵憲撰。雁影樓詩存一卷。李希聖撰。賀先生文集四卷。賀濤撰。張文襄公全集二百四十卷。張之洞撰。雄白文集一卷。張宗瑛撰。望雲山房文集三卷，詩集一卷。安維峻撰。瞿文愼公詩選遺墨四卷。瞿鴻禨撰。題曾文正公祠百詠一卷。朱孔彰撰。蒿盦類稿三十二卷。馮煦撰。

以上道光、咸豐、同治、光緒、宣統朝

六宜樓稿一卷，綠華草一卷。吳宗愛撰。拙政園詩集二卷。陳之遴室徐燦撰。徐都講詩一卷。徐昭華撰。芸香巢賸稿一卷。查爲仁室金玉元撰。挹青軒詩稿一卷。華浣芳撰。玉窗遺稿一卷。葛宜撰。厲書樓稿一卷。陳縠撰。蘊眞軒詩草二卷。高其倬室蔡琬撰。培遠堂詩四卷。畢沅母張藻撰。蠹牕詩集十四卷。張英女令儀撰。柴車倦游集二卷。蔣士銓母鍾令嘉撰。晚晴樓詩草二卷。陸錫熊母曹錫淑撰。長離閣集一卷。孫星衍室王采薇撰。寫韻軒小稿二卷。王芑孫室曹貞秀撰。五眞閣吟稿一卷。陸繼輅室錢惠尊撰。長眞閣集七卷。孫原湘室席佩蘭撰。古春軒詩文鈔二卷。許宗彥室梁德繩撰。閨中文存一卷。郝懿行室王照圓撰。梯仙閣餘課一卷。曹一士室陸鳳池撰。如亭詩草一卷。鐵保室瑩川撰。芳蓀書屋存稿四卷。吳瑛撰。澹仙詩鈔四卷，文鈔一卷。熊璉撰。蘭居吟草一卷。陳玉瑛撰。繡閒集一卷。浦淡英撰。問花樓遺稿三卷。許權撰。傳書樓詩稿一卷。金順撰。南樓吟稿二卷。徐映玉撰。盈書閣遺稿一卷。袁棠撰。素文女子遺稿一卷。袁機撰。樓居小草一卷。袁杼撰。浣青詩草一卷。錢維城女孟鈿撰。纕芷閣遺稿一卷。左如芬撰。蘊玉樓集四卷。屈秉筠撰。紅香館詩草二卷。麟慶母惲珠撰。繡餘小草一卷。歸懋儀撰。起雲閣詩鈔四卷。鮑之蘭撰。清娛閣吟稿六卷。鮑之蕙撰。三秀齋詩鈔二卷。鮑之芬撰。聽秋軒詩集四卷。駱綺蘭撰。不櫛吟三卷。潘素心撰。鼓瑟樓偶存一卷。葉魚魚撰。貽硯齋詩稿四卷。孫蕙意撰。珠樓遺稿一卷。徐貞撰。蘭如詩鈔一卷。葉蕙心撰。蘭韞詩草四卷。徐裕馨撰。梅花繡佛齋草一卷。畢汾撰。秋紅丈室遺詩一卷。王曇室金禮嬴撰。澹鞠軒詩稿四卷。張䌌英撰。緯青遺稿一卷。張紃英撰。鄰雲友月之居詩集四卷，餐楓館文集三卷。張紈英撰。綠槐書屋詩稿五卷。張綸英撰。自然好學齋詩鈔十卷。陳裴之室汪端撰。芸香閣詩稿一卷。黃婉璚撰。瀘月軒集七卷。趙棻撰。小維摩集一卷。江珠撰。繡篋小集四卷。朱綬室高篃撰。天游閣集五卷。貝勒奕繪側室顧太清撰。芸香館遺詩二卷。宗室盛昱母那遜蘭保撰。清足居集一卷。鄧瑜撰。

以上閨閣

寶雲堂集四卷。南潛撰。完玉堂詩集十卷。元璟撰。冬關詩鈔六卷。通復撰。懶齋別集十四卷。通門撰。雙樹軒詩鈔一卷。滋汎撰。香域內外集十二卷。敏膺撰。敲空遺響十二卷。如乾撰。偏行堂續集十六卷。今釋撰。石堂集七卷。元玉撰。芝厓詩集二卷。超凡撰。流香一覽一卷。明開撰。話墮集六卷。篆玉撰。洞庭詩稿六卷。大鐙撰。笠堂詩草一卷。福紅撰。倚杖吟五卷。古風撰。南磵吟草一卷。實月撰。菼虛大師遺集三卷。明中撰。法喜集三卷、唾餘集三卷。禪一撰。水明山樓集四卷。寶懿撰。借菴詩草十二卷。清恆撰。竹牕賸稿一卷。伴霞撰。口頭吟一卷。龍池撰。鑁頭吟一卷。起信撰。茶夢山房吟草二卷。達宣撰。古樹軒錄一卷。嘯顚撰。小綠天菴吟草一卷。達受撰。

以上方外

宋潘閬逍遙集一卷，趙湘南陽集六卷，夏竦文莊集三十六卷，宋庠宋元憲集四十卷，宋祁宋景文集六十二卷、補遺二卷、附錄一卷，胡宿文恭集五十卷、補遺一卷，宋强至祠部集三十六卷，王珪華陽集六十卷、附錄十卷，金君卿金氏文集二卷，劉敞公是集五十四卷，劉攽彭城集四十卷，陳舜俞都官集十四卷，鄭獬鄖溪集三十卷，呂陶淨德集三十卷，劉摯忠肅集二十卷，王安禮王魏公集八卷，李廌濟南集八卷，張舜民畫墁集八卷，陸佃陶山集十四卷，華鎮雲溪居士集三十卷，李復潏水集十六卷，劉跂學易集八卷，畢仲游西臺集二十卷，吳則禮北湖集五卷，謝逸溪堂集十卷，李彭日涉園集十卷，呂南公灌園集二十卷，慕容彥逵摛文堂集十五卷、附錄一卷，許翰襄陵集十二卷，毛滂東堂集十卷，周行己浮沚集八卷，趙鼎臣竹隱畸士集二十卷，洪朋洪龜父集二卷，李新跨鼇集三十卷，李若水忠愍集三卷，王安中初寮集八卷，許景衡橫塘集二十卷，洪芻老圃集二卷，葛勝仲丹陽集二十四卷，張守毘陵集十五卷，汪藻浮溪集三十六卷，李光莊簡集十八卷，趙鼎忠正德文集十卷，張擴東窻集十六卷，翟汝文忠惠集十卷、附錄一卷，劉才邵檆溪居士集十二卷，呂頤浩忠穆集八卷，張嵲紫微集三十六卷，王洋東牟集十四卷，王之道相山集三十卷，黃彥平三餘集四卷，李正民大隱集十卷，洪皓鄱陽集四卷，李流謙澹齋集十八卷，朱翌灊山集三卷，郭印雲溪集十二卷，綦崇禮北海集四十六卷、附錄三卷，李處權崧庵集六卷，吳可藏海居士集二卷，曾幾茶山集八卷，張元幹蘆川歸來集十卷、附錄一卷，鄧深鄧紳伯集二卷，仲并浮山集十卷，吳芾湖山集十卷，汪應辰文定集二十四卷，陳長方唯室集四卷、附錄一卷，王之望漢濱集十六卷，曹協雲莊集五卷，林季仲竹軒雜箸六卷，王質雪山集十六卷，李石方舟集二十四卷，喻良能香山集十六卷，崔敦禮宮教集十二卷，陳棣蒙隱集二卷，衞博定庵類稿四卷，李呂澹軒集八卷，虞儔尊白堂集六卷，袁說友東堂集二十卷，許及之涉齋集十八卷，趙蕃乾道稿一卷、淳熙稿二十卷、章泉稿五卷，彭龜年止堂集二十卷，曾丰緣督集二十卷，袁燮絜齋集二十四卷，蔡戡定齋集二十卷，員興宗九華集二十五卷、附錄一卷，趙善括應齋雜箸六卷，李洪芸庵類稿六卷，張鎡南湖集十卷，韓元吉南澗甲乙稿二十二卷，章甫自鳴集六卷，楊冠卿客亭類稿十五卷，史堯弼蓮峰集十卷，孫應時燭湖集二十卷、附編二卷，曹彥約昌谷集二十二卷，廖行之省齋集十卷，周南山房集九卷，衞涇後樂集二十卷，度正性善堂稿十五卷，葛紹體東山詩選二卷，袁甫蒙齋集十八卷，吳泳鶴林集四十卷，許應龍東澗集十四卷，戴栩浣川集十卷，陳元晉漁墅類稿八卷，程公許滄洲塵缶編十四卷，蘇泂冷然齋集八卷，韓淲澗泉集二十卷，陳耆卿篔窻集十卷，王邁臞軒集十六卷，包恢敝帚稿略八卷，趙汝騰庸齋集六卷，趙孟堅彝齋文編四卷，張侃張氏拙軒集六卷，唐士恥靈巖集十卷，徐元杰楳埜集十二卷，高斯得恥堂存稿八卷，陽枋字溪集十一卷、附錄一卷，釋文珦潛山集十二卷，劉辰翁須溪集十卷，胡仲弓葦航漫游稿四卷，馬廷鸞碧梧玩芳集二十四卷，舒岳祥閬風集十二卷，衞宗武秋聲集六卷，董嗣杲廬山集五卷、英溪集一卷，家鉉翁則堂集六卷，連文鳳百正集三卷，陳杰自堂存稿四卷，蒲壽晟心泉學詩稿六卷。金王寂拙軒集六卷。元張養浩歸田類稿二十四卷，艾性夫剩語二卷，陸文圭牆東類稿二十卷，趙文青山集八卷，胡祗遹紫山大全集二十六卷，楊宏道小亨集六卷，魏初青崖集五卷，劉將孫養吾齋集三十二卷，耶律鑄雙溪醉隱集八卷，滕安上東庵集四卷，程端禮畏齋集六卷，姚燧牧庵文集三十六卷，陳宜甫陳秋巖詩集二卷，王旭蘭軒集十六卷，張之翰西巖集二十卷，劉敏中中庵集二十卷，王結王文忠集六卷，蕭𣂏勤齋集八卷，同恕榘庵集十五卷，王沂伊濱集二十四卷，程端學積齋集五卷，朱晞顏瓢泉吟稿五卷，張仲深子淵詩集六卷，劉仁本羽庭集六卷，吳皐吾吾類稿三卷，周巽性情集六卷，胡行簡樗隱集六卷。明謝肅密庵集八卷，錢宰臨安集六卷，藍仁藍山集六卷，藍智藍澗集六卷，鄭潛樗庵類稿二卷，龔斅鵝湖集九卷。以上乾隆時敕輯。宋晏殊元獻遺文一卷。胡亦堂輯。宋尤袤梁溪遺稿一卷。尤侗輯。

以上輯佚

總集類

古文淵鑒六十四卷。康熙二十四年，徐乾學等奉敕編。唐宋文醇五十八卷。高宗御定。全唐文一千卷。嘉慶十九年敕編。清文穎一百二十四卷。乾隆十二年，張廷玉等奉敕編。清續文穎一百八卷。嘉慶十五年敕編。全唐詩九百卷。康熙四十六年，彭定求等奉敕編。唐詩三十二卷，附錄一卷。康熙五十二年，聖祖御選。四朝詩三百十二卷。康熙四十八年，張豫章等奉敕編。全金詩七十四卷。郭元釪原本，康熙五十年奉敕刊。佩文齋詠物詩選四百八十六卷。康熙四十五年，張玉書等奉敕編。歷代題畫詩一百二十卷。康熙四十六年，陳邦彥等奉敕編。唐宋詩醇四十七卷。高宗御定。熙朝雅頌集首集二十六卷，正集一百八卷。嘉慶九年，鐵保等奉敕編。千叟宴詩四卷。康熙六十一年敕編。千叟宴詩三十四卷。乾隆四十九年敕編。重舉千叟宴詩三十四卷。乾隆五十五年敕編。南巡召試錄三卷。乾隆時，謝墉等奉敕編。上書房消寒詩一卷。嘉慶時，董觀國等奉敕編。三元詩一卷，附三元喜讌詩一卷。嘉慶二十五年，陸錫熊奉敕編。歷代賦彙一百四十卷，外集二十卷，逸句二卷，補遺二十二卷。康熙四十五年，陳元龍等奉敕編。四書文四十一卷。乾隆元年，方苞奉敕編。

文選舉正二卷。陳景雲撰。文選理學權輿八卷。汪師韓撰。文選理學權輿補一卷，文選李注補正四卷，文選考異四卷。孫志祖撰。文選考異十卷。胡克家撰。文選音義八卷。余蕭客撰，陳彬華補輯。文選集釋二十四卷。朱珔撰。選學膠言二十卷。張雲璈撰。文選旁證四十六卷。梁章鉅撰。文選箋正三十二卷。胡紹煐撰。讀選意籤一卷。陳僅撰。選學規李一卷，選學規何一卷。徐攀鳳撰。文選疏解十九卷。顧施楨撰。選詩定論十八卷。吳淇撰。古詩十九首說一卷。徐昆撰。古詩十九首注一卷。卿彬撰。古詩十九首解一卷。張庚撰。古詩十九首詳解二卷。饒學斌撰。

文選古字通疏證六卷。薛傳均撰。文選考音一卷。趙晉撰。文選編珠一卷。石蘊玉撰。文選通假字會四卷。杜宗玉撰。文選課虛四卷。杭世駿撰。玉臺新詠考異十卷。紀容舒撰。玉臺新詠箋注十卷。吳兆宜撰。才調集補注十卷。殷元勳、宋邦綏同撰。三體唐詩補注六卷。高士奇撰。唐詩鼓吹箋注十卷。注，錢朝鼒、王俊臣撰；箋，王清臣、陸貽典撰。詩紀匡謬一卷。馮舒撰。

全上古三代秦漢三國六朝文七百四十六卷。嚴可均輯。唐文粹補遺二十六卷。郭麐輯。唐文拾遺八十卷，續十六卷。陸心源輯。宋文選三十卷。顧宸編。宋四大文選八卷。陶珽編。南宋文範七十卷。莊仲方編。南宋文錄二十四卷。董兆熊編。遼文萃七卷。王仁俊輯。金文雅十卷。莊仲方編。金文最一百二十卷。張金吾輯。南漢文字四卷。梁廷枏編。西夏文綴二卷。王仁俊輯。明文海四百八十二卷，明文授讀六十二卷。黃宗羲編。明文在一百卷。薛熙編。國朝古文彙鈔初集一百七十六卷，二集一百卷。朱珔編。國朝文錄八十二卷，續錄六十六卷。李祖陶編。國朝文錄一百卷。姚椿編。國朝文徵四十卷。吳翌鳳編。國朝古文正的七卷。楊彝珍編。國朝六家文鈔八卷。劉執玉編。三家文鈔三十二卷。宋犖編。湖海文傳七十五卷。王昶編。切問齋文鈔三十卷。陸燿編。皇朝經世文編一百二十卷。賀長齡編。皇朝經世文續編一百二十卷。盛康編。唐宋八大家文鈔十九卷。張伯行編。唐宋八大家全集錄五十一卷。儲欣編。唐宋八大家文讀本三十卷。沈德潛編。唐宋八家文分體初集八卷，二集八卷，三集八卷。汪份編。金元明八大家文選五十三卷。李祖陶編。斯文正統十二卷。刁包編。古文雅正十四卷。蔡世遠編。古文精藻二卷。李光地編。續古文雅正十四卷。林有席編。文章正宗讀本十六卷。王翰熙編。文章練要十卷。王源編。古文近道集二卷。王贊元編。古文約編十卷。倪承茂編。乾坤正氣集五百七十四卷。潘錫恩編。古文詞類纂四十八卷。姚鼐編。古文詞略二十四卷。梅曾亮編。續古文詞類纂三十四卷。王先謙編。續古文詞類纂二十八卷。黎庶昌編。經史百家雜鈔二十卷。經史百家簡編二卷。鳴原堂論文二卷。曾國藩編。續古文苑二十卷。孫星衍輯。金石文鈔八卷。趙紹祖編。八旗文經五十六卷，作者考一卷。盛昱編。燕臺文選八卷，補遺一卷。田茂遇編。容城三賢集十卷。張斐然編。金陵文鈔十六卷。陳作霖編。七十二峰足徵集一百一卷。吳定璋編。松陵文錄二十四卷。淩淦編。南昌文考二十卷。徐午編。臨川文獻八卷。胡亦堂編。豐陽人文紀略十卷。聶芳聲編。金華文略二十卷。王崇炳編。當湖文繫初編二十八卷。朱壬林編。縉雲文徵二十卷，補編一卷。湯成烈編。湖南文徵一百九十卷。羅汝懷編。中州文徵五十四卷。蘇源生編。續垂棘編三集十卷，四集九卷。范鄗鼎編。滇南文略四十七卷。袁文揆、張登瀛編。楊氏五家文鈔十二卷。楊長世及從子以叡、以儼從孫兆鳳、兆年撰。義門鄭氏奕葉集十卷。鄭爾垣編。申氏拾遺集二卷。申居鄖編。汪氏傳家集一百三十卷。汪琬編。三陶集二十二卷。楊沂孫編。沈氏三代家言十五卷。沈中祐編。彭氏三先生集七卷。彭祖賢編。安吉施氏遺著七卷。戴翊清、朱廷燮同編。錢氏四先生集十五卷。不著編人。駢體文鈔三十一卷。李兆洛編。唐駢體文鈔十七卷。陳均編。宋四六選二十四卷。彭元瑞、曹振鏞同編。駢體正宗十二卷。曾燠編。駢文類苑十四卷。姚燮編。八家四六八卷。孫星衍編。十家四六十卷。王先謙編。歷朝賦格十五卷。陸棻編。歷朝賦楷九卷。王修玉編。賦彙錄要箋略十卷。吳光昭撰。七十家賦鈔五卷。張惠言編。藏庋集十六卷。周在浚編。尺牘嚶鳴集十二卷。王相編。顏氏家藏尺牘四卷，姓氏考一卷。潘仕成編。明尺牘墨華三卷。黃本驥編。宮閨文選三十五卷。周壽昌編。

漢詩音注五卷，漢詩評五卷。李因篤撰。漢詩統箋三卷。陳本禮撰。唐詩選十七卷，唐人萬首絕句選七卷，唐賢三昧集三卷。王士禛編。唐賢三昧集箋注三卷。吳煊、胡棠撰。全唐詩錄一百卷。徐倬編。唐四家詩選八卷。汪立名編。說唐詩二十三卷。戴明說撰。續三體唐詩八卷，唐詩掞藻八卷。高士奇撰。唐詩叩彈集十二卷，續集三卷。杜詔、杜庭珠同編。唐詩貫珠箋釋六十卷。胡以梅編。唐詩別裁集三十卷。沈德潛編。讀雪山房唐詩選四十卷，序例一卷。管世銘編。全五代詩一百卷。李調元編。宋詩鈔一百六卷。吳之振編。宋詩刪二十五卷。顧貞觀編。宋百家詩存二十八卷。曹廷棟編。宋詩選四十九卷。曹學佺編。元詩選三集一百十一卷，元詩選癸集十卷。顧嗣立編。列朝詩集六集八十一卷。錢謙益編。明詩綜一百卷。朱彝尊編。明詩別裁集十二卷。沈德潛編。明三十家詩選二集十六卷。閨秀汪端編。古詩選三十二卷。王士禛編。詩原二十五卷。顧大申編。歷朝詩約選九十二卷。劉大櫆編。古詩錄十二卷。張琦編。十八家詩鈔二十卷。曾國藩編。宋元詩會一百卷。陳焯編。宋金元詩永二十卷，補遺二卷。吳綺編。宋金元詩選八卷。吳翌鳳編。宋元四家詩選四卷。戴熙編。淸詩選三十卷。孫鋐編。淸詩初集十二卷。蔣鑨等編。盛朝詩選初集十二卷。顧施楨編。本朝應制琳琅集十卷。鄒一桂編。本朝館閣詩二十卷。阮學洪編。國朝賡颺集注十六卷。張日珣、邱允德同編。國朝應制詩粹四卷。許大綸編。淸詩鼓吹四卷。周佑予編。國雅集二卷。傅王露編。國朝詩別裁集三十六卷。沈德潛編。國朝正雅集一百卷。符葆森編。國朝詩十卷，外編一卷，補六卷。吳翌鳳編。國朝詩的六十三卷。陶煊等編。國朝詩乘十卷。劉然編。國朝詩鐸二十六卷。張應昌編。國朝詩隱一卷。不著編人氏名。國朝詩萃初集十卷，二集四卷。潘瑛等編。國朝六家詩鈔八卷。劉執玉編。國初十家詩鈔七十五卷。王相編。四家詩鈔二十八卷。王企靖編。詩持十卷，廣集八十九卷。魏憲編。陸陳二先生詩鈔十六卷。蒯德模編。二家詩鈔二十卷。邵長蘅編。七子詩選十四卷。沈德潛編。八家詩選八卷。吳之振編。二馮詩集九卷。胡思敬編。國朝四家詩集四卷。葉燮編。詩觀十二卷。鄧漢儀編。明遺民詩十六卷。卓爾堪編。感舊集十六卷。王士禛編。同人集十二卷。冒襄編。舊懷集二卷。馮舒編。篋衍集十二卷。陳維崧編。湖洄集十卷。魏裔介編。近光集二十四卷。汪士鋐編。羣雅集十二卷。李振裕編。高言集四卷。田茂遇、董俞同編。于野集七卷。王原編。友聲集七卷。賴鯤升編。續同人集十三卷。袁枚編。金蘭續集一卷。徐堅編。八表停雲集三十卷。嚴長明編。羣雅集四十卷，二集九卷。王豫編。清尊集十六卷。汪遠孫編。刻燭集一卷。曹仁虎編。盍簪集十卷。劉國樽編。過日集十六卷。曾燦編。幽光集一卷。方登賢編。沈珠集一卷。陳辰生編。金鈴集十二卷。張綸編。天籟集一卷。鄭旭旦編。慰託集十六卷。黃安濤編。印須集八卷，續集六卷，又續集六卷，懷舊集十二卷，續集六卷，又續集二卷。吳翌鳳編。同調集一卷。龍鐸、舒位同編。拜颺集八卷。馬俊臣編。蘭言集二十卷。謝堃編。蘭言集十二卷。趙紹祖編。篤舊集十八卷。劉存仁編。師友集十卷。梁章鉅編。擷芳集二卷。謝桐岡編。共賞集一卷，二編一卷。錢辰編。湖海詩傳四十六卷。王昶編。扶輪新集十四卷。黃傳祖編。同岑詩選十二卷。黃孫燦編。同人題贈集四卷。何承燕編。蛻翁所見錄十卷。葉廷琯編。白山詩介十卷。鐵保編。國朝畿輔詩傳六十卷。陶樑編。滄州詩鈔十二卷。王國均編。津門詩鈔三十卷。梅成棟編。燕齊四家詩集十二卷。不著編人。磁人詩十卷。楊方晃編。易臺風雅四卷。蘇宏祖編。易臺風雅續集四卷。蘇元善編。江蘇詩徵一百八十卷。王豫編。國朝金陵詩徵四十八卷。朱緒曾編。石城七子詩鈔十四卷。翁長森編。金陵名勝詩鈔四卷，秦淮詩鈔二卷。李鼇編。南邦黎獻集十六卷。鄂爾泰編。吳風二卷，江左十五子詩選十五卷。宋犖編。江左三大家詩鈔九卷。顧有孝編。江左十子詩鈔十卷。王鳴盛編。吳會英才集二十四卷。畢沅編。吳門三家詩三卷。朱琳編。姑蘇楊柳枝詞一卷。汪琬編。

木瀆詩存十四卷。汪正編。國朝松陵詩徵二十卷。費周仁編。禊湖詩十八卷。徐達源編。松風餘韻五十一卷。姚宏緒編。國朝練音集十二卷。王輔銘編。青浦詩傳三十二卷。王昶編。海曲詩鈔十六卷。馮金伯編。太倉十子詩選十卷。吳偉業編。毘陵六逸詩鈔二十三卷。莊仕芬、徐梅同編。梁溪詩鈔五十八卷。顧光旭編。京江耆舊集十三卷。張學仁編。焦山詩集一卷。盧見曾編。淮海英靈集二十二卷。阮元編。邗上題襟集一卷，續集一卷。曾燠編。甓湖聯吟集七卷。李光國撰。高郵耆舊詩存二卷。王敬之編。東皋詩存四十八卷。王之珩編。崇川詩鈔彙存五十一卷。王藻編。崇川詩集十二卷。孫翔編。續宛雅八卷。蔡蓁編。合肥三家詩錄二卷。譚獻編。江西詩徵九十四卷。曾燠編。岳陽詩傳四卷。李嶠、李嶸同編。江浙詩存六卷。阮元、秦瀛同編。兩浙輶軒錄四十卷，補遺十卷。阮元編。續兩浙輶軒錄五十四卷，補遺六卷。潘衍桐編。浙人詩存八卷。柴杰編。國朝杭郡詩輯三十二卷。吳顥編，孫振棫重編。國朝杭郡詩輯續編四十六卷。吳振棫編。國朝杭郡詩三輯一百卷。丁丙編。西泠三太守詩鈔三卷，西泠六君子詩鈔六卷。聶先編。西泠五布衣遺著二十五卷。丁丙編。錢唐懷古詩一卷。王德驎編。湖墅詩鈔八卷。孫以榮編。西泠十子詩選十卷。不著編人。西湖柳枝詞五卷。王昶編。海昌麗則八卷。吳騫編。檇李詩繫四十二卷。沈季友編。續檇李詩繫四十卷。胡昌基撰。嘉禾百詠偶鈔一卷。不著編人。梅里詩輯二十八卷。許燦編。梅里續詩輯十二卷，補遺一卷。沈愛蓮編。梅會詩集十三卷。李維鈞編。梅會詩選十二卷。李稻塍編。魏唐詩陳八卷。錢佳編。峽川詩鈔二十卷。曹宗載編。峽川詩續鈔十六卷。許仁沐、蔣學堅同編。鴛鴦湖櫂歌四卷。不著編人。柳洲詩集十卷。陳曾新編。國朝湖州詩續錄十六卷。鄭佶編。吳興詩存四集四十八卷。陸心源編。浙西六家詩鈔六卷。吳應和編。甬上耆舊詩三十卷。胡文學編。四明四友詩六卷。鄭性編。越姥詩蒐十二卷。倪勵編。越風三十卷。商盤編。姚江逸詩十五卷。黃宗羲編。續姚江逸詩十二卷。倪繼宗編。越七十二家詩集八卷。不著編人。越三子集七卷。潘祖蔭編。諸暨詩存十六卷。酈滋德編。諸暨詩存續編四卷。郭肇編。嵊詩鈔四卷。呂岳孫編。上虞詩選四卷。徐幹編。上虞四家詩鈔十八卷。不著編人。金華詩錄六十卷。朱琰編。永康十孝廉詩鈔二十二卷。胡鳳丹編。東陽歷代詩九卷。董肇勳編。國朝嚴州詩錄八卷。宗源瀚編。黃巖集三十二卷。王詠霓編。三台詩錄三十二卷。戚學標編。仙居集二十四卷。王壽頤編。兩浙教官詩錄十八卷。許正綬編。國朝全閩詩錄初集三十二卷，續集十一卷。鄭杰編。莆風清籟集六十卷。鄭王臣編。黃岡二家詩鈔三十四卷。陳師晉編。資江耆舊集六十四卷，沅湘耆舊集二百卷。鄧顯鶴編。國朝山左詩鈔六十卷。盧見曾編。山左詩續鈔三十二卷，補鈔四卷。張鵬展編。曲阜詩鈔八卷。孔憲彝編。渠風集略七卷。馬長淑編。山右詩存二十四卷，附錄八卷。李錫麟編。晉四人詩六卷。戴廷栻編。蒲溪吟社三家詩鈔四卷。顧貽祿編。潞安詩鈔前編四卷。程之玿編。潞安詩鈔後編十二卷。常煜編。隴西二家詩鈔三卷。李俊編。

蜀雅二十卷。李調元編。蜀詩十五卷。費經虞編。粵東詩海一百卷，補遺六卷。溫汝能編。粵風集四卷。李調元編。廣東詩粹十二卷。梁善長編。嶺南羣雅集六卷。劉彬華編。嶺海詩鈔二十四卷。凌揚藻編。楚庭耆舊詩前集二十一卷，後集三十二卷。伍崇曜編。端人集四卷。彭泰來編。粵詩蒐逸四卷。黄子高編。粵十三家詩鈔一百八十三卷。伍元薇編。倪城風雅二卷。勞嵋編。黔詩紀略二十三卷。黎兆勳編。滇詩嗣音集二十卷，補遺一卷。黄琮編。滇詩重光集十八卷。許印芳編。滇詩拾遺六卷。陳榮昌編。午夢堂詩鈔四卷。葉燮編。曲阜孔氏詩鈔十四卷。孔憲彝編。長林四世弓冶集五卷。林其茂編。述本堂詩集二十一卷。桐城方氏編。二方詩鈔六卷。方觀承編。篤敍堂詩集五卷。侯官許氏編。棣華書屋近刻四卷。朱湘、朱絳、朱綱撰。沈氏詩錄十二卷。沈祖禹編。桐鶴詩鈔二十九卷。單銘編。湖陵江氏集五卷。江八斗編。春星堂詩集十卷，續集一卷。汪簠編。汪氏傳家集一卷。汪宗豫編。邵氏聯珠集四卷。邵齊烈、邵齊燾、邵齊熊、邵齊然撰。陳氏聯珠集十五卷。王肇奎編。翟氏詩鈔一卷，附錄一卷。翟瀚編。諸氏家集十卷。諸家樂編。後村周氏淵源錄十三卷。周源編。蕭山任氏遺芳集三卷。任渠編。虞山黄氏五家集五卷。黄泰編。秀水王氏家藏集五十卷。王槼之編。錫山秦氏詩鈔十五卷。秦彬編。錢氏傳芳集一卷。錢泳編。繼生堂集四卷。張賓、張淇、張灝、張椿年撰。鄂韡聯吟集二卷。馬國偉、馬用俊撰。桐城馬氏詩鈔七十卷。馬樹華編。尹氏歷代詩鈔七十卷。尹掄編。許氏巾箱集四卷。許兆熊編。琴川黄氏三集三卷。黃鶴、黃叔燦、黃廷鑑撰。瑞竹亭合稿四卷。王愈擴、王愈融撰。屠氏昆季詩鈔二卷。屠秉鈞等撰。戴氏三俊集三卷。戴芬、戴福謙、戴兟撰。胡氏羣從集三卷。胡理、胡琨、胡琮撰。方氏喬梓集一卷。方鷺及子宗誠撰。毗陵楊氏詩存六卷，附編三卷。楊葆彝編。新安先集二十卷。朱之榛編。海豐吳氏詩存四卷。吳重熹編。石氏喬梓集二卷。潘鍾瑞編。二熊君詩賸二卷。熊其英、熊其光撰。二許集二卷。許乃濟等撰。同懷忠孝集二卷。嚴辰編。高氏一家稿一卷。高雲麟編。汪氏全集十二卷。汪曾唯編。湖墅錢氏家集十八卷。錢錫賓等撰。濟陽家集一卷。丁丙編。城北唱隨集一卷。徐葉鈞及妻吳婉宜撰。唱和初集一卷，隨草二卷，隨草續編一卷。李元鼎及妻朱中楣撰。鳴和集一卷，抵掌八十一吟集一卷。馬履泰及壻鎖成、子慶孫、怡孫撰。亭林同志贈言一卷。沈岱瞻編。雙節堂贈言三十卷。汪輝祖編。湯將軍懷忠錄八卷。湯成烈編。查氏一門列女編一卷。查禮編。紫陽書院課餘選二卷。屠倬編。敬修堂詩賦課鈔十五卷。胡敬編。八甎吟館刻燭集二卷。阮元編。問梅詩社詩鈔一卷。尤興詩編。林屋吟榭詩鈔十二卷，附錄三卷。任兆麟編。謝琴詩鈔八卷。吳景潮編。載書圖題詠一卷。王士禛編。塡詞圖題詠一卷。陳維崧編。楓江漁父圖詠一卷。徐釚編。松吹堂讀書圖題詠一卷。杭世駿編。夢境圖唱和詩一卷。黃丕烈編。張憶娘簪花圖題詠一卷。不著編人。樂府英華十卷。顧有孝編。樂府廣序三十卷。朱嘉徵編。古謠諺一百卷。杜文瀾編。古今謠諺補注二卷，古今風謠拾遺四卷，古今諺拾遺六卷。史夢蘭編。古諺箋十卷。林伯桐撰。唐宮闈詩三卷。費密編。婦人集一卷。陳維崧編。國朝閨秀正始集二十卷，附錄一卷，補遺一卷。閨秀惲珠編。紅樹樓名媛詩選十二卷。陸昶編。國朝閨閣詩鈔九十九卷。蔡殿齊編。女士詩鈔不分卷。吳翌鳳編。袁家三妹合稿三卷。袁枚編。鮑氏三女子詩鈔三卷。閨秀鮑之蘭等撰。隨園女弟子詩選六卷。袁枚編。碧城仙館女弟子詩一卷。陳文述編。京江三上人詩選三卷。洪亮吉編。

宋陳起江湖小集九十五卷、江湖後集二十四卷，元方回文選顏鮑謝詩評四卷，汪澤民、張師愚宛陵羣英集十二卷。以上乾隆時敕輯。

詩文評類

救文格論二卷。顧炎武撰。夕堂永日緒論一卷。王夫之撰。論學三說一卷。黃與堅撰。伯子論文一卷。魏際瑞撰。日錄論文一卷。魏禧撰。棗林藝簣一卷。談遷撰。鐵立文起二十二卷。王之績撰。惺齋論文一卷。王元啓撰。古文緒論一卷。吳德旋撰。述菴論文別錄一卷。王昶撰。鳴原堂論文二卷。曾國藩撰。藝概六卷。劉熙載撰。論文章本原三卷。方宗誠撰。四六金鍼一卷。陳維崧撰。四六叢話三十三卷。孫梅撰。宋四六話十二卷。彭元瑞撰。讀賦卮言一卷。王芑孫撰。見星廬賦話十卷。林聯桂撰。賦話十卷。李調元撰。春秋詩話五卷。勞孝輿撰。選詩叢話一卷。孫梅撰。讀雪山房唐詩凡例一卷。管世銘撰。李杜詩話三卷。潘德輿撰。五代詩話十二卷。王士禎撰。五代詩話十卷。鄭方坤撰。西崑發微三卷。吳喬撰。江西詩社宗派圖錄一卷。張泰來撰。遼詩話二卷。周春撰。明人詩品二卷。杜蔭棠撰。歷代詩話八十卷。吳景旭撰。歷代詩話考索一卷。何文煥撰。全閩詩話十二卷。鄭方坤撰。榕城詩話三卷。杭世駿撰。南浦詩話八卷，雁宕詩話二卷。梁章鉅撰。全浙詩話五十四卷。陶元藻撰。全浙詩話刊誤一卷。張道撰。廣陵詩事十卷。阮元撰。杜律詩話二卷。陳廷敬撰。杜詩雙聲疊韻譜括略八卷。周春撰。玉溪生詩說二卷。紀昀撰。蘇海識餘四卷。王文誥撰。蘇亭詩話六卷。張道撰。詩律蒙告一卷。顧炎武撰。詩鐸一卷。王夫之撰。梅村詩話一卷。吳偉業撰。帶經堂詩話三十卷。王士禛撰，張宗柟輯。師友詩傳錄一卷，郎廷極撰。續錄一卷。劉大勤撰。然燈記聞一卷。何世璂撰。蠖齋詩話二卷。施閏章撰。談龍錄一卷。趙執信撰。漫堂說詩一卷。宋犖撰。靜志居詩話二十四卷。朱彝尊撰。西河詩話八卷。毛奇齡撰。詩辨坻四卷。毛先舒撰。初白庵詩評三卷。查慎行撰。寒廳詩話一卷。顧嗣立撰。談詩錄一卷，詩學纂聞一卷。汪師韓撰。野鴻詩的一卷。黃子雲撰。詩義固說二卷。龐塏撰。圍爐詩話八卷。吳喬撰。原詩一卷。葉燮撰。說詩晬語四卷。沈德潛撰。蓮坡詩話三卷。查爲仁撰。隨園詩話十六卷，補遺十卷。袁枚撰。石洲詩話八卷。翁方綱撰。北江詩話六卷。洪亮吉撰。茗香詩論一卷。宋大樽撰。甌北詩話二卷。趙翼撰。雨村詩話二卷。李調元撰。拜經樓詩話四卷。吳騫撰。月山詩話一卷。宗室恆仁撰。柳亭詩話三十卷。宋俊撰。槐塘詩話一卷。汪沆撰。

鳧亭詩話二卷。陶元藻撰。靈芬館詩話十八卷。郭麐撰。雅歌堂詩話二卷。陳經撰。瓶水齋詩話一卷。舒位撰。山靜居詩話一卷。方薰撰。匏廬詩話三卷。姚椿撰。養一齋詩話十卷。潘德輿撰。筠石山房詩話六卷。楊霈撰。小匏菴詩話十卷。吳仰賢撰。射鷹樓詩話二十四卷。林昌彝撰。壽松堂詩話四卷。陳來泰撰。燈牕瑣話四卷。于源撰。春雪亭詩話一卷。徐熊飛撰。春草堂詩話八卷。謝堃撰。緣庵詩話三卷。李堂撰。耐冷譚十六卷。宋咸熙撰。小滄浪詩話四卷。張燮承撰。養自然齋詩話十卷。鍾駿聲撰。緝雅堂詩話二卷。潘衍桐撰。然脂集例一卷。王士祿撰。詩法萃編十五卷。許印芳撰。閨秀詩話四卷。梁章鉅撰。閨秀詩話續編四卷。丁芸撰。全唐文紀事一百二十二卷。陳鴻墀撰。宋詩紀事一百卷。厲鶚撰。宋詩紀事補遺一卷。羅以智撰。宋詩紀事補遺一百卷，附小傳補正四卷。陸心源撰。本事詩十二卷。徐釚撰。詞壇紀事三卷。李良年撰。國朝詩人小傳四卷。鄭方坤撰。國朝詩人徵略六十卷，二編六十四卷。張維屏撰。制藝叢話二十四卷。梁章鉅撰。試律新話四卷。倪鴻撰。聲調譜一卷，續譜一卷。趙執信撰。聲調譜拾遺一卷。翟灝撰。聲調八病說一卷。吳鎮撰。聲調譜說一卷。吳紹燦撰。聲調三譜四卷。王祖源撰。聲調四譜十二卷。董文煥撰。

宋吳可藏海詩話一卷，不著撰人名氏環溪詩話一卷，王正德餘師錄四卷，李耆卿文章精義二卷，周密浩然齋雅談三卷，元陳繹文說一卷。以上乾隆時敕輯。

詞曲類

鼓棹初集一卷，二集一卷，瀟湘怨詞一卷。王夫之撰。隰西草堂詞一卷。萬壽祺撰。梅村詞二卷。吳偉業撰。定山堂詩餘四卷。龔鼎孳撰。棠村詞三卷。梁清標撰。玉琴齋詞四卷。余懷撰。炊聞詞二卷。王士祿撰。衍波詞二卷。王士禛撰。藝香詞鈔四卷。吳綺撰。蒼梧詞十二卷。董元愷撰。二鄉亭詞二卷。宋琬撰。曝書亭詞七卷，江湖載酒集三卷，蕃錦集二卷。朱彝尊撰。曝書亭詞注七卷。李富孫撰。迦陵詞三十卷。陳維崧撰。珂雪詞二卷。曹貞吉撰。納蘭詞五卷。納喇成德撰。彈指詞三卷。顧貞觀撰。紫雲詞一卷。丁煒撰。微雲詞一卷。秦松齡撰。秋笳詞一卷。吳兆騫撰。溉堂詩餘二卷。孫枝蔚撰。茗齋詩餘二卷。彭孫貽撰。延露詞三卷。彭孫遹撰。秋錦山房詞一卷。李良年撰。楓香詞一卷。宋犖撰。西河塡詞六卷。毛奇齡撰。百末詞六卷。尤侗撰。蓉渡詞一卷。董以寧撰。玉山詞一卷。陸次雲撰。餘波詞二卷。查愼行撰。蔬香詞一卷，竹牕詞一卷，獨旦詞一卷。高士奇撰。楝亭詞鈔一卷。曹寅撰。茗柯詞一卷。程夢星撰。歸愚詩餘一卷。沈德潛撰。紅藕莊詞三卷。龔翔麟撰。石笥山房詩餘一卷。胡天游撰。樊榭山房詞二卷，續集一卷。厲鶚撰。押簾詞一卷。查爲仁撰。冬心先生自度曲一卷。金農撰。青衫詞一卷。鄭方坤撰。板橋詞鈔一卷。鄭燮撰。銅弦詞二卷。蔣士銓撰。冰天雪窖詞一卷，機聲燈影詞一卷。

洪亮吉撰。竹眠詞二卷。黃景仁撰。茗柯詞一卷。張惠言撰。念宛齋詞鈔一卷。左輔撰。蒹塘詞一卷。惲敬撰。曬書堂詩餘一卷。郝懿行撰。蠢翁詞二卷。李調元撰。嶰谷詞一卷。馬曰琯撰。南齋詞二卷。馬曰璐撰。月滿樓詞二卷。顧宗泰撰。有正味齋詞八卷。吳錫麒撰。紅薇翠竹詞一卷。焦循撰。求是堂詞一卷。胡承珙撰。扁舟載酒詞二卷。江藩撰。椶亭詞鈔七卷。金兆燕撰。亦有生齋詞五卷。趙懷玉撰。芙蓉山館詞鈔二卷，眞率齋詞二卷。楊芳燦撰。梅邊吹笛詞二卷。淩廷堪撰。金牛湖漁唱一卷。張雲璈撰。齊物論齋詞一卷。董士錫撰。香草詞二卷，洞簫詞一卷，碧雲盦詞二卷。宋翔鳳撰。立山詞一卷。張琦撰。享帚詞四卷。秦恩復撰。瑤想詞一卷。王芑孫撰。借閑生詞一卷。汪遠孫撰。梅邊吹笛譜二卷，篷牕翦燭集二卷。李堂撰。百緣語業一卷。朱昂撰。箏船詞一卷。劉嗣綰撰。銀藤花館詞四卷。戴延介撰。琴筑山房樂府二卷。盛大士撰。小謨觴館詩餘一卷。彭兆蓀撰。蘅夢詞二卷，浮眉樓詞二卷，懺餘綺語二卷，爨餘詞一卷。郭麐撰。百萼紅詞二卷。吳鼒撰。香蘇山館詞一卷。吳嵩梁撰。露蟬吟詞鈔一卷。唐仲冕撰。蜩翼詞一卷。李兆洛撰。思賢閣詞一卷。丁履恆撰。萬善花室詞一卷。方履籛撰。蘭石詞一卷。董祐誠撰。存審齋詞三卷。周濟撰。杕雅一卷。蔣曰豫撰。耶溪漁隱詞二卷。屠倬撰。紅豆樹館詞八卷。陶樑撰。臨嘯閣詩餘四卷。朱駿聲撰。知止堂詞錄三卷。朱綬撰。桐月修簫譜一卷。王嘉祿撰。翠微雅詞一卷。戈載撰。因柳閣詞二卷。焦廷琥撰。拙宜園詞二卷。黃憲淸撰。柯家山館詞三卷。嚴元照撰。玉壺詞選二卷。改琦撰。種芸仙館詞四卷，釣船笛譜一卷。馮登府撰。六花詞一卷。徐熊飛撰。倚晴樓詩餘四卷。黃燮清撰。桐花閣詞鈔一卷。吳蘭修撰。鴛鴦宜福館吹月詞二卷。陳元鼎撰。清夢盦二白詞五卷。沈傳桂撰。金梁夢月詞二卷，懷夢詞一卷。周之琦撰。冰蠶詞一卷。承齡撰。空青詞三卷。邊浴禮撰。清鄰詞一卷。陸繼輅撰。竹鄰詞一卷。金式玉撰。養一齋詞三卷。潘德輿撰。無著詞一卷，懷人館詞一卷，影事詞一卷，小奢摩詞一卷，庚子雅詞一卷。龔自珍撰。雙硯齋詞二卷。鄧廷楨撰。玉井山館詩餘一卷。許宗衡撰。蒼筤館詞一卷。孫鼎臣撰。心庵詞一卷。何兆瀛撰。詩舲詞續一卷。張祥河撰。茂陵秋雨詞四卷。王拯撰。春在堂詞錄三卷。俞樾撰。玉洤詞一卷。潘曾瑋撰。眉綠樓詞八卷。顧文彬撰。芬陀利室詞一卷。潘祖蔭撰。思益堂詞一卷。周壽昌撰。東洲草堂詩餘一卷。何紹基撰。拜石山房詞四卷。顧翰撰。斅藝齋詩餘一卷。鄒漢勛撰。琴隱園詞四卷。湯貽汾撰。汀蘆詩餘一卷。楊傳第撰。藤香館詞一卷。薛時雨撰。悔翁詩餘五卷。汪士鐸撰。憶雲詞五卷。項鴻祚撰。水雲樓詞二卷。蔣春霖撰。漚夢詞一卷。劉履芬撰。復堂詞三卷。譚獻撰。新蘅詞六卷。張景祁撰。笙月詞五卷，花影詞一卷。王詒壽撰。疏影樓詞五卷。姚燮撰。陳比部詞鈔一卷，詩餘別集一卷。陳壽祺撰。緪秋詞一卷。程庭鷺撰。索笑詞二卷。張文虎撰。太素齋詞鈔二卷。勒方錡撰。釆香詞四卷。杜文瀾撰。黃雁山人詞四卷。莊縉度撰。空一切盦詞一卷。鄧嘉純撰。晴花暖玉詞二卷。鄧嘉緝撰。荔牆詞一卷。汪曰楨撰。寒松閣詞二卷。張鳴珂撰。香禪精舍詞四卷。潘鍾瑞撰。袖墨集一卷，蟲秋詞一卷，味梨集一卷，鶩翁集一卷，蜩知集一卷，校夢龕集一卷，庚子秋詞一卷，春蟄吟一卷。王鵬運撰。蘭當詞二卷。陶方琦撰。鬱華閣詞一卷。宗室盛昱撰。賭棋山莊詞八卷。謝章鋌撰。璞齋詞一卷。諸可寶撰。漱泉詞一卷。成肇麐撰。霞川花隱詞二卷。李慈銘撰。雲起軒詞鈔一卷。文廷式撰。麟棱詞一卷。劉恩黻撰。山中和白雲一卷，拈花詞一卷。蔣敦復撰。搴紅詞一卷。陳如升撰。樵風樂府九卷。鄭文焯撰。紅蕉詞一卷。江標撰。

宋葛勝仲丹陽詞一卷。乾隆時敕輯。

以上詞曲類詞集之屬

歷代詩餘一百二十卷。康熙四十六年，沈辰垣等奉敕撰。絕妙好詞箋七卷。查為仁、厲鶚同輯。詞綜三十四卷。朱彝尊撰。詞綜補八卷，明詞綜十二卷。王昶撰。詞綜補遺二十卷。陶樑撰。選聲集三卷。吳綺撰。東日堂詞選初集十五卷。佟世南編。歷朝名人詞選十三卷。夏秉衡撰。詞選二卷。張惠言撰。五代詞選三卷。成肇麐撰。宋七家詞選七卷。戈載撰。詞辨二卷，宋四家詞選一卷。周濟撰。續詞選二卷。董毅撰。林下詞選十四卷。周銘撰。十六家詞三十九卷。孫默撰。今詞苑三卷。陳維崧等編。今詞選二卷。納喇成德、顧貞觀編。昭代詞選三十八卷。蔣重光撰。國朝詞綜四十八卷。王昶撰。國朝詞綜補五十八卷。丁紹儀撰。國朝詞綜續編二十四卷。黃燮清撰。國朝詞雅二十四卷。姚階編。絕妙近詞六卷。孫麟趾編。絕妙近詞續鈔二卷。余集、徐楙同編。詩餘偶鈔六卷。王先謙編。燕市聯吟集四卷，討春合唱一卷。袁通編。金陵詞鈔八卷。秦際唐編。江東詞社選一卷。秦耀曾編。廣陵唱和詞一卷。孫金礪編。高郵耆舊詩餘一卷。王敬之編。粵風續九四卷。吳淇編。閩詞鈔四卷，本事詞二卷，天籟軒詞選六卷。葉申薌編。明湖四家詞四卷。趙國華編。四明近體樂府十五卷。袁鈞編。硤川詞鈔一卷。曹宗載編。同聲集九卷。王鵠編。侯鯖詞五卷。邊保樞編。篋中詞六卷，續四卷。譚獻編。詞學全書十四卷。查繼起編。詞學叢書二十三卷。秦恩復編。

以上詞曲類詞選之屬

花草蒙拾一卷。王士禛撰。詞話二卷。毛奇齡撰。詞苑叢談十二卷。徐釚撰。古今詞話六卷。沈雄撰。詞藻四卷，詞統源流一卷，金粟詞話一卷。彭孫遹撰。詞家辨證一卷。李良年撰。七頌堂詞繹一卷。劉體仁撰。詞綜偶評一卷。許昂霄撰。塡詞名解四卷。毛先舒撰。遠志齋詞衷一卷。鄒祇謨撰。詞林紀事二十二卷。張宗橚編。雨村詞話一卷。李調元撰。香研居詞麈五卷。方成培撰。蓮子居詞話四卷。吳衡照撰。聽秋聲館詞話二十卷。丁紹儀撰。睹棊山莊詞話十二卷。謝章鋌撰。芬陀利室詞話三卷。蔣敦復撰。詞譜四十卷。康熙五十四年御定。詞律二十卷。萬樹撰。詞律拾遺六卷。徐本立撰。詞律校勘記二十卷。杜文瀾撰。塡詞圖譜六卷，續集二卷。賴以邠撰。白香詞譜一卷。舒夢蘭撰。白香詞譜箋四卷。謝朝徵撰。天籟軒詞譜六卷。葉申薌撰。詞韻選集一卷。應撝謙撰。榕園詞韻一卷。吳寧撰。學宋齋詞韻一卷。吳烺撰。詞韻二卷。仲恆撰。詞林正韻三卷。戈載撰。詞韻考略一卷。許昂霄撰。碎金詞韻四卷。謝元維撰。新聲譜一卷。朱和羲撰。

以上詞曲類詞話、詞譜、詞韻之屬

曲譜十四卷。王廷章等輯。康熙五十四年奉敕撰。九宮大成曲譜八十一卷，閏集一卷。莊親王撰。昭代簫韶二十卷。王廷章等輯。製曲枝言一卷。黃周星撰。南曲入聲答問一卷。毛先舒撰。樂府傳聲二卷。徐大椿撰。一笠庵北詞廣正譜不分卷。李元玉撰。南詞定律十三卷。楊緒等撰。太古傳宗二卷。鄒金聲等撰。曲目表一卷。支豐宜撰。曲海總目一卷。黃文暘撰。雨村曲話二卷。李調元撰。曲話五卷。梁廷枏撰。

以上詞曲類南北曲之屬